이스라엘에는
누가
사는가

〈不在者〉たちのイスラエル─占領文化とパレスチナ
by Tanami Aoe

Copyright ⓒ Tanami Aoe
All rights reserved.

Korean Translation Copyright ⓒ 2014 by Hyeonamsa
This Korean edition is published by arrangement with Tanami Aoe

이스라엘에는 누가 사는가

초판 1쇄 발행 | 2014년 9월 19일

지은이 | 다나미 아오에
옮긴이 | 송태욱
펴낸이 | 조미현

편집주간 | 김수한
교정교열 | 정일웅
디자인 | 장원석

펴낸곳 | (주)현암사
등록 | 1951년 12월 24일 제10-126호
주소 | 121-839 서울시 마포구 동교로12안길 35
전화 | 365-5051 · 팩스 | 313-2729
전자우편 | editor@hyeonamsa.com
홈페이지 | www.hyeonamsa.com

ISBN 978-89-323-1706-9 03910

이 도서의 국립중앙도서관 출판시도서목록(CIP)은
e-CIP 홈페이지(http://www.nl.go.kr/ecip)에서 이용하실 수 있습니다.
(CIP제어번호: CIP2014025879)

이스라엘에는
누가
사는가

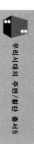

우리시대의 주변/횡단 총서5

다나미 아오에 지음 | 송태욱 옮김

현암사

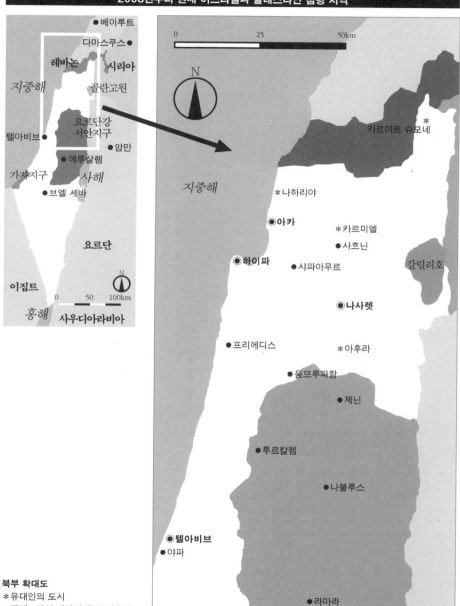

2008년부터 현재 이스라엘과 팔레스타인 점령 지역

베이루트

다마스쿠스

레바논 시리아

지중해 골란고원

요르단강 서안지구

텔아비브 암만

예루살렘 사해

가자지구

브엘 세바

요르단

이집트

홍해 사우디아라비아

0 50 100km

0 25 50km

지중해

키르아트 슈모네*

*나하리야

◉아카 *카르미엘

*사흐닌

◉하이파 샤파아무르 갈릴리호

◉나사렛

프리에디스 *아후라

◉움므루파함

제닌

투르칼렘

나불루스

◉텔아비브

야파

라마라

북부 확대도

*유대인의 도시

●팔레스타인 아랍의 주요 거주지

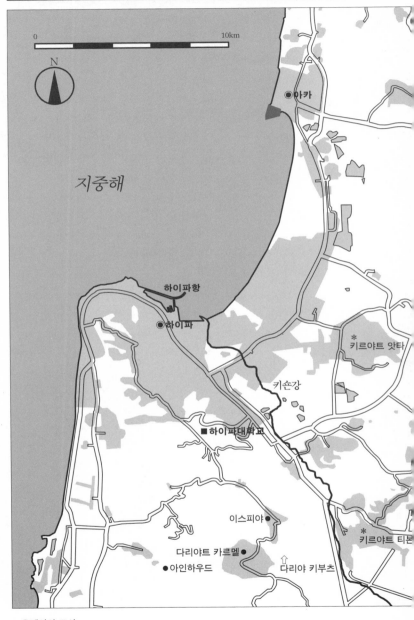

하이파와 갈릴리 지방 남서부

0   10km

N

지중해

●아카

하이파항
하이파

키르야트 앗타

키숀강

■하이파대학교

이스피야●

다리야트 카르멜●

아인하우드●

다리야 키부츠

키르야트 티폰

＊유대인의 도시
●아랍의 도시나 마을

마지달클룸

*카르미엘

●샤아브

●사흐닌

●델한나

●타무라

●아라베

●샤파아무르

●코프르 만다

●코프르칸나

●자르지르

●나사렛

*나체렛이리트(〈상나사렛〉)

*미구달 하 에메크

차례

일러두기

1. 이 책은 『〈不在者〉たちのイスラエル − 占領文化とパレスチナ』(田浪亜央江, インパクト出版会, 2008)을 우리말로 옮긴 것이다.
2. 본문의 사진은 저자가 촬영한 것들이다.
3. 본문 하단의 주는 대부분 저자의 것이며, 한국 독자를 위하여 부연이 필요할 경우 해당 항목에 이어 ( ) 안에 역주를 달아 두었다.
4. 본문에서 외국어 표기는 국립국어원의 외래어표기법을 따랐으나, 간혹 현지 발음과 굳어진 표기를 따른 경우도 있다.

이스라엘을 닮아가는 '우리'

이 책을 낸 지 6년 만에 드디어 한국어판이 간행되기에 당연히 기쁜 일인 데도 이스라엘의 가자 침공이 한창인 가운데 이 서문을 써야 한다는 사실에 마음이 착잡할 뿐이다. 2014년 7월초 이후 우왕좌왕하는 사이 공격의 규모가 확대되는 현실을 처음에는 제대로 받아들일 수가 없었고, 현지 상황을 전하는 뉴스를 끝까지 읽을 기력조차 없었다. 다음과 같은 말이 몇 번이고 지겨울 정도로 되풀이되는 세계는 정말 이상하지 않은가. "2008년, 2012년, 그리고 2014년. 지난 6년 동안 세 번의 전쟁. 가자의 아이들은 폭격과 죽음에 둘러싸인 세계밖에 알지 못한다."

　이 책의 독자는 현재 가자 지구에서 벌어지는 일에 관심이 많을 것이기에 여기서 그 구체적 경위를 확인할 필요는 없을 것이다. 이 책은 이스라엘의 가자 정책과 직접적으로 관련된 것이 아니며 점령지 전체에 대해서는 언급하지 않았다. 이 지역에 대한 필자의 관심은 이스라엘의 팔레스타인 점령이나 팔레스타인 사람들에 대한 비인도적인 정책에 대한 분노에서 출발했지만, 그러한 분노는 이런 일이 왜 계속되는가 하는 의문으로 이어졌고 결국 이스라엘 사회 내부로 필자를 이끌었다. 물론 그것은 이스라엘이라는 국가에 대한 호의나 친밀감 때문이 아니라 점령 정책을 지지하고 유지하는 이스라엘 사회 내부의 메커니즘을 알 필요가 있다는 사명감 같은 것 때문이다.

이 책은 기본적으로 이스라엘의 건국 이데올로기인 시오니즘 및 이스라엘이라는 국가의 정책에 비판적인 입장을 취하면서도 가능한 한 이스라엘 사회를 내부에서 이해하고 그 다양성에 주목하려는 취지에서 썼다. 여기서 말하는 '이해'란 멀리 떨어져 비판하는 자세를 배제하고, 대상이 되는 상대의 논리에 최대한 바싹 다가가면서도 '공감'이나 '동의'로 흐르지 않는 태도를 취하는 것이다. 그렇게 된 이유나 경위를 알려는 자세가 필요한 한편, 가령 자신이 이 나라의 유대인으로 태어났다면 어떤 행동을 취했을지 자신에게 묻는 소박하고 겸허한 마음도 필요하다. 결론적으로 말하자면 '최대한 바싹 다가갈' 수 있었던 기회는 그리 많지 않았다. 우선 아랍어를 배우고 이미 아랍인과 친분을 맺어온 필자가 이스라엘의 공용어인 히브리어를 나중에서야 배우고 유대인 친구를 만든다고 해도 거기에는 한계가 있었다. 필자의 서툰 솜씨 탓도 있겠지만, 아무리 전략적이라고 해도 두 문화를 오가는 것은 그렇게 쉬운 일이 아니라는 것을 실감할 수밖에 없었다.

연구자가 되겠다는 사람이 르포르타주풍의 글을 쓰고 교양서를 간행하는 것은 경력을 쌓는데 방해가 된다는 충고를 받은 적이 있다. 그것을 감수하고서라도 필자는 이스라엘 사회에서 고찰한 것을 타자의 눈에 보이는 형태로 언어화하고 싶었다. 그렇게 함으로써 가까스로 정신의 균형을 유지하고 연구를 지속할 기력을 유지할 수 있었다. 또한 이 책은 시오니즘과 이스라엘의 점령 정책을 비판하는 자세를 명확히 하고 있기 때문에 '객관이나 중립'을 좋아하는 독자에게는 불만족스러울 수도 있다. 하지만 차별적이고 인권 억압적인 시스템을 무비판적으로 그려내는 것은 중립이 아니라 차별이나 인권 억압에 가담하는 것일 수밖에 없다는 사실을 확인해두고자 한다.

이러한 이유로 학계의 평가는 처음부터 기대하지 않았는데, 다행히 2008년 시민 사회에서 설립해 운영하는 자칭 '일본의 퓰리처상'인 '평화·협동 저널리스트 기금'의 '아라이 나미코荒井なみ子 상'을 받았다. 저자에게 비판의 목소리가 닿기 힘든 경향은 어느 세계에나 존재할지 모르지만, 직접 받은 감상이나 코멘트는 호의적인 것들뿐이어서 필자는 지금까지도 지지자들로부터 격려를 받고 있다.

이 책의 내용은 대부분 2003년부터 2005년까지 이스라엘에 머무는 동안 관찰하고 관련 자료를 훑으며 고민한 결과다. 2005년이라고 하면 지금까지 세 번에 걸친 가자 공격의 복선이 되는 중요한 사건, 즉 유대인 입식지入植地가 가자에서 철수한 해다. 본문에서는 다루지 않았지만 이스라엘에 체재할 때 우파에 의한 열성적인 철수 반대 캠페인이 특히 10대 젊은이들에게 풀뿌리처럼 널리 받아들여지는 상황에 충격을 받았다. 현재 이스라엘에서는 "우리는 수많은 희생을 치르고 가자에서 철수했는데 더 이상 뭘 어쩌라는 것이냐?"라는 말이 반복적으로 나오고 있다. 국가와 그 정보 통제에 의해 사람이 간단히 속아 넘어갈 수 있다는, 더할 나위 없이 좋은 예라서 만약을 위해 덧붙여두고자 한다.

이스라엘이 가자에서 철수함으로써 마치 점령이 종결된 것 같은 오해를 하고 있는데 이는 터무니없는 일이다. 확실히 가자에서 입식지가 철거되었고, 유대인 입식자는 가자에서 나갔으며, 가자 내부에 있던 검문소도 없어졌다. 그러나 이스라엘군은 가자 주위에 항상 주둔하고 있고 가자 상공과 연안 지역을 통제하고 있다. 대규모 공격의 경우는 국제적인 뉴스가 되지만, 그렇게 다뤄지지 않은 이스라엘군의 위협 행위나 주민 살해는 일상 다반사다.

가자로 보내지는 전기나 수도도 이스라엘이 통제하고 있고, 그 외에 가자 경계의 출입을 통제함으로써 가자로 들어가는 원조 물자의 양도 이스라엘이 조정할 수 있는 상황이다. 그 결과 180만 명의 가자 사람들은 대규모 공격이 없어도 가까스로 살아남을 정도의 최소한의 물자만 받고 있으며, 물이나 연료를 얻기 위해 매일 몇 시간이나 허비하지 않으면 안 되는 생활을 강요받아왔다. 설사 원조 물자로 최소한의 칼로리를 확보할 수 있다고 해도 특히 어린이가 받는 건강상의 피해는 심각하다.

입식자를 가자에서 철수시킴으로써 이스라엘은 가자 전 지역을 자유롭게 공격할 수 있게 되었다. 그리고 가자에서 철수함으로써 이스라엘이 점령을 계속하고 있는 것이 문제라는 사실은 점점 더 보이기 어렵게 되었다. 필자에게는 한국의 언론 보도를 확인할 여유가 없었지만, 일본 언론은 가자 공격에 대해 "이스라엘과 하마스의 전쟁"이라고 표현하고 있다. 비유적으로 사용하지 않는 한 전쟁은 국가 간의 일인데, 하마스는 가자를 통치하는 정당에 지나지 않고, 게다가 가자를 포함한 팔레스타인 전체를 이스라엘이 점령하고 있으므로 이러한 표현은 이중으로 잘못된 것이다. '잘못'이라고만 하는 게 너무 가볍다면, 언론은 자각하지 못하는 사이에 이스라엘에 의한 점령과 가자 사람들이 받고 있는 비인도적 상황을 은폐하고 있다고 해야 한다.

가자의 상황이 너무나도 가혹하기 때문에 지금은 그것에 대해 강조하지 않을 수 없지만, 한편으로 가자 사태에만 시선을 빼앗겨서는 안 된다는 것도 덧붙일 필요가 있다. 이스라엘이 점령을 기정사실로 하고 국제 사회가 이스라엘의 점령을 문제 삼지 않는 가운데, 다음으로 확실해지는 것은 '요르단강 서안지구의 가자화'라는 사태다.

또한 1967년 이래의 점령만 문제되는 것도 불충분하다. 1948년 이스라엘이 건국할 때 폭력적으로 추방당해 이스라엘이라는 국가 주변에 살면서 다음 세대를 낳아 길러온 사람들은, 이스라엘이 아무리 무시한다고 해도 계속 존재하고 있다. 요르단, 레바논, 이라크, 시리아 등에서 가까스로 피난처를 찾아 오랫동안 살아온 사람들은, 이러한 나라들이 균형을 잃고 제몫을 못하는 가운데 국경을 넘어 도피하려고 할 때도 차별적인 대우를 받고 갈 곳을 잃으며 최악의 경우에는 학살의 대상이 되어왔다. 지금도 그런 상황은 계속되고 있다.

이런 시기에 이 책이 한국어로 번역되고 한국 사람들에게 읽힌다는 사실이 감격스러울 뿐이다. 생각건대 필자는 이스라엘과 팔레스타인의 상황에 눈을 떠가는 과정에서 일본과 한반도의 역사를 다시 만났고, 수세대에 걸쳐 일본에서 살아가는 이른바 재일한국·조선인들과도 다시 만났으며, 그것이 다시 이스라엘과 팔레스타인의 상황에 대한 관심을 심화시켜주었다.

이 책의 주제인 이스라엘의 아랍인 사회를 관찰하고 조사할 때는 항상 일본이 한반도 사람들에게 해온 일, 그리고 현재 재일한국·조선인들이나 그 사회의 양상을 의식할 수밖에 없었다. 일본어를 강요당한 부모 세대의 무거운 짐을 지고, 그럼에도 자신이 자유롭게 표현할 수 있는 유일한 언어가 일본어인 데서 오는 고통과 원한을 다양하게 표현해온 재일한국·조선인 2세 시인이나 작가들의 말에 강한 인상을 받아온 필자로서는 이스라엘의 아랍인들이 얼핏 보기에 아무 거리낌 없이 지배자의 언어인 히브리어를 자유롭게 말하는 것을 처음 들었을 때의 충격과 위화감을 지금도 잊을 수가 없다. 거쳐온 역사나 두 언어의 관계가 다른 가운데, 문제로 삼아야 할 것은 '아랍인이 지배자의 언어를 거리낌 없이 말하는 것'이 아니다. 정치적 관계에 대한 분석 이상으로 식민지 지배에서의 언어나 문화라는 문맥에서 일본은 팔레스타인이 아니라 이스라엘의 입장이고 일본인인 필자는 좋든 싫든 팔레스타인보다는 이스라엘인의 입장에 좀 더 가깝다는 사실을 실감하지 않을 수 없었다(엄밀히 말하자면 지배받는 사람들의 노동력을 착취하는 것보다는 그 땅의 사람들을 내쫓고 토지만 정복하려 했다는 의미에서 시오니즘은 식민지주의와는 다르다).

일본에서는 1970년대 초 이후 신좌익의 흐름 속에서 팔레스타인 연대 운동이 생겨나 혁명을 지향하는 이념 지향적 운동이 완전히 힘을 잃고 난 후에도 예전 연대 운동의 긍정적·부정적 유산은 그런대로 남아 있다. 그 결과 팔레스타인 사람들과의 연대를 지향하든, 그런 경향을 비판하고 이념만이 아니라 물리적인 지원에 집중하든 팔레스타인에 관심을 갖고 팔레스타인에 대해 할 수 있는 일을 하자는 의식의 비중은 이스라엘의 존재 방식을 비판적으로 묻는 것보다는 훨씬 크다. 그것이 나쁘다고는 생각하지 않지만 일본 정부가 계속해서 이스라엘의 점령 정책을 묵인하는 태도를 취하고, 일본 기업과 이스라엘 기업이 관계를 강화하고 있는 것에 대한 비판을 피해갈 수는 없을 것이다. 자세한 것은 다른 기회로 넘기겠지만, 일본이 단지 이스라엘과 관계를 강화할 뿐 아니라 일본 사회 자체가 다양한 의미에서 이스라엘 사회를 닮아가고 있는 것에 대해 필자는 강한 경계심을 갖고 있다.

필자는 이 책을 간행한 후 2010년부터 매년 한두 번씩 현지를 방문하여 조사를 계속하고 있다. 그동안 이스라엘 국내보다는 다시 피점령지로 눈을 돌리기 시작해 팔레스타인 사람들이 어떻게든 자신들의 사회를 좋게 만들어가려고 서로 의지하며 날마다 노력하는 모습을 감탄하며 봐왔다. 그에 비해 이스라엘 사회는 배외排外의 정도를 더욱 심화해가고 있어 비유대인이 살기에 점점 더 힘든 사회가 되어가고 있는 것 같다. 그리고 슬프게도 필자가 사는 일본도 그런 경향은 마찬가지다. 외국인에 대한 혐오 발언(그 주요 대상은 중국인과 한국인이다)이 힘을 얻고 있고, 일본인만의 내향적이고 배외주의적인 사회를 만들어가고 있는 것처럼 보이는 일본에서 팔레스타인을 억압하고 아랍인 증오가 만연한 이스라엘 사회를 묻는 것은 동시에 일본 사회를 묻는 일이라는 생각을 새롭게 하고 있다. 한국의 독자에게 이런 일본인 연구자의 자세가 과연 어떻게 비칠지 궁금하다.

마지막으로, 이 책을 한국에서 출판하자고 처음으로 필자에게 연락해준 문부식 씨, 다소 생경한 원문을 아마도 무척 고심하면서 한국어로 번역해주었을 송태욱 씨, 이 책의 한국어판 편집을 신속하게 진행해준 현암사의 김수한 씨를 비롯한 한국의 관계자 여러분께 진심으로 감사의 뜻을 전하고 싶다. 또한 2010년 이후 팔레스타인이나 한국에서 몇 번인가 만났을 때 창의성 넘치는 행동으로 필자에게 큰 자극을 준 한국의 '팔레스타인 평화연대' 친구들, 또한 그들과 알게 되는 계기를 만들어주고 이 책을 간행할 때도 많이 고생한 오랜 친구 이치무라 시게카즈市村繁和 씨께도 이 자리를 빌려 감사의 마음을 전하고 싶다.

2014년 8월 19일
다나미 아오에

이스라엘의 '부재자'들과 우리

이스라엘과 '부재자'

이스라엘, 나는 지금도 어렴풋이 망설이지 않고 이 이름을 입에 담을 수 없다. 이 나라가 세워지면서 팔레스타인이라는 지역에 뿌리내리고 있던 사회가 무너졌다. 그 뒤 팔레스타인에 대한 집단적 귀속의식을 유지하고 심화시키며 살아온 400만 명 이상의 사람들이 가자나 요르단강 서안 그리고 가까운 나라에 난민이 된 채 살고 있다. 나크바(이스라엘을 세우는 과정에서 있었던 '대재앙'. 7장 주석 4를 참조하라) 이래, 여성의 이름으로도 사용된 팔레스타인(필라스틴)이라는 이름, 그리고 난민들이 현재 머물고 있는 곳 여기저기에 강제로 부여된 이름으로 불리고 있는 팔레스타인 각지의 지명과 비교하면, 이스라엘이라는 이름뿐 아니라 그 안에 있는 히브리어로 된

많은 지명도 추상적이고 딱딱한 느낌이다. 약 500개의 팔레스타인 마을과 도시를 파괴하고 70만 명 이상의 난민을 낳으며 탄생한 이 나라가 자신의 역사를 인정하고 반성하며, 이 땅에 남은 팔레스타인 사람들과 동등하게 공존해나가는 길을 선택한다면 그때야 '이스라엘'이라는 이름은 문제없이 다른 의미를 갖게 될 것이다.

'부재자'란 원래 그 자리에 있어야 하지만 실제로는 있지 않은 사람들을 가리키며 동시에 그 자리에 있는데도 보이지 않는 존재가 된 사람들을 가리킨다. 전자는 팔레스타인 난민 그리고 이스라엘 국적을 얻기는 했지만 원래 팔레스타인에서 살았고 이스라엘이 세워지면서 그곳에서 추방된 사람들과 그 자손을 포함한다. 후자는 이스라엘이라는 나라로 변해버린 지역에 남아 다양한 일을 겪으며 끝내 이스라엘 국적을 얻은 사람들과 그 자손을 가리킨다. 최근 그들의 존재는 많이 알려졌지만 이스라엘이라는 나라를 바라보는 시각에 따라 그들의 처지를 파악하는 방법에는 큰 차이가 있다. 또 그들이 처한 상황을 어떻게 평가하는지에 따라 이스라엘이라는 나라를 보는 견해도 달라진다.

흔히 생각하듯이 이스라엘은 유대 병사들이 팔레스타인 사람들을 추방하여 텅 비어버린 지역에 건설된 나라가 아니다. 이스라엘 건국 이전 팔레스타인에 살고 있던 아랍인은 1,338만 명이었고, 마을이나 도시는 모두 970개였다고 추정된다. 건국선언에 이어서 중동전쟁이 벌어진 결과 이스라엘은 팔레스타인 지역의 약 77퍼센트를 지배하게 되었는데, 그곳에는 대략 15만 명의 아랍인이 떠나지 않고 남아 있었던 것이다. 고향 마을에서 다른 지역으로 피하고 그곳에서 다시 다른 마을로 옮겨 다니는 사이에 고향 마을이 파괴된 경우, 일단은 국외로 도망갔지만 몰래 돌아오거나 국제연합(UN)의 중재로 집단으로 이스라엘 영토 안으로 돌아와 원래 그곳에 살던 주민이 쫓겨나 비어버린 마을에 눌러 살게 된 경우, 이스라엘군의 공격에 마을 전체가 항복하여 그대로 살 수 있도록 인정받았지만 주변 지역에서 난민이 흘러들어와 마을의 구성원이 크게 바뀌고 주변 지역이 수용되어 키부츠가 된 경우 등 지역 지도자들의 판단이나 우연, 수 킬로미터의 지리적 차이에 의해 그들은 이후 매우 다양한 사건을 경험했다. 이스라엘에 남은 아랍인의 절반 이상은 원래의 거주지를 잃은 '국내 난민'이다.

1948년 이스라엘의 건국선언에서는 이스라엘에 남은 아랍 주민에 대해 "완전하고 대등한 시민권"에 기초하여 국가를 떠받쳐야 한다고 호소했다. 그러나 건국 후 한동안 아랍인 주거 지구에만 '군사정부'(10장 주석 9를 참조하라)를 두었고, 그들은 치안 관리의 대상이 되어 거주 구역이 제한되고 자유롭게 이동도 할 수 없었다. 그사이에 이스라엘은 원래 팔레스타인 사람들이 소유하고 있던 토지를 수용하고 유대인 인구가 드문 지역에 유대인 정착지를 건설했으며, 아랍어 지명을 히브리어로 바꾸고 유대국가 체제를 만드는 일에 서둘렀다. 1966년 군사정부가 철폐된 후에도 아랍인은 이스라엘 사회에서 다양한 차별을 받았다. 그 구체적인 상황에 대해서는 각 장에서 기술할 것이다.

'부재자'라는 말은 1950년에 이스라엘 정부가 발효한 '부재자재산관리법Absentee Property Low'(11장 주석 5를 참조하라)에서 유래한다.

1948년 이스라엘 건국 당시 팔레스타인을 떠난 사람은 부재자로 간주되어 그들의 재산이나 토지는 부재자 재산 관리자에게 이관되었다. 그리하여 팔레스타인에서 도망쳐 난민이 된 사람들만이 아니라 이스라엘의 지배 지역에 남기는 했지만 원래의 거주지에서 쫓겨난 사람들도 '부재자'가 되었던 것이다. 그들은 우격다짐으로 쫓겨나거나 원래의 거주지로 돌아오는 것을 금지당해 난민 또는 국내 난민이 되었으며, '부재자'라는 말은 그들의 토지나 재산을 빼앗는 구실에 지나지 않았다. 그러나 여기서는 현재까지도 여전히 유대국가 이스라엘 안에서 주변화됨으로써 주류 문화 안에서 보이지 않는 존재가 된, 이스라엘의 아랍인이 처한 상황을 염두에 두고 이 말을 사용한다.

이 책에서는 이스라엘의 아랍인 사회를 중심으로 서술하지만, 이스라엘의 사회·문화론을 구성할 수 있도록 방향을 잡았다. 아시아 국가에서 이스라엘에 대한 연구나 논의는 국제관계나 정치·경제에 치우친 경향이 강해 이스라엘 사회의 본모습을 보기가 쉽지 않다. 한편 이스라엘 체제에 대한 기술은 이스라엘 사회의 내면을 그린다는 장점이 있기는 하지만, 심정적으로 시온주의 편인 필자들이 쓴 것이 중심이기 때문에 아무래도 이스라엘에 대한 비판적인 관점은 약했다. 이 책이 그런 부족한 점들을 조금이라도 메울 수 있기를 바란다.

이스라엘-팔레스타인 문제가 미국이 주도하는 평화 교섭으로는 결코 해결될 수 없다는 것은 확실해졌다. 먼 미래, 아마 국제적인 압력을 중심으로 이스라엘이라는 나라가 변해야만 진정한 해결이 가능할 것이다. 대중 의식의 변화에 기대하는 것이 아니라 이스라엘의 정치 지도자가 큰맘 먹고 정치적 결정을 내릴 필요가 있다. 정치가 갖는 그런 실효성 때문에 정치와 정책 양상을 분석하는 작업은 두말할 필요 없이 유용하다. 반면에 이스라엘의 문화나 사회에 대해 무언가를 논하는 것은 실제로 이스라엘-팔레스타인에서 일어나는 일에 대해 아무런 역할도 하지 못할 것이다. 그러나 이스라엘이라는 나라가 아무리 특수한 역사와 상황 안에 놓여 있는 특이한 나라로 보인다고 해도, 동시에 국가라는 것이 안고 있는 보편적인 문제를 체현하고 있기도 하다. 동아시아에 살고 있는 우리가 이스라엘-팔레스타인 문제를 그저 먼 나라의 일로 치부하는 것이 아니라 그 안에서 동아시아 국가의 문제, 동아시아 사회의 차별과 배제의 문제를 역으로 비춘다면 누구나 그 당사자가 될 수 있다. '문화'를 대상으로 삼는 연구는 다른 표상을 통해 보편적인 문제를 다룰 때 유효할 것이다.

이 책에서는 이스라엘 국내의 아랍인에 대해 문맥상 명확할 때는 단지 '아랍', '아랍인'이라 표현할 것이다(아랍어로 '아랍'이란 그 자체로 아랍인을 가리키지만 '아랍의'라는 형용사와 구별하기 위해 '아랍인'으로 했다). 일반적으로 그들은 '아랍이스라엘인Israeli Arabs'이라 불리고, 스스로 '이스라엘의 아랍인Arabs in Israel'으로 자칭하는 경우도 있지만, 이런 특수한 아랍인 범주를 만들어내는 것은 어디까지나 이스라엘 정부다. 그리고 이러한 주제에 민감한 아랍계 시민단체(비정부기구) 직원 등이 '아랍이스라엘인'이라는 호칭에는 반대한다고 분명히 말하는 경우도 있다. 공적으로는 '이스라엘의 아랍인'이라고 쓰는 경우가 많은데, 이는 아랍어에서는 '아랍피 이스라엘'이 된다. 이 '피'(~중의/ ~에서의)가 중요한데, 이것에 의해 이스라엘은 어디까지나 현재의 거주지를 가리키고 신분증명서상의 귀속에 그치는 것으로 명시되는 것이다. 더욱 일반적으로는 '아랍사마냐아르바인'(1948년 아랍)이라든가 '아랍펫다히루'(내측 아랍인)로 불리고 '이스라엘인/이스라엘의'라는 형용사는 그다지 쓰지 않는다.(아랍 지역에 사는 사람의 경우 아랍인이라는 용어로 통일하였다 - 옮긴이) 한편 '팔레스타인 사람'이라는 표현은 피점령지 팔레스타인 사람들과의 연대의식을 보여주고 싶은 경우나 정치적 슬로건 안에서 쓰는 경우가 많은데, 그렇다고 외부인이 아무 때나 '이스라엘의 팔레스타인 사람들'로 부르면 된다는 것은 아니다. 유대인 밖에 대표하지 않는 이스라엘의 정치문화에서 '자신은 어떤 사람인가'라는 것을 의식할 때 가장 먼저 떠오르는 것은 팔레스타인 사람이라기보다는 아랍인인 경우가 더 많은 것 같다. 이 책에서는 문맥에 따라 구별해서 쓰려고 했으나 가장 많이 사용되는 표현인 '아랍/아랍인'이라는 표현을 주로 사용했다.

이스라엘의 민주주의와 소수자 운동

이스라엘의 기본적 성격이나 정책을 지지하는 사람들은, 이스라엘을 서아시아에서 유일한 민주주의 국가라든가 유일하게 서구 사회와 가치를 공유하는 사회라고 말한다. 선거를 통한 정권 교체가 제도적으로 보장되고 있는 것이 민주주의의 정의라고 본다면, 이스라엘은 분명히 서아시아에서 드문 민주주의 국가 중 하나일 것이다. 그렇다고 해서 민주주의가 점령 정책이나 팔레스타인 사람들에 대한 억압을 정당화하는 것은 전혀 아니다. 또한 이스라엘의 '민주주의' 자체가 다수자인 유대인에게만 우선적인 지위를 주고 있는 '민족적 민주주의'라는 사실도 간과해서는 안 된다. 그런 의미에서는 백인만이 민주주의를 구가해온 아파르트헤이트Apartheid 아래의 남아프리카공화국에 더 가깝다. 물론 이스라엘의 차별은 흑인에게 선거권이 부여되지 않고 인종별 의회제도를 만들어낸 아파르트헤이트 같은 제도화된 차별과는 다르다. 이스라엘의 차별은 유대인이 수적 우위를 확보하는 정책을 취하고 있다는 데서 갈라진다.

겉모습만으로 사회를 파악한다면, 이스라엘 사회를 아는 사람들이 자주 말하듯이 이스라엘의 유대 사회에는 확실히 토론을 좋아하는 사람들이 많고, 무엇이든 자유롭게 의견을 피력할 수 있는 풍토가 존재한다. 물론 싸움이라도 하는 것처럼 서로 고함을 지르고 목소리가 큰 사람이 자리를 지배하는 경우도 있다. 이런 모습을 보면 서로 의견을 존중하면서 토론한다고만은 할 수 없는 것이 사실이기는 하지만, 어쨌든 의견을 말하는 것이 두려워 잠자코 있는 상황은 드물다. 또한 대학교수나 기업의 임원 등 지위가 높은 사람들도 소탈한 복장을 좋아하고 아무에게나 허물없이 의견을 구하거나 친구처럼 대등한 태도를 취하는 일도 많다.

이러한 시각에서 아랍 사회를 보자. 다분히 권위적이고 겉과 속이 다른 사회로 보인다. 사실 이스라엘 유대 사회의 솔직하고 개방적인 측면을 아는 아랍인은 그들에게 감탄하며 그들을 아주 좋아하거나 종종 그러한 태도를 배우려 하기도 한다. 이스라엘의 아랍인 중 압도적 다수는 유대인과의 양호한 관계를 바라고 있다. 문제는 유대인이 아랍 사회를 잘 모른다는 것, 알려고도 하지 않는다는 것이다. 정치적인 의견을 표명하는 자리에서는 흔히 "우리는 반反이스라엘이 아니라 그저 이스라엘에 대해 의견을 말할 뿐이다. 민주주의 국가니까 의견 표명은 자유가 아닌가"라는 식으로 이야기한다. 이것은 아랍 정치가의 전략적인 논리와도 비슷하지만 적어도 민중의 소박한 감정으로서는 본심에 가까운 발언이다.

이스라엘 유대인의 과반수는 서아시아 여러 나라나 아프리카에서 온 미즈라힘Mizrachim(서아시아 동쪽에 사는 유대인을 말한다. 스페인어를 쓰는 세파르딤과 달리 전통적으로 아랍어를 사용하는 유대인을 가리키는 경우가 많다 - 옮긴이)인데도, 이 사회가 서구 지향적이라는 것은 틀림없는 사실이다. 효율성을 중시하거나 개인주의적 성향 속에서 인간이 기계화되어 육체가 소외되는 경향이 생기는 한편 언론의 자유나 소수자의 권리 옹호라는 가치를 중시하려는 원칙이 존재한다. 따라서 게이나 레즈비언 등 성적 소수자의 권리 운동이 서아시아 지역에서 가장 활발하다.

그러나 이러한 운동을 하는 사람이 이스라엘 내부의 아랍인이나 점령지 팔레스타인 사람들의 상황에까지 관심을 두는 일은 거의 없으며, 오히려 이스라엘의 관용성이나 문화의 다양성을 과시하는 식으로 드러내는 데 그치는 경우가 많다. 이러한 운동이나 표현이 존재한다는 사실이, 전혀 다른 의도를 가진 사람들에 의해 이스라엘의 점령 정책 등에 대한 비판 자체를 봉쇄하려는 정치적 구실로 이용되고 마는 경우도 있다. 예를 들어 동성애가 법적으로 금지되어 있는 이란 같은 나라를 들먹이며 이스라엘을 비판하는 사람은 공정하지 않다고 말하는 식이다. 또는 사우디아라비아에 여성의 참정권이 없는 것이나 공공장소에서 이슬람 이외의 종교 활동이나 종교적 상징을 사용하는 것이 일절 금지되어 있다는 것 등도 마찬가지로 이용된다. 그러나 이러한 비교를 근거로 이스라엘에 대한 비판을 전면적으로 거부하는 것은 명백하게 비논리적이다. 서아시아의 여러 나라에서 성적 소수자가 놓인 상황을 진정으로 우려한다면, 그것은 정치적으로 이용하기 위해서가 아니라 억압받고 있는 인간의 인권을 지키려는 의식에서 출발해야 한다. 이스라엘의 점령에 대해서는, 팔레스타인 사람들이 이스라엘 정부에 의해 억압받고 인권을 유린당하고 있는 것이 문제이다. 이스라엘이 아무리 고도의 민주주의 국가든 문화적 다양성을 보증하는 국가든 이 경우 아무 관계도 없다.

이러한 주장은 논리적 정합성보다는 그 주장의 강도에 역점을 둔 확신범인 경우가 많다고 하더라도, 이스라엘의 점령 정책이나 점령 하의 팔레스타인 사람들에 대한 억압 정책을 비판적으로 받아들이고 있는 사람들에게서도 자주 보이는 함정이다. 민주주의나 소수자의 권리에 대한 이야기가 나오면, 이 때문에 이스라엘을 지지하지는 않더라도 평가하기가 모호해진다. 또한 평등하고 사회주의적이라는 초기 시온주의의 이미지에 사로잡혀 있는 사람도 많을 것이다. 어떤 제도를 택하느냐가 아니라 그 안에서 어떤 메커니즘이 작동하고 있는가가 문제인 것이다. 마찬가지로 이스라엘 내부의 소수자 운동에 대해서도 물어야 하는 것은 그 내용이다.

　특히 이스라엘의 페미니즘에 대해서는 그 역사적 성과와 함께 늘 따라다니는 갈등에 대해 언급할 필요가 있다. 이스라엘 건국 이전부터 존재한 시온주의 안의 남녀평등 사상은 키부츠 내의 공동 가사노동 그리고 건국을 위해 여성도 무기를 들고 싸워야 한다는 이념으로 결실을 맺었다. 1970년 초 미국 여성해방운동의 영향을 받아 미국에서 이주해온 여성들을 중심으로 생겨난 페미니즘은 사회의 모든 부분에서 여성에게도 남성과 같은 수준으로 처우해줄 것을 요구하고, 제4차 중동전쟁 발발 후에는 군대 내의 남녀평등을 요구하는 움직임으로 고조되었다.

　그러나 1980년대 레바논 전쟁에 반대하는 운동이 이스라엘 병사의 어머니들을 중심으로 고조된 뒤부터 여성운동과 평화운동은 결합하게 되었다. 장기간에 걸친 무의미한 전쟁 때문에 자신의 자식들이 더는 죽음의 위험에 노출되는 것을 참을 수 없었던 것이다. 여기서 자식을 잃은 어머니의 마음은 팔레스타인 어머니들도 마찬가지라는 것을 깨닫고, 팔레스타인 사람들에 대한 적대 정책을 멈추고 전략적 철수를 호소하는 사람도 있었다. 양자의 차이는 대단히 크지만 병역이라는 시스템의 옳고 그름 자체나 시온주의라는 이스라엘 건국 이념 자체에 대한 질문으로 확대되지 않은 점에서는 같은 것이다. 제1차, 제2차 인티파다에서 그때까지 팔레스타인 여성과 대화를 시도했던 이스라엘 페미니스트 운동의 주류가 딜레마에 빠져 침묵을 지킨 것은 우연이 아니었던 것이다.

더 젊은 세대들 사이에서는 페미니스트임을 밝히고 나서는 것보다 소수이긴 하지만 점령에 반대하며 반反시온주의를 밝히는 풍조도 나타나게 되었다. 마르크스주의가 무너진 오늘날, 어떠한 사상이든 총체적인 해방 사상으로 내세워져서는 안 된다는 일반론은 차치하더라도, 이것은 페미니즘 측에서 심각하게 받아들이고 검토해야 할 문제일 것이다. 이스라엘의 페미니즘이 시온주의를 넘어서지 못하고 있는 것은 오슬로협정 이후 이스라엘 사회의 우경화에 대항하는 강력한 사상이 나오지 않은 상황과도 관련되며, 넓은 의미에서 보면 이스라엘 좌파의 혼란을 상징하고 있는 것이다.

거울에 비친 이스라엘

그래도 이스라엘의 아랍인과 이야기를 하면 유대 사회에 대한 비판이나 불만과 동시에 아랍 사회에 대한 자기비판을 자주 듣게 된다. 아랍 사회 안에 있는 차별의식, 민중 안에 뿌리 깊이 존재하는 권위주의, 마초적인 지도자를 지향하는 경향, 그 사람에게 집중되는 권력, 힘을 가진 사람 앞에서 약한 사람은 발언을 하지 못한다는 것, 남성이 여성에게 젊음을 요구하고, 일반적으로 30세를 넘은 여성은 결혼 상대로 보는 일이 거의 없다는 것, 육아 및 가사의 가치가 굉장히 높고 그렇지 않은 삶의 방식을 긍정적으로 평가하지 않는 것 등이다.

네게브사막의 베두인 사회 출신으로 오스트레일리아에서 컴퓨터 분야 박사학위를 받고, 미국에 본사를 둔 세계적인 컴퓨터 관련 기업에서 일하는 남성은 이렇게 말했다. "지금까지 유대인 사회보다 아랍 사회 안에서 받아온 차별이 훨씬 노골적이고 가혹했습니다. 당신의 룸메이트인 아랍 여성은 제가 독신이라는 것과 제가 근무하는 회사 이름을 알면 틀림없이 저를 소개시켜달라고 당신에게 부탁할 겁니다. 그다음에 제가 베두인이라는 사실을 알려줘 보세요. 그럼 그 사람의 태도가 어떻게 돌변하는지 관찰하는 것도 무척 재미있을 겁니다." 그가 다니는 회사는 사원 500명 가운데 아랍인은 둘뿐이라고 한다. 또 그가 아는 바로는 컴퓨터 관련 박사학위를 가진 이스라엘의 아랍인도 지금은 딱 두 명뿐이라고 한다. 그렇게 굉장한 엘리트인 그였지만 굉장히 특이한 여성관을 가졌고, 이는 마치 아랍 사회의 분열을 체현하고 있는 듯했다.

아랍 사회 내부의 여성을 둘러싼 여러 문제에 주력하고 있는 페미니즘 단체에서 활동하는 아랍 여성은 이렇게 말했다. "공적인 정치 언어에서는 '무슬림도 기독교도도 드루즈(레바논을 중심으로 시리아, 이스라엘, 요르단 등에 있는 이슬람교 계열의 종교공동체 - 옮긴이)도 아닌 우리는 팔레스타인 사람, 점령지 팔레스타인 사람은 우리의 형제'라고 말해요. 점령지에서 이스라엘이 잔인한 짓을 하고 있는 것은 사실이죠. 하지만 아랍 사회 자체가 젊은 여성들을 얼마나 억압하고 있는지 뼈저리게 느끼게 되면 그런 문제는 싹 달아나버려요. 차라리 서아시아 전체가 이스라엘이 되면 좋을 것 같아요." 최근 남성과 관계를 맺은 미혼 여성이 남성 가족에 의해 살해되는 '명예살인'에 항의하는 캠페인을 위해 그녀는 아랍 마을들을 돌아다니고 있다.

확실히 아랍 사회가 안고 있는 문제의 뿌리는 무척 깊다. 그러나 아랍의 여러 나라에도 이와 똑같은 문제가 있지만, 민중 차원에서 이런 식으로 자신들이 속해 있는 사회를 비판하는 것은 좀처럼 찾아보기 힘들다. 이스라엘의 아랍인들이 자신들 사회에 대해 비판할 수 있는 것은, 이스라엘 사회의 영향을 받아 다양한 관점을 가지게 됨으로써 그들에게 보이는 세계가 확대된 것과도 관련되어 있다.

물론 여기서 아랍 사회의 이러한 문제가 오히려 이스라엘의 건국으로 인해 유지되었고, 이스라엘 당국에 의해 이용되어왔다는 점을 지적할 수도 있다. 아랍 사회에서 기득권을 가진 사람이나 보수층이 주위 환경으로부터 자신들의 사회를 지킨다는 구실로 그때까지의 모습을 유지하려고 해왔기 때문이다. 또한 이런 자기 비판의 목소리는, 이스라엘에서는 '후진적인' 아랍 사회에 대한 우월감으로 바뀌어 이 문제를 더욱 뒤틀어버린다. "그래도 우리는 아직 괜찮은 편이지, 암" 하면서 말이다. 어떤 사회나 상황은 다르지만 구조적으로 보면 똑같은 문제를 안고 있다. 그럼에도 그것을 자기 사회와 상대 사회 사이에 존재하는 명확한 차이로 의식하게 된다. 자신들은 훨씬 좋은 해방된 사회에 있다고 생각하게 되고, '후진적인' 사회에 있는 상대를 얕잡아보는 것이다. 이럴 때 자기 사회에 대해 안고 있는 불만이나 답답함은 잊히고 만다. 아니, 그런 불만이나 답답함이 클수록 '후진적인' 사회를 얕보는 시선은 더 깊어진다.

이는 이스라엘만의 문제가 아니다. 자국의 허술한 민주주의에 대한 비판이 미디어에서 흘러넘침에도 '독재적인' 이웃 나라들이나 '후진적인' 타자와 비교하며 노골적인 우월감을 강조하는 일은 흔히 경험할 수 있다.

나는 아랍어를 배우면서부터 서아시아 사회와 관계를 맺기 시작했다. 간신히 아랍어로 말할 수 있게 되었고 다소 자신감도 생겨 아랍 문화나 이슬람에 대해서도 공부하여 그 심오함을 깨닫게 된 내게는 아랍 사회에 푹 잠겨 있는 편이, 즐거움이라는 점에서만 보자면 훨씬 즐거웠을 것이다. 또한 팔레스타인에서 쫓겨나 난민이 되어 매일매일 고생하면서도 씩씩하게 살고 있는 팔레스타인 사람들로부터 배운 것도 많았다.

그러나 주변 지역과의 관계나 미국과의 동맹을 생각한다면 일본은 오히려 이스라엘과 무척 비슷하다는 것을 깨닫지 않을 수 없었다. 일본은 현재 점령지를 갖고 있는 것은 아니지만 예전에 식민지 지배를 했고, 아시아에 근대화를 가져오겠다는 논리와 군사 지배를 양립시키려 하기도 했다. 그것은 뒤처진 동방의 땅에 유대인 국가를 세움으로써 "야만에 대한 문화 전초기지로서의 임무"를 수행하려고 한 테오도르 헤르츨Theodor Herzl(1860~1904, 팔레스타인에 유대인 국가를 세우려는 운동을 정치적으로 주도한 인물이다. 세계 시온주의자 대회를 조직해 1897년 8월 스위스 바젤에서 모임을 가졌으며, 그 대회에서 설립된 '세계 시온주의자 조직'의 초대 의장이 되었다. 시온주의를 세계적으로 중요한 정치운동으로 부각시키는 데 결정적인 역할을 했다-옮긴이)의 꿈과 겹쳐 보이기도 한다. 비서구 지역에 있으면서 예외적으로 서구적인 가치관을 접목하여 주변 지역에 대해 억압적인 존재임을 자부하며 지탱해온, 유라시아 대륙의 서쪽과 동쪽에 있는 두 개의 나라. '일본-유대 동조론'(일본인과 유대인이 공통의 선조를 가진 형제 민족이라는 설로 주로 일본인과 유대인이 주장한다 – 옮긴이)이나 유대 음모론이 반복적으로 유행하는 것도 꼭 우연이라고는 할 수 없을 것이다.

일본의 현 상황에 주목하지 않은 채 팔레스타인 사람들과 친하게 지내거나 팔레스타인에서 벌어지는 운동에 참가하거나 취재할 수 있을지도 모른다. 그러나 이스라엘 사회를 비판적으로 이해하려고 하면 거기에 일본의 모습이 투영될 수밖에 없다. 이스라엘의 문제점은 이것이라고 비판하면서도, 제삼자의 입장에서 완전히 일방적으로 재단해도 된다고 말할 수는 없는 것이다. 일본 사회를 알고 있기 때문에 이스라엘의 모습이 뚜렷이 보이고, 또 일본을 더 잘 알기 위해 이스라엘로부터 역으로 조명해보려고 하는 것인지도 모른다. 점령에 대항하는 팔레스타인 사람들의 싸움은 일상의 유지라는 차원에서도 계속해나갈 수밖에 없지만, 이스라엘 국가에 정책 전환을 촉구하고 그 사회의 존재 방식을 바꿔나가는 것은 결국 이스라엘 사회에 살고 있는 사람들, 특히 다수자인 유대인 자신일 수밖에 없다. 극히 소수이긴 하나 이스라엘 사회 내부에서 팔레스타인 사람들과 공존하는 길을 모색하는 사람들이 존재하고 있다. 그들로부터 배울 뿐만 아니라 서로 경험을 공유하면서 나아가고 싶다. 일본 사회를 비판적으로 파악하여 좀 더 살기 좋은 사회로 바꿔나가고 싶다는 간절한 소망을 가지고 있기 때문에,

남의 일처럼 제삼자의 위치에 서는 것이 아니라 친구로서 이스라엘 사회에 관여할 가능성이 생겨나는 것이다.

이스라엘 사회를 바꿔나가자고 오랫동안 분투하면서 열심히 활동해 온 사람들. 정치적으로 목소리를 내는 일은 없지만 현 이스라엘 국가의 실상에 등을 돌리고 사는 사람들. 정치범으로 체포되어 있는 사람들. 이러저러한 사정으로 이스라엘을 떠나 국외에서 이스라엘과 싸우는 사람들. 그들도 이스라엘 국가의 주류 이데올로기를 신봉하는 사람들의 눈으로 보면 '부재자'다.

이 책에서는 이런 사람들의 활동이나 사상에 대해 특별히 거론하지는 않았지만 그들의 존재가 이스라엘에서 나를 지탱해준 것 가운데 하나였다는 사실을 덧붙여둔다. 그 눈부신 빛과 적외선 안에서 나는 오히려 이스라엘 '부재자'들의 흘러넘칠 것만 같은 존재감에 압도되어 있었다.

1부

유대 사회와
국가

1장

애국심 넘치는 이스라엘의 봄
– 국기와 기념일의 정치

페사하, 망상과 현실

이른 봄인 3월은 팔레스타인이나 그 주변 지역의 풍광이 가장 아름다울 때다. 아직 추위가 남아 있긴 해도 한낮의 햇빛은 서서히 부드러워지고 산과 들은 알록달록 채색된다. 일본의 벚꽃과 아주 비슷하다고들 하는 아몬드꽃[1]도 이 무렵에 핀다. '하나미花見'(주로 벚꽃 등의 꽃을 감상하며 봄의 도래를 축하하는 관습이다. 대부분의 경우 활짝 핀 벚꽃나무 아래에서 하는 연회를 가리킨다 – 옮긴이) 같은 성가신 꽃구경 풍습의 방해를 받지 않고 야산을 장식하는 모습은 벚꽃보

---

1. 나무는 장미과 벚나무속. 일본에서는 생 아몬드를 볼 기회가 거의 없지만 매실보다 살짝 큰 녹색 과육이 열리고 그 종자 안에 있는 알맹이를 건조시켜 식용한다. 서아시아의 서민은 이러한 견과류나 콩류를 건조시키거나 찌기 전에 날것으로 먹는 습관이 있다.

다 훨씬 사랑스럽고 단순한 기쁨을 맛볼 수 있게 해준다(그리고 꽃이 진 뒤 아몬드 열매가 열리는 것이다!).

그러나 4월이 되면 상황이 바뀐다. 서아시아 전체에 부는 함신[2]이라는 먼지투성이 계절풍이 후텁지근한 바람을 실어와 대기를 노랗게 흐려놓는다. 언제나 변함없는 깊은 청색으로 눈을 즐겁게 해주는 지중해도 이 시기만은 수평선조차 보이지 않을 정도로 뿌얘진다. 그러는 가운데 여기저기에서 한꺼번에 에어컨이 돌기 시작하고, 버스도 도서관도 추울 정도로 시원해진다. 냉방에 약한 내게는 그 이상 괴로운 것이 없다. 그리고 추격이라도 하듯이 내 기를 죽이는 것은, 4월 중순부터 5월까지 이스라엘의 유대인과 관련된 축제와 축일이 줄줄이 이어져 온 나라가 애국적 분위기로 흘러넘친다는 사실이다. 일련의 소동이 끝나면 곧 여름이다. 쨍쨍한 햇빛과 하얀 반사광에 눈이 부시고, 도망갈 곳 없는 열기 속에서 헐떡이는 나날이 이어진다.

애국적 분위기를 고양하는 의식의 선봉은 '페사하pesach'라는 유대교 축제다. 유월절이라고 하면 들어본 사람이 많을 것이다. 유대교의 축제이므로 원래는 이스라엘이라는 나라와는 무관할 터인데, 세계 각지의 유대인이 축하하는 축제다. 그러나 아무튼 이 축제가 끝난 후 이스라엘에는 '건국기념일'이 다가온다. 그 때문에 4월 초부터 슬슬 도

---

2. 캄신이라고도 한다. 2월 말부터 4월 말에 걸쳐 사하라 사막에서 이집트 방향으로 부는 바람으로, 열대 몬순의 일종이다. 함신이란 50이라는 의미인데 대체로 50일간 계속된다는 데서 유래한다. 기온 상승으로 발생한 저기압이 사막의 건조한 모래를 빨아올려 간헐적으로 분다.

로의 화단이 정비되고 국기가 내걸리기 시작한다. 그것과 때를 같이 하여 각 가정은 페사하를 준비하기 위한 대청소를 시작한다. 건국기념일로 향하는 분위기 속에서 이레 동안(이브까지 포함하면 실제는 여드레)의 페사하 축제가 꽉 채워지는 셈이니 애국적인 분위기가 넘치는 것은 당연하다.

덧붙여 말하자면 페사하가 갖는 의미 자체가 애국심에 공명해버린다. 이것은 『구약성서』의 「출애굽기」에서 유래한다. 간추려서 이야기를 정리하기로 하자. 이집트로 이주한 이스라엘 백성은 점차 자손의 수를 늘려나갔는데, 얼마 지나지 않아 그 수가 너무 늘어나 이집트 사람들이 적대시하게 되고 노예 생활을 하게 된다. 그래서 하느님의 명령을 받은 모세[3]가 지도자가 되어 유대인을 데리고 이집트를 떠나게 되는데, 그들의 노동력을 아쉬워한 이집트 왕은 그것을 인정하지 않는다. 이에 하느님은 이집트에 재앙을 내린다. 강물을 피로 바꾼다거나 이집트 전역을 개구리나 파리, 이로 들끓게 하고 역병을 유행시킨다. 이집트 사람들은 견딜 수 없었을 것이다. 이집트 사람이 지배계급이었다고 해도, 그들 역시 이집트 왕의 억압을 받았을 것이다. 마지막 확인 사살인지 하느님은 한밤중에 이집트 모든 가정의 장남을 죽인다. 그런데 이스라엘의 가정은 하느님의 분부대로 대문에 어린 양의 피를 발라 표시를 해두었기 때문에 하느님은 그곳을 지나쳐 아이를 살려둔다.

---

3. 『구약성서』의 「출애굽기」에 따르면 모세가 탄생할 당시 이스라엘 사람들은 이집트에서 노예로 혹사당하고 있었는데 모세는 온갖 방해를 뚫고 그들을 이집트에서 데리고 나가는 데 성공했다. 아랍어로는 무사로 불리며 『코란』에도 자주 나온다. 흔히 무슬림의 이름으로 쓰이고 있다.

이집트 전역이 아이들의 죽음에 슬퍼하고 동요하고 있는 가운데 이스라엘 백성들은 이집트를 떠난다.

'유월逾越'이라는 의미의 축제는 이 일화에서 유래한다. 이집트에서의 고난을 떠올리며 이집트에서의 탈출과 노예 상태에서 해방된 것을 축하하고 기념하는 축제인 것이다. 참으로 일방적이고 염치없는 이야기라고 생각하지만, 많든 적든 자신들에게 유리한 신화를 갖는 것은 어느 공동체에나 있는 일이다. 신화에 그치기만 한다면 이런 이야기는 무척 흥미롭고 재미있을 것이다. 그러나 문제는 이 신화가 현대 시온주의 안에서 이용되고 있다는 것이다.

매년 페사하가 다가오면 이집트를 탈출한 신화를 빙자하여 현대 유대인이 어떻게 해서 원래의 거주지를 떠나 이스라엘로 찾아왔는지를 보여주는 에피소드가 미디어에서 흘러나온다. 특히 아랍의 여러 나라에 살고 있던 유대인이 차별과 박해를 극복하고 가까스로 이스라엘로 '돌아'온 이야기나 자유를 얻은 기쁨이 회고된다. 물론 시온주의 운동과 직접적인 관련이 없는 유대인도 막무가내로 팔레스타인 사람들을 쫓아내고 만들어진 이스라엘의 국민이라는 이유로 적대시되고 힘든 시간을 보냈을 것이다. 그것은 부당한 일이 틀림없으며, 바로 그렇기 때문에 닭과 계란을 혼동해서는 안 된다. 적어도 서아시아에서는 이스라엘의 건국이 유대인에 대한 적대적 감정을 낳았고, 유대인의 책임은 이스라엘이라는 국가가 팔레스타인 사람들에 대해 폭력적인 형태로 건설되었다는 데 있다.

페사하 첫째 날 밤의 만찬은 '세데르'라 불리는데, 각 가정에서는 대충 정해진 절차에 따라 의식을 행한다. 종교적인 가정이 아니더라도 많은 가정에서는 전통적인 의식을 따른다. 사실 원래 세데르 같은 것을 하지 않던 비종교적인 가정이 이스라엘로 이주한 뒤부터 세데르 의식을 하게 되는 경향이 있다. 집안사람들이 한곳에 모여 독송 문구가 적힌 하가다라는 소책자를 한 손에 들고 긴 의식을 한 뒤에 식사를 한다. 결혼하여 따로 살림을 차린 자녀도 자식을 데리고, 부부 가운데 한쪽 부모의 집으로 간다. 의식을 도맡아 관리하는 사람은 그 집의 남성 가장이다. 이 의식은 길기 때문에 상당히 지치고 배도 고프다.

워낙 손님 부르는 것을 좋아하기 때문에 유대인이 아닌 사람들을 초대하는 일도 있다. 아랍인의 경우 기독교도나 드루즈[4]라면 초대받은 적이 적지 않을 텐데, 무슬림에 대해서는 어떤지 알지 못한다. 2005년 페사하 때는 나 역시 처음으로 유대인 가정에 초대되었다.

유대인 가정의 종교 행사를 직접 본 적이 없던 나는 긴장감 혹은 공포감마저 느꼈다. 경건한 표정으로 치르던 정숙한 의식이 떠오른다. 평소 이스라엘 유대인들의 자유분방함과 달리 이 의식만은 정확하게 순서에 맞춰 진행한다. 지각은 절대 용서되지 않는다. 의식이 시작된 뒤에 초인종 소리가 울리면 흥이 깨지기 때문이다. 페사하 의식에 대한 나의 이런 이미지는 주로 사진이나 그림이 실린 각종 유대교 해설서를 통해 형성되었을 것이다.

---

4. 이슬람에서 갈라진 종파 이름과 그 종파에 속한 사람들을 가리킨다. 이스라엘 내에서 남자 드루즈는 병역을 치르기 때문에 유대인 사회로부터 자신들의 동료로 간주되는 경향이 있다. 4장도 참조하라.

그것과 분위기가 다르기는 하지만, 예전에 아쿠타가와상을 받은 『유월제過越しの祭』[5]라는 소설이 있었다. 화자는 유대계 미국인과 장애가 있는 아이를 낳은 일본인 여성으로, 고생의 나날을 유월제 날의 사건과 겹쳐 회고하고 있다. 평소 원망을 쌓아온 아내는 남편 가족에게 도리를 다하는 데 소극적이고, 남편은 안절부절못한다. 소설의 작품성은 논외로 하고, 유월제가 평소 유대교와 무관한 세속적인 유대인에게도 소중한, 가족이나 친족 간에 빼놓을 수 없는 도리로 여겨지는 행사라는 것은 잘 알 수 있다.

당일 저녁 일러준 대로 일곱 시까지 여유 있게 도착할 수 있도록 일찌감치 집을 나섰다. 이날은 토요일이고 애초에 휴일이기도 해서 가게는 닫혀 있고 거리에 자동차도 거의 다니지 않았다. 간신히 잡은 합승 택시 안에는 화려하게 차려 입은 여성이나 꽃을 든 사람뿐이었다. 목적지 근처라고 생각되는 장소에서 택시를 내린 나는 큰맘 먹고 커다란 꽃다발을 샀다. 아직 시간 여유가 있었으나 지도에서 확인했던 도로 이름이 붙은 표지판이 좀처럼 보이지 않았다. 세데르 의식을 하는 집은 내가 아는 사람의 본가인데, 처음으로 방문하는 집이었다. 길을 물어보려고 해도 그때는 이미 걸어 다니는 사람이 아무도 없었다. 이

---

5. 1985년 아쿠타가와상 수상작으로 저자는 고메타니 후미코米谷ふみこ(1930~)다. 유대계 미국인인 일본문학 연구자 데이비드 굿먼은 이 작품을 격렬하게 비판했다. "『유월제』는 꽉 막힌 작품이다. 심사위원들에게 좋은 평가를 받은 문체도 주인공 내면의 말이며, 주위의 외국인들은 알 수 없는 언어를 사용하고 있다." 그리고 유월제는 인간의 해방과 자유란 무엇인가 하는 것을 음미하기 위한 제전인데, 어설픈 지식으로 그것을 왜곡하고 매도할 뿐인 '문학'을 장려하는 것은 이상한 일이라고 말했다.

곳은 유대인 지구이며 세데르가 시작되면 다들 집안에 틀어박힌다. 점점 초조해졌다. 더구나 얼간이처럼 그 집 전화번호를 적어놓은 메모를 가져 오지 않은 것이었다. 정해진 시간이 지나면 방문해서는 안 될 테지만 돌아갈 차도 보이지 않는다! 큰맘 먹고 산 꽃다발이 몹시 무거워지기 시작하고, 일순 절망감이 들기 시작했다.

일곱 시가 살짝 넘어서야 가까스로 온몸에 땀을 흘리며 도착했다. 아무래도 분위기가 이상했다. 거실의 매트 위에서는 조그만 아이가 블록 놀이를 하고 있었다. 부엌 쪽에서는 음식을 준비하고 있는 듯했지만 내가 상상했던 엄숙한 분위기는 손톱만큼도 없었다. 하여튼 지각해서 주인의 기분을 망치는 것만은 피했으므로, 이제 아무래도 괜찮았다. 이윽고 가족이 모였다. 평소에는 떨어져 사는 사람들이기 때문에 대부분 나와는 초면이었다. 노부부에 30대·20대의 자식 셋과 그들이 데려온 사람들과 어린아이들. 젊은 필리핀 여성이 있기에 나 같은 손님이라고 생각했더니 가정부였던 모양이었다.[6] 특별히 설명은 듣지 못했지만 열 살 정도의 쌍둥이 여자아이가 지적 장애가 있어 그 아이들을 보살피고 있는 듯했다. 가족끼리 사진을 찍거나 선물을 교환하며 한가하게 담소를 즐기고 있었다. 어쩌면 이 집에서는 페사하 첫날에 가족이 모이기만 하고 의식은 하지 않는 게 아닐까 하는 의혹마저 일

---

6. 이스라엘의 외국인 노동자 수는 정점에 달했던 2001년에 대략 24만 2,000명이었다. 루마니아, 태국, 필리핀, 중국 등지에서 온 남성이 건설 현장이나 키부츠에서 일하고, 필리핀이나 중국에서 온 여성이 고령자나 장애자 등의 간병인으로 주로 가정 내에서 일하고 있다.

기 시작했다.

드디어 테이블로 안내된 것은 밤 9시였다. 책이나 신문에서 보던 세데르 의식용으로 차려진 식탁[7]을 보고 나는 안심했다.

앉을 자리가 정해지고, 자 이제, 하는 순간 쨍그랑 하고 컵이 깨지는 소리가 났다. 아이가 떨어뜨린 것이다. 그래도 분위기는 화기애애했고 얼굴을 찡그리는 사람은 아무도 없었다. 아무렇지 않게 할아버지가 천천히 일어나 맞지 않은 가락을 넣어 구절을 읽어나갔다. 나는 눈으로 좇기에 급급했지만 모처럼의 기회라서 진지하게 글자를 좇았다. "굉장히 진지하게 읽고 있네. 별 일이야" 하는 소리가 들렸다. 둘러보니 책을 펼치고 열심히 글자를 읽고 있는 사람은 인도인 할아버지 외에는 나뿐이었다. 다른 사람들은 아이들에게 눈을 떼지 못한 채 이런저런 이유로 들락날락거리고 젊은 커플은 내내 의미없는 잡담만 하고 있었다. 할아버지도 특별히 분위기를 정리하려고 하지도 않고 혼자서 담담하게 진행했다. "자, 이제 건배다!"라든가 "자, 이제 손을 씻어야지" 하면서 책에 쓰여 있는 대로 따라 했다. 참가자 한 사람 한 사람씩 차례로 읽어가는 부분도 있었다. 이 부분은 내가 은근히 걱정하고 있던 가장 큰 난관이었는데, 자연스러운 분위기에서 무난히 마쳤다. 생각해보면 당연한 일이었다. 딱딱한 의식 같은 걸 아주 싫어하는 이스라엘 사람들이 호들갑스럽게 이런 의식을 할 리가 없는 것이다. 종교

---

7. 세데르 식탁에는 파슬리 등의 쓴 나물, 사과·너츠류·포도주·향신료를 섞은 것, 구운 계란 등 여섯 종류의 식재료를 둥근 접시에 담아 놓고 의식을 진행한다. 예컨대 쓴 나물은 이집트에서의 고난을 상징하고 구운 계란은 고대 신전의 상실을 상징한다.

적인 가정에서는 전혀 다를지 모르지만 말이다.

정신을 차려보니 아이들이 없었다. 가만히 있지 못해 어머니가 어디론가 데리고 간 모양이었다. 분위기는 밝았고 구심력은 잃었지만 할아버지는 혼자 읽고 있었다. 쓴 나물을 입에 넣는 의식이 몇 번인가 있었는데 "이것은 이집트에서 겪은 고난을 상기하기 위해서다"라고 세심하게 설명해주었다. 어쨌든 열심히 참여하고 있는 사람은 나뿐이었다. "이제 나도 도망치고 싶어졌어" 하고 옆자리에 앉은 지인이 나에게 말했다. "이걸 전부 읽는 거니까 시간이 걸리거든." 또 한 명의 딸은 "올해 페사하는 창피해 죽겠어. 다들 도중에 나가버리고"라고 투덜거리면서도 흘러가는 대로 내버려두고 있었다.

중간에 그만둔 것인지 마지막까지 한 것인지는 잘 알 수 없었지만 결국 열 시 반쯤 되어 "자, 이제 끝이다"라는 말이 나왔고, 식사가 시작되었다. 의식이 끝난 뒤에 맛있는 음식이 나올 거라는 확신도 없어졌다. 하지만 막상 나온 음식은 굉장했다. 수프, 몇 종류의 샐러드, 두 가지 밥 요리, 두 가지 고기 요리, 두 가지 디저트가 차려졌다. 페사하 중에는 빵을 먹는 것이 금지되어 있다.[8] 그 후 새벽 1시가 지날 때까지 환담이 이어졌고, 나는 배가 불러 졸리기 시작했다. 그렇게 긴장했다

---

8. 이집트인의 장남이 모두 살해당하는 재앙이 있고 난 후 이집트인은 이스라엘 백성을 쫓아내기로 했다. 그래서 이스라엘 백성들은 효모를 넣은 빵을 준비할 틈도 없이 빵의 반죽을 만들어 그릇째 싸서 짊어졌다고 「출애굽기」에는 적혀 있다. 이 사건을 기념하여 페사하 기간 중에는 보통의 (빵 재료가 들어간) 빵을 먹는 것이 금지되었고, 그 대신에 마초트(무교병)라 불리는, 크래커 같은 것을 먹는다. 발효 작용으로 부풀어 오르는 것이 죄의 상징이라고 생각되었고, 거기에서 다시 맥주의 거품이나 밥을 지을 때 쌀이 팽창하는 것도 금기시되는 경우가 있다.

는 것이 거짓말처럼 생각되었다. 물론 세데르의 방식이야 집집마다 제각각이겠지만, 아무리 그래도 책에서 얻은 지식은 믿을 수 없다고 생각되는 일의 연속이었다.

속되고 속되도다,
이스라엘 국기!

이 가정의 할아버지와 할머니는 둘 다 이집트 출신의 유대인이다.[9] 1950년대 초, 그들로서는 바로 현대의 '이집트를 탈출'하여 이스라엘로 찾아온 것이다. 그들의 정치적인 견해나 아랍인에 대한 관점에 대해서는 거의 알지 못한다. 그러나 느낌이 무척 좋은 가정이고, 적어도 아랍인을 배척하는 발언을 하는 일은 전혀 없었다. 할아버지는 으스대는 기미가 전혀 없고 오히려 지각이 둔해진 편이었는데, 그렇다고 존재감이 희박한 것은 아니었다. 나직이 재치 있는 농담을 하는가 싶더니 부엌에서 설거지를 하기도 했다. 커다란 식기세척기가 있어 편해 보이기는 했지만, 아랍인 가정에서는 이런 연령대의 남성이 가사를 하는 모습은 절대 볼 수 없기 때문에 그 모습은 무척 신선했다.

이집트의 유대인은, 스스로 유대인이라는 민족의식보다 사회의 상류에 속하는 유럽인이라는 의식을 갖고 있다고 한다. 이 부부는 서로

---

9. 1948년까지 이집트에는 7만 5,000명에서 8만 명의 유대인이 있었다고 한다. 이스라엘 건국선언에 이은 제3차 중동전쟁과 이스라엘-이집트 전쟁이 일어나자 이집트에서 유대인을 배척하는 움직임이 강해지고, 유대인은 이스라엘 외에 프랑스, 미국, 브라질, 아르헨티나 등으로 떠났다.

히브리어가 아니라 프랑스어로 이야기를 나누었다. 그들의 모국어는 당연히 아랍어일 것이라고 생각했는데, 어렸을 때는 두 사람 다 집에서 프랑스어를 썼다고 한다. 아랍어는 이웃과 이야기할 때 쓰는 말이고, 학교에서 교재로 배운 말이라는 것이다. 큰딸과 아들은 테크니온[10]을 졸업했다. 또 다른 딸은 텔아비브에서 배우양성학교에 다니고 있었다. 밤 열두 시가 지나 이 딸의 남자 친구가 찾아왔는데 할머니에게 선물할 두꺼운 역사책을 가져왔다. 내가 아는 아랍인 가정에서는 절대 "있을 수 없는" 분위기라 놀랄 뿐이었다.

그들은 아마 우파의 입식자와도, 종교적인 유대인과도 전혀 다른 정신의 소유자일 것이다. 아랍인에 대해서도 조야한 멸시의 감정 같은 것은 결코 없었다. 그래도 시온주의자임에는 틀림없을 것이고, 이스라엘 국가에 대해서는 애국심을 조금도 숨기지 않았으며, 그런 견해에서 아랍인과도 평화롭게 공존하기를 바라는, 전형적인 하이파 중류층의 이미지에 부합하는 사람들일 것이다.

환담을 하던 중 장남의 애인이 자신이 받은 선물인 액세서리를 꺼내 목에 걸고는 설명해주었다. "이건 독립기념일에 걸려고 해요"라고 말한 그 목걸이는 이스라엘 국기를 의식한 것인지 하늘색 돌로 만들어졌다. 독립기념일에는 대부분의 유대인 가정이 소풍을 가서 바비큐 등

10. 이스라엘의 유명한 공과대학이다. 이스라엘이 건국하기 전인 1924년 팔레스타인의 하이파에서 개교했다. 1912년에 공사를 시작한 이후 교육 언어를 히브리어로 할지 독일어로 할지에 대한 논의가 일어 개교는 1924년까지 늦어졌는데, 이곳에서 히브리어의 대학 교육이 처음으로 이루어졌다. 기술 개발에 의해 국가를 지탱하고 강대하게 한다는 건국 이념이 강력하게 추진되어 이 대학의 산학군 공동연구 프로젝트는 국방에도 큰 영향을 미치고 있다.

을 즐기며 나름대로 한가한 시간을 보낸다.[11] 열광적인 흥분은 보이지 않지만 그 한가하고 단란한 가족의 모습은 바로 그날이 팔레스타인 사람들의 고향 상실과 이산을 상징하는 날이라는 기억을 완전히 지워버린다. 독립기념일만은 설사 누가 초대한다고 해도 유대인 가정의 축하 모임에는 참석하고 싶지 않다고 이때 생각했다.

페사하가 끝나면 다시 거리는 단숨에 '건국기념일' 분위기에 빠진다. 페사하 전에는 쇼핑을 하는 등 마치 일본의 연말 분위기와 비슷한 시민 중심이었다면, 이때부터는 행정적인 일이 중심이다. 앞에서 말했듯이 거리가 깨끗하게 정비되기 시작하고 주요 광장 등에는 이스라엘 국기가 각 지방정부의 깃발과 나란히 걸린다. 아울러 일반인들도 집의 창문이나 자동차에 국기를 단다. 건국기념일을 앞두고 도시가 온통 국기로 흘러넘치는 것이다. 식상할 수도 있겠지만 1999년 국기·국가법 이후 한층 강제력을 강화하고 있는 일본의 히노마루日の丸, 〈기미가요君が代〉와 비교하며 이스라엘의 상황을 이야기해보겠다.

알다시피 이스라엘 국기[12]는 흰 바탕에 상하로 파란 가로선이 두 개

---

11. 이스라엘 독립기념일Yom Haatsmaout에는 가족끼리 차를 타고 나가 근처 공원에서 바비큐를 즐긴다. 이는 이스라엘 유대계 시민의 '국민적 행사'로 알려져 있는데 미국식 관습이 들어온 듯하다. 한편 이스라엘의 건국으로 국내 난민이 된 아랍인은 이날만은 원래 살고 있던 마을을 방문하는 것이 허용된다고 한다. 팔레스타인 난민 출신의 영화감독 미셸 크레이피의 다큐멘터리 영화 〈마알룰 마을은 그 파괴를 축하한다Maalul festeggia la sua distruzione〉(1984)는 그날을 둘러싼 풍경을 보여준다.

있고 한가운데에 '다윗의 별'이 있다. 이 나라에
서 보고 싶지 않은 것을 볼 수밖에 없는 '시각의
폭력'을 매일처럼 당하면서 그때마다 생각했다.
이스라엘 국기는 '히노마루'와 기묘한 대조를
이루고 있으며, 관점에 따라서는 '비슷하다'고도
할 수 있다. 대체로 내가 아는 한 흰 바탕에 다른
색을 하나만 쓰는 디자인은 이스라엘과 일본의
국기 외에는 핀란드 국기[13]가 유일하다. '히노마
루'의 원이 관대한 듯 하면서도 주변을 배제한

하이파 시의 식전式典 광고 '독립기념일
을 축하합니다'

다면 이스라엘 국기는 신경질적고 딱딱하다. 한쪽은 흰색 바탕에 선명
한 빨강, 또 한쪽은 흰색 바탕에 진한 파랑이다. 두 색밖에 쓰지 않은
국기는 여럿 있지만 흰 바탕에 선명한 원색을 쓰는 디자인은 대충 일
본과 이스라엘 국기뿐이다. 이것은 타자를 배제하고 자신의 고결함과
우월함을 과시하는 디자인이다. 일반적으로 흰색과 파란색의 조합은
'산뜻함', '시원함'을 연상시킨다고 하지만, 이스라엘 국기에 이용되는
순간 그것은 곧바로 폭력을 수반하는 "때 묻지 않은 결벽성"을 상징하
는 조합, 즉 팔레스타인을 말살하는 '소독', '무균 상태'라는 이미지와

12. 흰 바탕에 파란 가로선은, 타리트라 불리는 예배용 숄 디자인에서 유래한 것이다. '다윗의 별'
을 이용한 디자인이 여러 가지 고안되었고, 최종적으로는 1898년 스위스에서 열린 제2회 시
온주의자 회의에서 결정되었다. 훗날 건국된 이스라엘은 이 깃발을 국기로 채택하는데, 원래
는 여러 유대인 운동의 한 조류에 지나지 않던 시온주의 운동의 상징으로 정해진 것이었다.
13. 핀란드의 국기도 흰 바탕에 파란 스칸디나비아 십자가를 그린 것으로, 흰 바탕에 원색(파랑)이
쓰인 디자인이라는 점에서는 같다. 흰색은 눈, 파란색은 호수를 나타낸다고 설명되어 있다.

어느 주택의 베란다

결부되고 만다. 바로 이것이 이 스라엘의 국기가 아닐까?

이처럼 묘하게 같은 종류처럼 보이는 두 개의 국기지만 다뤄지는 방법은 완전히 대조적이어서 어떤 의미에서는 무척 흥미롭기까지 하다. 독립기념일을 앞둔 시기, 관청에서 준비하는 국기보다 길거리에 시민들이 내건 국기가 훨씬 더 두드러진다. 아이들은 길거리에서 자동차에 다는 작은 국기를 판다. 신호를 기다리는 운전자가 창문으로 손을 내밀어 돈을 지불한다. 이것은 작고 싸며, 경우에 따라서는 양쪽에 두 개를 펄럭이며 달리는 자동차도 있다. 그리고 주택의 창가에도 단다. 창가에는 상당히 큰 것을 달기 때문에 매년 새로 살 수는 없을 것이다. 멀리서 보면 더럽혀져 회색으로 보이는 국기도 많다. 그리고 세탁물처럼 베란다에 빨래집게로 고정되어 있는 경우도 가끔 있다. "그렇게 하면 오히려 더 불경스러운 게 아닌가요?" 하고 약 올리고 싶어지기도 한다. 그것보다 더 이상한 것은, 과시라도 하려는 듯이 다들 집에 있는 모든 국기를 여러 개씩 나란히 장식하는 방식이다. 수가 늘어날수록 거룩함이 줄어들어 값싸게 보이기 때문인지 우스꽝스러울 뿐이다. 한편 상점이나 은행은 깨끗한 국기를 야단스럽게 다는 곳이 많은데, 역시 과유불급이다.

국기를 파는 곳은 일본처럼 전문점 같은 곳이 아니다. 액세서리점이

거리에서 팔고 있는 국기

철물점 입구

국기를 달고 달리는 자동차

장난감 가게 입구

카페테리아

주요 도로의 전신주

주택 베란다

쇼핑센터

옷가게 입구

나 잡화점, 신문·음료수 등을 파는 조그마한 매점에서도 팔고 있다. 값싼 재질로 만든 작은 국기라면, '뭐든지 5세켈'인 할인매장에서도 1년 내내 판다. 그러고 보니 국기를 봉투에 담아 신문지 사이에 끼워넣기도 했다. 일본에서도 가끔 신문판매점의 서비스로 쓰레기봉투 같은 것이 신문지 사이에 끼여 오곤 하는데, 그런 식으로 반들반들한 재질의 국기가 신문지 사이에 끼여 오는 것이다.

일본의 경우 '국기'를 아무렇게나 달면 안 된다. "국기에 어울리는" 게양 방법이 있다. 반면 이스라엘의 경우 "많으면 많을수록 좋"으며 "눈에 띄게 축제 기분을 더해"주면 뭐든지 좋다. 국기의 중요한 디자인인 '다윗의 별'은 그것만으로 액세서리로 쓰이는 일도 많다. 이번에 다시 길거리를 걸으면서 이스라엘 국기에 대해 예전처럼 강한 생리적 혐오감을 느끼지 않게 되었다는 것을 알고 깜짝 놀랐다. 옷가게 입구에서 본, 국기를 들고 있는 마네킹을 보고 순간적으로 '예쁘다'고 느꼈을 정도였다. 대중이 자신의 감각으로 장식하는, 대중적이고 천박한 이스라엘 국기. 내심 기가 막히고 바보 같다고 생각하면서도 '히노마루'와는 완전히 다른 게양 방식에 허를 찔려, 축제 기분만은 몸으로 느낄 수 있음을 깨달았다.

이런 것은 '히노마루'에서는 있을 수 없다. '히노마루'는 주변을 위압하고 신체를 경직되게 하며 분위기를 고정시킨다. 결코 "많을수록 좋"은 것이 아니라 그 자체로 위대하고 고귀한 것으로 연출하는 것이 중요하다. 시내의 어수선한 곳에 있어도 풍경에 매몰되거나 일체화되지 않고 주위로부터 떠올라 과장되게 존재한다. 그러므로 '히노마루'가 완전히 대중화되는 일은 없는데, 그것이 바로 체제의 딜레마이기도 하다.

또한 일본에서는 학교 졸업식이나 입학식이 '히노마루'를 강제하는 중심적인 매체가 되어 있는데, 이스라엘의 일반 학교의 경우 애초에 그런 의식이 거의 존재하지 않는다. 이스라엘의 학교는 '규칙 바른 생활'이나 의식에 맞춰 신체를 움직이는 방법을 가르치는 곳이 아니다. 그런 것을 가르치는 곳은 군대다. 군인이나 정치가가 국기에 대해 과장되게 "경의를 보이는 태도"를 취하는 장면은 텔레비전 같은 데서나 볼 수 있고, 국기를 취급하는 것에 관한 법률도 실제로는 존재한다. 그러나 적어도 일상생활에서 보이는 국기의 모습은 전혀 다른 차원의 이야기다.

애국주의에 저항하는 대안문화

이런 상황에서 국기를 싫다고 느끼는 사람들은 대체 어떻게 하고 있을까? 이스라엘 국기에 반대하거나 국기를 바꾸자는 주장을 하는 이스라엘의 아랍인 운동 단체가 존재한다는 이야기는 들어본 적이 없다. 그러나 이스라엘의 차별 정책 등이 화제가 될 때, 아랍인은 흔히 국기를 예로 든다. "이스라엘 국기를 보세요. 그건 유대인밖에 대표(표상)하지 않잖아요. 우리 아랍을 나타내지는 않아요." 그러나 이스라엘의 학교에 의식 같은 게 거의 없는 탓인지 강제되었다는 기억을 강렬하게 갖고 있는 사람은 별로 없다.

어떤 친구는 이렇게 말했다. "일반적으로 각 학교는 이스라엘 국기를 게양해야 한다는 이야기를 들은 적이 있어요. 하지만 자기 학교에 국기가 있었는지 없었는지는 다들 기억하지 못할 거예요. 매년 반드시 하는 의식? 그런 건 없었어요. 지금 생각난 건데, 한 번, 아마 고등학생 때였을 거예요. 학교에 손님이 왔는데 그때는 국기가 게양되었어요. 그 손님이 누구였는지는 기억나지 않지만 유대인이었을 거예요. 아마 교육부 사람이었겠죠."

이스라엘의 아랍인 작가 에밀 하비비Emile Habibi[14]는 이스라엘이 건국한 지 얼마 되지 않았던 1950년대의 건국기념일에 아랍인들이 사는 도시와 농촌에서 유대인 도시 이상으로 많은 이스라엘 국기가 게양된 모순적인 장면을 그렸다. 군사정부 아래서 관리되고 있었기 때문에 어쩔 수 없는 측면도 있었을 것이다. 그러나 1980년대 무렵부터는 이스라엘의 아랍인 거주 지역에서 국기가 게양되는 일이 보이지 않게 되었다고 한다. 그런대로 사회적·경제적 힘은 길렀으나 여전히 대등하게 대우받지 못하는 것에 대한 그들의 불만이 그렇게 나타난 모양이

---

14. 1921년 하이파에서 태어났다. 10대 무렵부터 팔레스타인 공산당 활동에 참가하고 이스라엘 건국 후에는 이스라엘 공산당 창립 멤버의 한 사람이 되었다. 아랍인 당원과 유대인 당원의 유화宥和에 노력하고 1952년에 국회의원이 되었다. 작가로서도 활약하여 1974년에 쓴 대표작 『낙관적인 염세주의자 사이드 아부 나흐스의 실종에 얽힌 괴이한 사건들』은 아랍 세계 각지에 충격적으로 받아들여졌다.

다. 제1차 인티파다가 시작된 이래 점령지 팔레스타인 사람들에 대한 연대감도 있어서 이스라엘의 대학 안에서도 아랍인 학생이 이스라엘 국기를 불태우는 항의 행동을 보이기 시작했다.

항의 표시로 국기를 불태우는 행위가 바람직한 방법이라고는 생각하지 않는다. 어떤 국면에서는 그런 표현에 힘이 실리기도 하겠지만, 상징적인 행위로서 그것을 의식儀式처럼 한다고 해도 쓸데없이 적대적인 편에 있는 사람의 광신적인 감정을 자극할 뿐이기 때문이다. 국기의 존재를 멋지게 야유하는 퍼포먼스라면 재미있겠지만, 내가 보기에 국기가 과도하게 범람하는 상황 자체가 이미 우스꽝스러운 것이다. 그러므로 항의를 위한 표현으로 그것을 능가하는 재미있는 상황을 만들어내는 것은 지난한 일인 것이다.

하이파대학교에서 유대인 학생과 나눈 짧은 대화가 떠오른다. 우연히 이야기가 아랍인 '과격파 학생'으로 흘렀다. "이스라엘의 정책에 반대하는 것은 괜찮습니다. 민주주의 국가이고 언론의 자유도 있으니까요. 하지만 이스라엘 국가의 상징을 손상시키는 것은 굉장히 공격적인 행위입니다. 그들은 말로는 '우리는 이스라엘에 반대하는 것이 아니라 정책에 대한 의사표현을 하고 있는 거다'라고 하지만 실제 행동에서는 이스라엘에 반대하고 있는 것입니다." 제1차 인티파다가 발발한 직후, 하이파대학교의 캠퍼스에서 아랍인 학생이 국기를 불태운 광경이 잊히지 않는다고 그녀는 말했다. "이스라엘의 대학교에서 공부하고 이스라엘에서 살아간다면 반정부적인 언동을 해서는 안 됩니다. 국가는 그들을 위해서도 많은 예산을 쓰고 있고, 그들은 그 은혜를 입

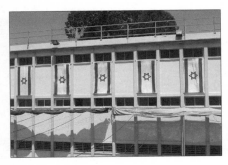
어느 공립 초등학교

어 학교 생활을 하고 있으니까요."
결코 그녀에게 공감하지는 않았지
만 국기를 불태우는 행위가 아무것
도 전해줄 수 없는 이 나라의 상황
을 새삼 느끼게 되었다.

　　오늘날 이스라엘 국기에 대한 아
랍인의 태도에 대해서는 이스라엘
의 아랍인 의원이 했던 발언이 주목할 만하다. 공산당 계열의 통일회
파에 속해 있던 국회의원 아하마드 티비[15]는 이렇게 말한다. "이스라
엘 국가의 상징과 의식은 모두 바뀌어야 합니다. 이스라엘 사회의 완
전한 참여자·시민으로서 우리(이스라엘의 아랍인)를 대우하려고 생각하
는 사람은 반드시 우리가 처한 현실에 주목해야 합니다." 또 '통합아
랍리스트'의 전前 국회의원 탈레브 앗사니우[16]는 1998년 국회에 국기
와 국가國歌[17]를 변경할 수 있는 법안을 제출했다. "대통령이 아랍인과
유대인을 포함하는 이스라엘의 모든 시민을 대표하고 있듯이 국기와
국가도 일부가 아니라 시민 전체를 대표하지 않으면 안 됩니다. 지금
의 국기와 국가는 이스라엘의 국기와 국가도 아닙니다. 그것은 이스라

---

15. 1958년에 태어난 산부인과 의사로, 1999년부터 현재까지 국회의원을 하고 있다. 타장모우(6장
　　주석 26을 참조하라)에 속해 있었지만 나중에 1인 정당 '변화를 위한 아랍운동'을 만들어 2006년
　　선거에서는 이슬람운동 계열의 '통합아랍리스트'와 함께 싸웠다.
16. 1960년 네게브의 베두인 가정에서 태어났다. 1992년에 국회의원이 되었고 현재 '통합아랍리
　　스트'의 의장이다.
17. 국가 '하티크바'에 대해서는 3장을 참조하라.

58

엘이 국가로서 성립하기 이전부터 있었던 시온주의 운동의 노래와 깃발입니다." 이스라엘에 반대하는 것이 아니라 이스라엘이라는 국가의 틀 안에서 동등한 시민권을 요구하는 견해는 점령지 팔레스타인 사람들의 그것과는 전혀 다르지만 이스라엘이 가진 성격에 도전한다는 의미에서 중요하다.

한편 이스라엘 국기에 반대하는 운동으로서는 사실 유대인 자신, 그것도 종교적인 유대인이 펼치는 운동이 훨씬 더 크고 과격하다.

신앙심이 깊은 유대인 중에는 이스라엘이라는 국가의 존재를 결코 인정하지 않는 사람들이 있다. 유대인의 나라는 하나님의 뜻에 따라 실현되는 것이며, 인간의 손에 의한 시온주의 운동을 통해 탄생한 현재의 이스라엘은 유대교의 가르침에 반한다고 보기 때문이다. 나는 이러한 운동에 관련된 사람들과 직접적인 인연은 없지만, 어떤 웹사이트에서 보면 초정통파 유대교도에 의한 반反시온주의 그룹의 극히 일부로 열아홉 개의 단체를 들 수 있다고 한다.[18] 그중에서도 네투레이 카루타Neturei Karuta가 가장 유명하다. 이 단체의 웹사이트[19]에 들어가면, 검은 옷을 입고 살쩍을 길게 기른 초정통파 유대교도의 모습을 한 사람들이 "시온주의자는 유대인을 대표하지 않는다"고 하는 '반이스라엘' 슬로건을 내세우고 집회를 하는 사진이 눈에 들어온다. 또 검색창에 'flag'(깃발)를 써넣고 검색하면 이스라엘 국기를 태우는 행위에 대한 기사와 그 영상까지 볼 수 있다. 국기를 태우는 운동에 저항감이

18. 비시온주의자 유대인. http://www.jewsnotzionists.org/
19. http://www.nkusa.org

있는 나도, 다름 아닌 경건한 유대인 자신이 이러한 행동에 나서는 영상을 처음으로 봤을 때의 충격은 잊을 수가 없다. 아랍인이 국기를 태우는 것에 불쾌감을 숨기지 않는 유대인에게도 이러한 유대인 자신의 운동을 소개해주는 것이 가장 설득력이 있을 것이다. 다만 이러한 운동은 이스라엘보다 미국에서 훨씬 강하다.

그들과 같은 비시온주의자인 경건한 유대인이 지금 존재하는 이스라엘이라는 국가를 철저히 인정하지 않는 모습은 섬뜩하기도 하다. 항상 "이른바 이스라엘", "이른바 이스라엘 건국기념일"이라는 식으로 쓴다. 네투레이 카루타의 경우, 모든 팔레스타인 사람들이 팔레스타인으로 귀환할 권리를 주장하고 있고 팔레스타인 자치정부와도 서로 협력하고 있으며 팔레스타인 사람들과의 평화 공존에 대한 의사도 강조한다. 말은 그렇게 해도 팔레스타인 사람들의 권리 회복에 가장 비중을 두는 견해와는 다르고, 또 모든 것을 유대교의 가르침에 의거하여 주장하는 것은 일종의 종교적 원리주의가 아닌가 하는 의혹을 떨쳐버릴 수 없다. 그러나 이러한 운동이 시온주의의 '참모습'을 드러내는 데 공헌하고 있다는 점에는 크게 주목하고자 한다.

사실 페사하와 건국기념일 사이에는 또 다른 중요한 축일이 있다. '쇼아(홀로코스트)와 영웅을 위한 기념일'[20]과 독립기념일 전날인 '이스라엘국방군 전몰자기념일'[21]이다. 둘 다 휴일은 아니지만 공식적인 의식이 있으며, 그 때문에 공공기관은 일찍 문을 닫는다. 쇼아 기념일의 경우 오전 10시, 전몰자기념일의 경우는 전날 밤 8시와 당일 11시에 사이렌이 울리고 2분간 묵념을 한다.

처음 이 묵념을 목격했을 때는 역시 깜짝 놀랐다. 대학 캠퍼스가 내려다보이는 곳에서 보고 있으니 사이렌 소리와 동시에 사람들의 움직임이 뚝 그치는 것이었다. 전몰자기념일에 사이렌이 울렸을 때는 버스를 타고 있었다. 갑자기 버스가 멈추더니 앉아 있던 승객들이 일제히 일어났다. 사이렌 소리를 듣지 못한 나는 깜짝 놀랐다. 이 나라에서는 되도록 튀지 않게 살

식품회사의 광고 "독립기념일, 축하합니다"

려고 했던 소심한 나였지만, 아무리 그렇더라도 이스라엘의 전몰자에 대해 일어서서 묵념 같은 걸 할 수는 없었다. 2분은 무척 길었다. 창밖을 보니 운전자들은 차에서 내려 똑바로 서 있었다.

그건 그렇고 전몰자기념일 다음날이 건국기념일이라는 것은 속이 빤히 들여다보이는 감정 조작이다. 두 개의 추도 기념일 후 갑자기 '밝고 즐거운 독립기념일'이 찾아오는 천박함은 국가에 의한 빈틈없는

---

20. 욤하쇼아라고도 한다. 페사하의 마지막 날부터 헤아려 엿새째 되는 날인, 유대교의 '니산월' 27일로 정해져 있다(서력으로는 4월 중순에서 5월 초순 사이). 히틀러 정권이나 독일 점령 지역에서 벌어진 유대인에 대한 조직적 절멸 작전을 기념하는 날을 특정한 하루로 정하기까지는 많은 논의가 있었는데, 결국 바르샤바 게토 봉기(1943년 4월 19일에서 5월 16일) 기간 중인 이날로 정해졌다. 무저항으로 살해당한 '약한' 유대인을 기념하는 것이 아니라 게토에서 일어난 생존을 위한 투쟁을 현대 이스라엘 안에서 재현하여 애국주의와 결부시키기 위한 이미지 조작이다.
21. 정확하게는 '이스라엘 전몰자와 테러리즘의 희생자 기념일'이다. 앞의 쇼아 기념일로부터 1주일간, 독립기념일 전날인 이야르월(유대력 2월) 4일로 정해져 있다.

준비에 너무나 잘 어울리지 않은가.

2005년 쇼아 기념일 밤, 그 대안으로 비시온주의자인 역사학자 일
란 파페Ilan Pappe[22]를 중심으로 한 작은 모임이 열렸다. 나치즘 시대
에 강제수용소에서 학살당하는 유대인을 구출하는 것을 유대인 기관
이 제대로 검토하지 않았는데도 건국 후 이스라엘 정부는 쇼아의 기
억을, 국민 의식을 강화하기 위해 이용했다. 그러한 경위에 대해 파페
가 그 개략을 말하고 그 후에는 자유로운 토론이 이어졌다. 파페의 견
해에 동의하지 않는 사람들도 다양하게 자신의 견해를 피력하기 시작
했다. 토론은 점차 산만해졌지만 쇼아의 기억과 팔레스타인 사람들의
나크바(대재앙)에 대한 기억을 결부시킬 필요가 있지 않을까 하는 파페
의 조용한 주장은 마음에 남았다. 사회적인 충격에서 보면 무척 작은
규모의 모임이었겠지만 다름 아닌 쇼아 기념일에 유대인 주도로 이러
한 모임이 열렸다는 의미는 결코 작지 않다. 특정한 집단에 대한 대량
학살이라는 사건은 역사상 여러 차례 일어났고, 쇼아에 의한 희생자는
유대인만이 아니었다. 그런데도 쇼아를 유대인에게만 일어난 특별한

22. 1954년 이스라엘의 하이파에서 태어났다. 명쾌한 반시온주의의 견지에서 역사 연구를 계속해
온, 이스라엘의 아카데미즘에 몸을 둔 학자로서는 거의 유일한 인물이라고 할 수 있다. 옥스퍼
드 대학교에 유학하여 제1차 중동전쟁에 관한 논문으로 박사학위를 취득했다. 귀국한 후에는
하이파대학교에서 교편을 잡고, 시온주의를 비판하는 연구를 축적했다. 1984년 탄투라 마을
에서 일어난 팔레스타인 사람들에 대한 학살 사건을 다룬 유대인 학생의 논문을 옹호한 일로
하이파대학교에서 추방될 뻔했지만 파페에 대한 국제적인 지지의 목소리가 높아지자 그에 대
한 처분은 뒤집혔다. 2007년 이스라엘을 떠나 영국 에크세타 대학교의 교수로 취임했다. 최근
저서로는 The Ethnic Cleansing of Palestine(Oneworld Publications, 2006)이 있다.

사건으로 말하는 것, 이스라엘 국가가 쇼아의 기억을 독점하는 것은 팔레스타인 사람들에 대한 폭력을 정당화하는 역학으로 작동하는 것이다.

비시온주의 역사학자 아란 파페(가운데)

　천박한 담론이 횡행하는 이 나라에서 제대로 역사를 돌아보는 작업이 정통으로 평가되는 것은 언제, 어떻게 가능해질 것인가? 애국심에 들뜬 이스라엘의 봄날은 좀처럼 낙관하기가 어렵다.

2장

역사의 파괴와 단절의 장

-'키부츠'에서 과거를 보다

모든 것은 키부츠에서
시작되었다

이스라엘이라는 단어를 듣자마자 '키부츠'[1]를 떠올리는 사람은 얼마나 될까? 사회주의, 실험적인 공동체, 유토피아 등의 이미지를 정겨움이나 약간의 씁쓰레함으로 회고하는 것과 단지 어두운 색의 지리·세계사 교과서에 형광펜으로 표시된 '키부츠'라는 용어를 떠올리는 것은 아주 다른 일이다.

"키부츠는 농업을 중심으로 한 동지적 공동체인데 모든 생산과 소

---

1. 히브리어로 '집단'을 의미한다. 이스라엘이 건국하기 이전에 팔레스타인 땅에 이민해온 유대인들이 만든 농업 입식지이다. 노동 수단의 공유, 공동 노동이라는 집산주의적 생활양식이 특징이다. 오늘날에도 이스라엘 인구 중 약 3퍼센트, 13만 명이 키부츠에서 생활하고 있다.

비를 공동으로 하고 사유재산이 없는 일체화된 사회이며 전원이 노동자이자 경영자다. 평등관과 노동의 존엄성을 기반으로 하기 때문에 노동은 생명이자 생활 자체다. 초등학교 시절부터 일하는 습관을 몸에 익히는 것을 가장 중요시하고 노동을 통해 진실을 체득하기 때문에 생활에 거짓이 없다."[2]

당시 일본에서 이런 이야기가 어디까지 퍼져나갔는지 나는 알지 못한다. 그러나 키부츠 운동이 소개되기 시작하자 원래 일본에 있던 코뮌 운동과도 결합하여 이상사회로 알려졌고 잡지가 탄생했으며 널리 견학 여행이 조직된 시기가 분명히 있었다. 야마기시즘[3] 등의 운동이나 그것과는 별개로 일본 농업의 부활에 관심을 가진 그룹, 젊은이를 중심으로 히피적인 심성이 영향을 준 경우 등 사상적인 배경은 다양했지만 현실 사회에 이의를 제기하고 이상적인 사회를 요구했을 때 이미 한 국가의 강력한 기반 아래 존재하는 실천적인 예가 다름 아닌 이스라엘의 키부츠였다. 지금은 일본에서도 그 붐이 사라졌고 이스라엘의 키부츠도 상당히 바뀌었다. 그러나 오늘날에도 존재하고 있는 것에는 변함이 없으며 이스라엘에 관심을 가진 일부 젊은이들의 마음을 여전히 끌고 있는 듯하다.

처음으로 이스라엘이라는 나라에 발을 들여놓은 지 벌써 10년이 되었지만 나는 그 유명한 키부츠라는 곳에 가까이 다가간 적조차 없다.

---

2. 手塚信吉, 『キブツ普及15年—新しい生活の原理』, 富民協會, 1977.
3. 행복회 야마기시회의 활동을 지탱하는 사상. 이 모임은 1953년 '야마기시식 양계 보급회'로 발족했다. 이후 회원의 사유재산 공출을 의무화하고 집단생활을 하는 운동 조직으로 급성장했다.

"키부츠에서 자원봉사를 하고 있다"는 젊은이들을 가끔 만나게 되는데, 실례되는 말일지 모르지만 그런 때는 내심 강한 모멸감을 느낀다. 첫째로, 생명력이 느껴지지 않는 하얀 건물 주위로 펼쳐지는 인공적인 농장을 떠올리는 것도 재미없는 일이다. 양식을 얻기 위한 노동으로서 농장에서 과실을 수확하는 일 정도는 있을 것이다. 제대로 대가를 받는 보통의 노동이라면 특별히 할 말이 없다. 그러나 외국인이 경험 삼아 한 철에만 일을 할 경우 그것은 어디까지나 자원봉사다. 식사와 잠자리를 제공한다고 해도 용돈 정도밖에 줄 수 없어서 처음의 의욕을 유지하기 힘든 모양이다. 게으름을 피우는 사람이 눈에 띄기 시작하면, 처음에는 의욕이 충만했던 사람도 스스로 바보가 된 것 같다고 한다.

게다가 키부츠에서 주어지는 일은, 한가한 농장의 일에서 멀어져 이제는 공장의 단순 작업이나 주방의 설거지나 청소다. 실내에서 묵묵히 혼자서 하는 일이 많아 무엇 때문에 멀리서 일부러 여행을 왔는지도 잊었다는 이야기를 몇 번 들은 적이 있다. 전체적으로 키부츠에 농장이 줄고 공장이 늘어났기 때문이다. 또한 키부츠의 모든 성원이 함께 일하고 서로 분배한다는 본래의 정신에서 보면 명백히 노선에서 벗어난 것이다. 지금은 외국인 노동자를 포함하여 다수의 임금노동자를 고용하고 있다. 이제 키부츠는 서양의 젊은이들을 중심으로 하는 자원봉사가 더 이상 불가결한 존재가 아닌 모양이다.

그러므로 키부츠는 나와 아무런 관계가 없다고 생각했는데, 생각지도 못한 계기로 발을 들여놓게 되었다. 일본인 여성 W에 대한 소문을 들었기 때문이다. 오랫동안 키부츠에서 생활하고 있는 모양이었다. 대학에서 우연히 만나 잠깐 이야기를 해본 인상으로는 나이가 예순쯤 되어 보였다. 그렇다면 1970년대 전후 일본에서 키부츠가 이상향으로 생각되었고 코뮌 운동이 한창일 무렵에 이스라엘에 왔을 가능성이 크다. 그 무렵 이스라엘의 키부츠에서 일했고, 그것을 계기로 팔레스타인 문제를 알게 되어 이후 그 분야에서 정력적으로 활약하고 있는 인물로서 포토저널리스트인 히로카와 류이치廣河隆—[4]가 있다.

아는 사람을 통해 W에게 연락을 취했다. 그런데 그녀는 "1967년에 히로카와 씨와 함께 왔습니다"라고 하는 게 아닌가. 그녀가 지금 살고 있는 키부츠가 바로 그들이 처음 이스라엘에 왔을 때 자원봉사자로 일했던 키부츠라고 한다. 그 말을 듣자마자 그 키부츠를 직접 보고 싶어졌다. 곧장 W에게 부탁해서 안내를 받기로 했다.

팔레스타인 문제에 대한 입문서로 자주 소개되는 『팔레스타인』[5]이라는 책에서 히로카와는 '키부츠 연수 여행'을 떠난 1967년 스물세 살 때 팔레스타인 문제에 관심을 갖게 됐다고 밝힌다. "젊은이들이 거리에서 직접적으로 행동하는 것을 꺼리기 시작할 무렵 코뮌이나 유토피아라는 말이 뭔가 멋진 울림으로 들리던 시기가 있었다." 히로카와에

---

4. 1943년에 태어나 1967년 와세다대학 교육학부를 졸업한 후 이스라엘로 건너갔다. 1982년 베이루트의 팔레스타인 학살 사건을 기록하여 '요미우리사진대상'을 수상했다. '팔레스타인 어린이의 수양부모운동' 고문, 《DAYS JAPAN》(2004년 4월 창간) 편집장이기도 하다.
5. 『팔레스타인』(パレスチナ, 岩波新書, 1987). 『신판 팔레스타인』은 2002년에 간행되었다. 인용은 구판 『팔레스타인』에서.

게 그것은 "대학 수업료 인상 반대에서 발단된 운동이 아무도 납득할 수 없는 종말을 보여주었던 시기"의 일이었다. 히로카와는 마르틴 부버Martin Buber(1878~1965)가 말하는 "적어도 아직 실패하지는 않"은 사회주의 기획인 키부츠에 강하게 끌렸다고 한다.[6]

1967년 5월 이스라엘에 도착한 히로카와는 한동안 "지중해에 면한 도시 하이파 인근의 키부츠"가 주는 아름다움과 그곳에서의 건강하고 규칙적인 생활을 만끽했다고 한다. 그런데 다음 달인 6월 제3차 중동전쟁이 일어나 일주일 만에 종결되었는데, 이스라엘 사회가 승리감에 들끓는 와중에 그는 '정의의 전쟁'이라는 말에 의문을 갖기 시작했다. 얼마 지나지 않아 이번에는 키부츠 근처에서 '하얀 폐허'와 조우했는데, 나중에야 그것이 파괴된 아랍인 마을이었다는 것을 알게 되었다. "나는 사람들이 추방되어 난민 캠프에 수용되고 마을이 폐허가 된 후 그 밭에서 일한 것이다." "나에게 키부츠는 급속히 퇴락한 것으로 보이기 시작했다." "내부에서 아무리 아름다운 사회를 구축해도 그것이 타인을 쫓아내고 그 땅 위에 세운 것이라면 어떤 의미가 있단 말인가!" 이렇게 히로카와는 키부츠와 심정적으로 결별했다. 그리고 키부츠를 포함한 이스라엘의 땅 위에서 예전에 그곳에서 살았던 팔레스타인 난민을 알기 위해 그들이 사는 지역으로 갔던 것이다.

히로카와가 개인적인 체험에 머물지 않고 사회운동의 좌절과 공동체주의로의 흐름 그리고 그것으로부터의 결별이라는, 어떤 의미에서

---

6. 마르틴 부버, 『또 하나의 사회주의』. 부버는 '대화의 철학'으로 알려진 유대인 철학자다. 1938년에 팔레스타인으로 이주했다.

보편적인 경험을 특히 전후 일본의 정치·사회사상적인 시행착오의 하나로 보는 것이 흥미로웠다. 나는 일단 아랍권을 전공하고 있었기 때문에 아무래도 이 지역에서 운동을 하는 사람들에 대한 관심이 강했다. 그렇지만 키부츠처럼 구성원이 모든 것을 결정해나가는 공동체 같은 것은, 집단행동에 어색한 내게는 오싹한 이야기일 수밖에 없었고, 공감을 느꼈던 적은 없었다. 시험 삼아 히로카와가 감동했다는 마르틴 부버의 『또 하나의 사회주의』도 읽어 봤지만, 유감스럽게도 전혀 와닿지 않았다.[7] 게다가 아무리 젊다고 해도 친구를 비롯해 다양한 활동 기반이 존재하는 사회에서 벗어나 직접적으로 아무런 접점도 없는 외국에 갑자기 뛰어드는 심정도 쉽사리 이해되지 않았다. 나 역시 이스라엘에 오랫동안 머물고 있지만 전 세계의 정보가 언제든지 들어오기 때문에 큰 부담은 없다. 하지만 당시의 사정은 전혀 달랐을 것이다.

반대로 바로 그렇기 때문에 선택의 차이, 경험의 차이가 발생한다. 그 차이에서 오는 위화감을 쉽게 메워버리지도, 그렇다고 버리지도 않을 것이다. 그러한 차이가 어디서 유래하는지를 끝까지 파고들어 밝혀낼 것이다. 히로카와의 개인적인 경험에 한정한다면, 히로카와는 다름 아닌 키부츠에서 '팔레스타인의 문제를 발견'했다는 것, 시온주의를 비판하게 된 계기가 키부츠에서 생겨났다는 것 등이 당시의 시대상을

7. 최근 들어 부버의 시온주의를 또 다른 시각으로 검증하자는 시도가 생겨나고 있다. 부버의 시온주의 정책에 대한 논고를 수록한 「하나의 땅 두 개의 인간 – 유대와 이스라엘 사이Ein Land und zwei Völker – zur jüdisch-arabischen Frage」 등이 있다.

말해주고 있다. 그 무렵 이스라엘이라고 하면 '아우슈비츠의 유대인'
이 만든 나라라는 정도의 이미지밖에 없었고, 구체적인 접점을 만드는
장으로서는 키부츠가 거의 유일했을 것이다.[8]

히로카와의 경험은, 자신이 생각하려는 의지만 있으면 그런 장소에
서도 역사적 사실의 일단을 캐낼 수 있음을 보여주는 사례다.

그러나 한편으로는 다른 것이 마음에 걸리기 시작한다. 히로카와와
같은 그룹의 다른 사람들은 제3차 중동전쟁 후의 이스라엘에서 아무
런 의문도 품지 않은 채 지냈던 것일까? 키부츠라는 좁은 공간에서 정
치와는 거의 무관하게 밝은 햇빛과 아름다운 풍경, 맛있는 채소와 과
일에 자족하며 1년 동안 살 수 있었던 것일까? 전후 민주주의라는 분
위기 속에서 자란 그들이 전쟁에 의한 점령지 획득이나 이스라엘 사
회의 호전적이고 애국적인 분위기를 어느 정도 받아들였다고 한다면,
의식적이든 무의식적이든 그것은 대체 어떠한 궤도 조정의 결과인 것
일까?

활짝 갠 초여름의 어느 날, 목적지인 키부츠 '다리야'로 가는 버스는
의외로 복작거렸다. 내가 사는 하이파에서 그리 멀지 않은데도 버스가

---

8. 히로카와의 경험보다는 조금 늦지만 저널리스트인 도이 도시쿠니土井敏邦도 1978년 파리에서
유대인 청년과 만난 후 키부츠에 머물면서 '친이스라엘'이 된 경위를 적고 있다. "개성이 넘치
고 독립심이 강하며 풍요로운 전통문화를 가진 키부츠의 이스라엘 사람들에게 일종의 동경까
지 품게 되었다." 그 후 이스라엘 점령지에서 팔레스타인 사람들을 만남으로써 이상향 키부츠
에서의 생활이 '사상누각'이라는 것을 깨달았다고 한다(『미국의 유대인アメリカのユダヤ人』, 岩波新書,
2002).

출발하고 얼마 지나지 않아 완전히 낯선 풍경이 눈에 들어왔다. 자주 다니는 아랍 마을이 점점이 흩어져 있는 곳은 하이파에서 북동부인데, 다리야 키부츠는 남동부에 있다. 버스가 지나는 방향에는 분명히 아랍 마을이 (현재는) 존재하지 않는다. 밖은 전혀 다른 장소에서 보아온 전형적인 유대인 입식지의 풍경으로 변해갔다. 언덕 위에는 같은 형태를 한 주택들의 빨간 지붕이 바로 앞에 보이거나 뒤로 물러나 있거나 했다. 이런 광경이 하이파 부근에도 펼쳐지고 있다는 것은 뜻밖이었다. 대부분의 사람들은 이런 곳에 도착해 버스에서 내렸다. 조금 더 가자 이제 주택지는 보이지 않고 구릉과 연녹색 농지가 형태를 바꿔갈 뿐이었다. 버스 운전수는 일부러 "에레츠 야훼(아름다운 국토여)!"라는 말을 몇 번이고 내뱉었다. 인공적인 자연의 표면적인 아름다움에 어울리는 진부한 대사였다. 이런 장면과는 여러 차례 마주했지만 이미 분노가 끓어오르는 것을 넘어 너무나도 천박한 데에 지쳐 힘이 빠질 뿐이었다. 생명력이 느껴지지 않는 이런 시시한 광경에 감동할 수 있다니, 인간의 감성이란 정말 믿을 수가 없다.

나머지 승객이 다 내리고 얼마 지나지 않아 다리야 키부츠의 표지판이 보였다. 색색의 꽃이 심어진 것이 시골의 휴양시설 입구 같았다. 히로카와는 이 키부츠 부근에서 그가 발견했다는 '하얀 폐허'에 대해 "파괴된 아랍 마을"이라고만 표현했다. 이 다리야 키부츠가 대체 어떤 마을에 건설되었는지를 알고 싶어서 사전에 약간 조사를 해봤다.

이 키부츠를 건설한 것은 1930년대에 루마니아나 트란실바니아에서 온 젊은이 그룹과 독일에서 온 젊은이 그룹이 1939년에 결성한 집단이었다. 그 둘 다 '젊은수호자Hashomer Hatzair'라는 비주류 좌파 노동운동에 속한 유대인 그룹이었다. 1940년 아랍의 마을 '다리야트엘루하Daliat-El-Ruha' 부근에서 키부츠 건설이 시작되었다고 한다. 이 키부츠의 역사를 소개하는 사이트에 있는 글을 인용하기로 하자. "취르Tzur 사社를 통해 유대민족기금으로부터 보상금을 받은 마을 주민은 키부츠 멤버가 도착하기 전에 떠났다. 건설 지역에는 무화과나무 한 그루가 서 있었고 주위의 산허리는 온통 바위와 돌뿐이었다."[9] 입식자가 아랍 측을 묘사할 때 사용하는, 전형적인 정보 조작이 읽힌다. 다시 말해 주민은 합의하에 자발적으로 떠났다. 살고 있던 사람들의 절반쯤은 유목민들이어서 그들이 그곳을 떠나도 잃을 것은 아무것도 없었다. 극단적으로 말하자면 "그곳에는 아무것도 없었다"는 것이다.

아랍 마을 '다리야트엘루하'에 아무것도 없었을 리가 없다. 아울러 '다리야트'라는 말은 아랍어로 시렁을 덮는 포도넝쿨이나 잎 전체를 가리키는데, 여성의 이름으로도 사용된다. 루하는 '맛있는 공기'라는 뜻이다. 포도의 달콤한 향기가 충만한 언덕의 경사면에 펼쳐지는 마을을 떠올리게 하는 '다리야트엘루하'라는 이름을 현재의 다리야 키부츠도 계승하고 있는 것이다. 나중에 알게 되었지만 다리야 키부츠는 자체 포도 마크를 채택하고 있었다. '다리야트'가 아랍어로 포도넝쿨이라는 뜻이라는 것을 키부츠 사람들도 배웠다고 한다. 원래 아랍어 이름과 완전히 다른 이름으로 바뀌는 것도 괘씸하지만 아무렇지 않게 '다리야'라는 이름을 쓰고 있는 무신경함도 정말 이해할 수 없다.

이스라엘 건국 이전의 팔레스타인 마을에 대한 정보를 실은 『카이라난사』(잊지 않기 위해)[10]라는 책이 있다. 이스라엘 안에서 아랍어로 읽을 수 있는 문헌으로는 가장 종합적인 책으로 평가받고 있다. 이 책을 펼쳐 봐도 이 마을에 대해 알 수 있는 정보는 그리 많지 않다. 그러나 놀라운 것은 맘루크 왕조 8대 술탄인 칼라운[11]이 1281년 십자군전쟁(10장 주석 4를 참조할 것) 때 이 마을에 숙영했다는 기술이 15세기의 책에 실려 있다는 지적이다. 주민은 무슬림이고 농경과 방목을 하고 있었다고 한다.

그런데 중요한 것은 이 마을의 주민이 어떻게 마을을 떠날 수밖에 없었을까, 하는 점이다. 『카이 라난사』를 인용해보자.

> "다리야트엘루하의 주민들은 이른 시기에 추방당했다. 이스라엘의 역사가 베니 모리스에 따르면 1948년 이전에 몇 개의 유대기금이 마을의 토지를 모두 구입했고, 1948년 2월경에 주민들은 소작인으로 그곳에 살고 있었다."

9. http:www.dalia.org.il/kibutz/
10. Walid Khalid, ed., *Kay la nansa: Qura filastin allati dammaratha israil sanat 1948 wa-asma shuhada*, Beirut: Institute of Palestine Stuides, 1997.

11. 맘루크 왕조는 카이로를 수도로 하고 터키계의 노예 군인을 지배자로 한 왕조(1250~1517)다. 제8대 술판이었던 칼라운은 십자군을 쫓아내기 위해 분전하고 국제 교역에도 힘썼다.

다리야 키부츠의 도서관 내부

"아마 마을 주민들은 2월에 추방당했을 텐데,《뉴욕타임스》에 따르면 이 마을 자체는 4월 14일에 점령당했다. 이 일이 일어난 것은 미슈마르 하에멕 Mishmar Haemek 입식지 부근에서 일어난 전투가 한창일 때였고, 이때 점령된 마을은 열 개나 되었다."

"7월 중순 이스라엘의 수상 벤 글리온은 (중략) 이 마을의 파괴는 철저했다고 일기에 적고 있다."

"1939년에 건설된 다리야의 입식지는 마을 남쪽에 위치하고 원래 이 마을과 이어진 지역 위에 있다."

　　최소한 여기에서 읽어낼 수 있는 것은, 마을 주민들이 "키부츠의 멤버가 도착하기 전에 떠나"기는커녕 토지를 넘겨주고 키부츠가 건설된 후에도 이 마을에 남아 있었다는 사실이다. 마을의 아랍 인구는 1931년에 163명, 1944년 혹은 1945년에 280명이니까 자연스러운 증가를 감안한다고 해도 대부분 남아 있었다고 볼 수 있다. 그런 상태로 남아 있던 그들이 추방당했기 때문에 강력한 추방에 따르는 잔혹한 상황이 있었음은 자연스레 떠올릴 수 있다. 1948년, 지금으로부터 60년 전 이 땅에서 그런 일이 일어났던 것이다.

탐욕과 타락의 키부츠?

이러한 내용을 머릿속에 떠올리고 있을 때 W가 나를 데리러 왔다. 안내해주겠다는 성의를 무시하기도 그렇고, 키부츠의 현 상황에 대해 전혀 모르고 있었기 때문에 어쨌든 현재의 모습을 철저히 살펴보자는 것이 그날의 속셈이었다.

아침에 나가 열한 시 반쯤에 도착했으므로 마침 이른 점심 때였다. 곧장 식당으로 안내되었다. 식당과 부엌은 독립된 건물에 있었는데, 키부츠 총회 등의 집회 용도로도 사용할 수 있게 만들어져 있었다. 천장이 높고 유리를 끼운 돔 형식이어서 상쾌했다. 입구에서 쟁반과 식기류를 들고 자기가 좋아하는 것을 담는 카페테리아 방식이었다. 나는 전체적으로 어떤 요리가 있는지도 파악하기 전에 눈앞에 있는 것으로 접시를 가득 채우는 경솔한 짓을 하고 말았다. 그도 그럴 것이 기대 이상으로 음식의 종류가 많았던 것이다. 후식도 여러 종류나 되었다. 계산은 키부츠 전용 카드로 한다고 해서 W가 해주었다. 아는 사람과 마주칠 때마다 그녀는 간단한 인사를 나누었다. 매일 이렇다면 피곤하지 않을까 생각하자니 "지금은 거의 이곳을 이용하지 않고, 집에서 해먹고 있어요"라고 했다. 지금은 이 식당에서 하루 세 끼를 다 제공하는 것이 아니라 아침과 점심만 제공한다고 한다.

키부츠의 특징은 노동 수단의 공유, 공동 노동이다. 키부츠의 모습도 상당히 바뀌었는데, 키부츠에서 일하는 사람이 사유재산을 축적할 수 없는 시스템은 원칙적으로 바뀌지 않았다. 키부츠 바깥에서 일하는 멤버도 있는데, 수입은 일단 키부츠로 들어온다. W는 1967년에 와서 1년 뒤에 일본으로 돌아갔고, 마지막으로 1980년부터 쭉 이곳 키부츠에서 살고 있다고 한다. 물론 자원봉사자가 아니라 키부츠의 정식 구성원이다. 몇 년 전에 유대인 배우자가 죽었는데도 여전히 활기차게 생활하고 있다. 아울러 키부츠의 구성원이 되는 것은 쉬운 일이 아니며, 기존 구성원의 투표로 결정된다. 키부츠에서 태어난다고 해서 저절로 구성원이 되는 것이 아니라 어디까지나 '구성원의 아이'일 뿐이다. 병역을 마치고 나서 투표를 통해 비로소 구성원으로 인정된다고 한다. 그렇다면 병역을 거부한다는 것은 생각하기 힘들 거라고 생각할 수밖에 없다. 이 점에 대한 질문을 꺼낼 수는 없었다.

그리고 구성원이 키부츠 밖의 사람과 결혼할 경우, 결혼 상대가 구성원이 되는 것을 바라지 않는 경우도 많다고 한다. 다시 말해 어디까지나 키부츠의 집을 빌려 사는 형태일 뿐이고, 계속해서 키부츠 밖에서 일을 하고 수입은 그 사람 것이 된다. 그러한 형태의 가족도 늘어났기 때문에 개인 재산을 가진 사람도 점점 늘어났다. 현재 키부츠의 구성원은 5,100명이 조금 못 되고, 구성원이 아닌 가족이 300명에 못 미친다고 한다.

다리야 키부츠는 이스라엘의 키부츠 중에서도 풍요로운 편에 속한다. 비누나 화학합성 세제를 만드는, 이스라엘에서도 손꼽히는 커다란 공장 '조하르'와 수도 계기計器나 관개에 관한 제품을 만드는 공장 '아라드'를 갖고 있다. 멀리에서도 커다란 철탑이 보여 사정을 잘 모르는 외부 사람이라면 함부로 접근하기 꺼려지는 규모다. W는 이 두 공장을 '달러 상자'라고 부른다. 키부츠 밖의 사람이 경영자가 되어 경영

계획을 세우고 있다고 한다. 그 밖에 바이오테크놀로지 관련 회사나 출판사, 대체 의약품(한방 등) 회사가 있다. 키부츠 안에는 세련된 통나무집이 있어 숙박시설로도 운영되고 있다. 한가한 농업 공동체의 이미지는 완전히 시대에 뒤처진 것이고, 지금 이 키부츠에서 생산하고 있는 농작물은 아보카도와 해바라기뿐이다. 아울러 아보카도는 원래 서아시아에서 생산되던 것이 아니며, 키우는 데 물이 많이 들기도 한다. 팔레스타인의 치수권을 빼앗아 물을 마음대로 쓸 수 있는 이스라엘에서나 생산할 수 있는 작물인 것이다. 그러므로 주변국에서는 아보카도를 찾아볼 수 없다.

점심을 먹은 뒤 잡담을 하며 쉬고 나서 키부츠 내부를 안내받았다. 키부츠의 사무국이나 진료소, 식료품이나 일용품 판매처 등 주요 시설은 식당 근처에 집중되어 있었다.

널리 알려져 있듯이 키부츠에서는 일찍이 공동 보육이 행해지는데, 아이들은 부모의 가정이 아니라 담당자가 돌보는 '어린이집'에서 집단적으로 자란다. 그러나 1980년대에 들어 리나 미슈파하티트(가정에서의 숙박)라는 시스템으로 서서히 이행하고 있다. 사회가 풍요로워져 여유가 생겼고 사생활을 중시하는 경향이 생겨났기 때문이라고 하는데, 현재의 친자관계는 일반 가정과 그다지 다르지 않게 되었다. 지금은 이미 사용하지 않게 된 '어린이집' 건물만 남아 있는데, 보안상 시설이 집중되어 있는 중심지에 위치해 있다.

세탁을 공동으로 하기 위한 시설은 지금도 기능하고 있다. 유명한 공동 보육에 비해 공동 가사노동에 대해서는 잘 모르고 있었다. 빨래를 던져 넣는 투입구가 늘어선 길쭉한 방이 있었다. 커다란 타월, 작은 타월, 아주 지저분한 타월, 색깔이 있는 속옷 등 상당히 세밀하게 분류되어 있었다. 반대쪽부터 그것을 집어 들고 커다란 세탁기를 이용해 세척을 하는 것인데 유감스럽게도 작업 시간은 이미 끝나 있었다. 맞은편 방은 다리미질을 하는 곳인데, 그것이 끝나면 세탁물의 총중량을 재서 각 가정 단위로 세탁 비용을 계산한다. 구별할 수 있도록 모든 세탁물에는 각 가정의 번호가 붙어 있다고 한다. W는 "세탁물을 내놓고 다시 받을 때까지 일주일이 걸리고, 세탁물이 행방불명이 되는 경우도 있어요. 그러니까 요즘 사람들 중에는 세탁기를 사서 자신이 직접 세탁하는 사람들이 많아요"라고 했다.

W는 "요즘 사람들", "젊은 사람들"이라는 말을 여러 차례 썼다. "젊은 사람들은 모든 게 돈, 돈이니까요." 그리고 "공동 보육으로 자란 제2세대"에 대한 비판은 더욱 강했다. 그녀의 이야기를 정리해보면, 대충 이런 것이 떠오른다.

1939년에 설립된 이 키부츠의 1세대는 1910년부터 1920년대에 태어난 세대라고 어림잡아도 좋을 것이다. 이미 그 대부분이 죽었고, 지금 키부츠를 운영하는 중추는 제2세대다. 1941년생인 W도 연령으로는 2세대에 속한다. 2세대 사람들은 키부츠가 궤도에 오르기 시작한 시기에 그 안에서 태어나 이스라엘 건국 후에 키부츠의 실험적인 공동 보육이 이상화되었던 시대에 자랐고, 성인이 된 뒤에도 쭉 키부츠에서 살며 발언권을 키워온 세대다. 다시 말해 키부츠 운동이 가장 화려한 시대에 그곳에서 극진한 보호 아래 자라서 바깥 사회를 잘 모르는 사람들이 많다. 따라서 보육도 교육도 노인 간병도 키부츠의 그것이 가장 좋다고 믿고 있는, 머리가 굳은 관료적인 세대라고 한다.

세탁물을 분류하여 넣는 바구니. 반대쪽에 문이 있어서 그곳에서 꺼낸다. 앞쪽의 표시는 "아래의 타월: 검정, 파랑, 갈색, 빨강, 보라."

"뭐든지 키부츠가 최고"라고 믿고 있는 키부츠 2세대에 대한 W의 비판은 그녀의 실제 체험에 근거하고 있다. 그녀는 수년간 배우자를 간병했는데, 키부츠 측의 몰이해나 경직된 태도에 상당히 고생했다고 한다. 예컨대 간병에 대해 아무런 공부도 하지 않았고 기본적인 지식조차 없는 사람이 키부츠에서는 간병 일을 하고 있다. 열의도 전문성도 없으며 단지 주어진 일을 하는 것에 만족하고 있다. 간병을 받는 측의 고통을 될수록 줄이려는 배려나 상상력 같은 것은 전혀 없다. 개선을 위한 제언을 해도 전혀 상대도 해주지 않는 태도로 일관하여 말도 붙여볼 수 없다. "사회주의라는 게 심장이 없다는 건 사실이에요." 이것은 키부츠의 문제임과 동시에 이스라엘 사람들의 '국민성'과도 관련되어 있다는 것이 그녀의 견해인 듯하다. "노인들이 자연스럽게 늙어가는 아름다움을 이해하는 감성이 없어요. '추하게 늙어서는!', 이런 말을 아무렇지 않게 한다니까요. 노인들도 그래요. 화장을 두껍게 하고 인공적인 미를 추구하거든요."

그녀보다 젊은 '3세대'가 앞으로 어떻게 될지 그녀는 주목하고 있다고 한다. 다만 젊은 세대는 '게으름뱅이'고, 소비문화에 찌들어 있

키부츠의 집(가장 초창기의 형태). 예전에 두 세대가 쓰던 공간을 지금은 한 세대가 쓰고 있다고 한다.

다. "옛날 키부츠의 노동은 새벽 다섯 시쯤부터 시작되었어요. 시원할 때 한바탕 일을 하고 아침을 먹는 거죠. 지금은 여덟 시에 시작한다고 해도 그 시간에 나오는 사람은 없어요. 아무렇지 않게 지각하고 주의하는 사람도 없어요. 주의를 해도 상대해주지 않거든요. 그런 게으름뱅이들과 같이 일한다는 게 정말 싫어졌어요." 성실하게 키부츠에서 자원봉사를 할 생각이었지만 실태를 보고 환멸을 느꼈다는 이야기를 나도 들은 적이 있다.

그러나 최근 키부츠의 생산성이 높아졌다는 보고가 있다. 그 이유는 외부에서 임금노동자를 고용했기 때문이다. 직장이고 게으름을 피웠다가는 해고되기에 그들은 열심히 일한다. 원래 노사의 분리가 없으며 모두 노동자이자 경영자라는 것이 키부츠의 최대 장점이었는데, 이제 외부의 노동자를 고용해서 일을 시키는 고용주가 되어버렸다는 비판은 일반적으로 자주 듣는 이야기다. 그리고 외국인 노동자에게 싼 임금을 주고 일을 시키는 키부츠도 많아졌다. W는 이 키부츠에는 외국인 노동자가 없으며 아랍인·유대인으로 구성된 이스라엘인 노동자라고 하지만, 식당에서는 동아시아계 얼굴로 보이는 사람을 몇 명 봤다. 속편한 자원봉사자 젊은이와는 다소 분위기가 달라 보였다.

키부츠 안의 주택은 상상했던 것보다 훨씬 다양했다. W의 집은 독신자용의 작은 집에 속하는 것 같았는데, 도쿄의 주택 사정과 비교하면 깜짝 놀랄 정도로 넓었다. 게다가 식기세척기도 있고, 직접 채소를 재배할 수 있는 텃밭도 있었다.

키부츠의 집(새로운 형태). 어린이가 있는 가족용인데 그 크기를 보면 깜짝 놀라게 된다.

처음 건설할 무렵의 주거는 상당히 작은 단층집으로 연립주택 식이었다. 예전의 두 세대가 차지하던 공간을 지금은 한 세대가 사용하고 있다. 가족이 늘었기 때문에 증축하는 경우도 많다. 정당한 이유가 있고 키부츠가 인정하면 키부츠의 비용으로 증축할 수 있다. 그러나 지금은 구성원이 아닌 주민도 늘었고 그 사람들에게는 사유재산이 있기 때문에 자비로 증축한 사람도 있고, 그중에는 자력으로 집을 지어버리는 사람도 있다. 그렇지 않아도 새로운 유형의 키부츠 주택은 한숨이 나올 정도로 컸다. 어떤 가족에게 어떤 집을 배당할지에 대해서는 키부츠 안에서의 발언권에 크게 좌우된다고 한다.

차가 있는 집도 많다. 원래 차는 공유물인데, 이 키부츠에는 포도 마크가 들어간 차가 수십 대 있다. 컴퓨터화된 예약 시스템을 이용하여 필요할 때만 차를 쓰고 있다. 그러나 여기에서도 "젊은 사람들은 역시 제멋대로"다. 물려받았다는 등 갖가지 이유를 대며 차를 소유하고 있는 사람이 많다고 한다.

넓은 키부츠 안은 소형 승용 카트라고나 불러야 할 면허가 필요 없는 2인승 상자형 사륜차를 몰고 다니는 사람들이 많으며, 걷는 사람은 거의 보이지 않는다. W의 지적이 아니더라도 풍요로운 소비생활은 이스라엘의 일반 시민사회와 그다지 다르지 않은 것 같았다. 좀더 확실히 말하자면 이 얼마나 풍요롭고 여유 있는 생활인가, 하는 느낌이었다. 풍요롭다고 해도 정신적인 사치나 충실함을 가리키는 풍요로움이 아니라 좀더 즉물적인, 대량으로 소비하며 신나게 에너지를 써대는 그런 '풍요로움'이었다. 외부와 마찬가지로 쓰레기는 전혀 분리하지 않고 그대로 버려진다. 외부의 쓰레기 수거 시스템에 의존하고 있기 때문에 어쩔 수 없겠지만, 애써 공동체를 운영한다면 분리수거를 실시하고 재활용 시스템을 시행한다면 좋을 것이라는 공연한 참견만 떠오른다. 성실하고 강직하다고 평가받던 예전 키부츠의 생활에 대한 이미지에 아무런 생각도 해보지 않은 나였지만, 그래도 뭔가 타락했음을 느꼈다. 활기찬 생활 태도가 잘 어울리게 된 W 자신을 포함해 그런 방향과는 전혀 다른 삶을 살고 있는 개인이 존재한다는 것은 부정할 수 없는 사실이지만 전체적인 시스템으로서는 물질주의와 소비주의가 더 우세해 보인다.

좋다. 백 번 양보해서 "아무것도 없는 사막을 경작하여 풍요로운 땅으로 바꾸었다"는 시온주의자의 주장을 받아들인다고 치자. 하지만 그 결과 생겨난 '풍요로운 생활'이 물이나 전기를 펑펑 쓰고 쓰레기를 마구 버리는 '소비문화 자체'라면 아무런 매력도 느낄 수 없다.

누가 '공존'을 바라는가

'마임 마임'이라는 포크댄스는 일본에도 비교적 잘 알려져 있다. 그런데 이 포크댄스가 이스라엘의 춤이라는 것을 아는 사람은 얼마나 될까? 그리고 그때 부르는 가사의 의미는 어떨까? 적어도 나는 주의 깊게 생각하지 않았고, 제목이 주는 이상한 소리의 울림을 부호 같은 것으로 받아들이고 있었다. 원래는 곡 전체에 흐르는 가사가 있는 듯한데, 일본에서 널리 알려져 있는 것은 댄스의 원을 작게 하면서 모두 소리를 지르는 다음 부분이다.

마임 마임 마임 마임 마임 벳삿송!

나는 이 노래를 초등학교 5학년 때 처음 배웠다. 임간학교林間學校(초등학교나 중학교 학생들이 봄과 가을에 숲속의 합숙 시설에 숙박하면서 하이킹이나 등산, 박물관 견학 등을 하는 학교 행사다 – 옮긴이)의 캠프파이어에서 춤을 추기 위해 방학 때 일부러 등교하여 체육관에서 연습했던 일을 똑똑히 기억하고 있다.[12] '벳삿송'이라는 부분은 '셋셋세'라거나 '엣삿사'라고

---

12. 초등학교 체육의 '리듬'이라는 단원에 포함되어 있다. 필수가 아니라 운동회 등 학교 행사를 위해 배우는 일이 많다고 한다. 또한 이 곡에는 시무라 다케요志村建世가 1967년에 지은 일본어 가사도 있다. 1절은 "사막 한가운데 신기한 이야기 모두가 모이는 생명의 물이다 마임 마임 마임 마임 …", 2절은 "낙타도 모여들고 카라반도 쉬는 녹색 오아시스, 오직 꿈이라고만 (이하 생략)", 3절은 "기도를 잊으면 신기하게도 순식간에 사라지는 마법의 물이다(이하 생략)". 시무라에 따르면 "당시는 아무런 정보도 없었고 '사막에 물이 나왔다는 노래인 듯하다'는 이야기만 들었습니다. 그래서 상상으로 3절까지의 가사를 만든 것입니다."(http://pub.ne.jp/shimura/). 유대적이라기보다 아랍풍 이미지인 것이 흥미롭다.

제멋대로 고쳐 부르기도 했다.

그리고 대략 10년쯤 지나 팔레스타인 문제에 관심을 가질 무렵, 이 방면에 밝은 지인에게서 이 곡은 어느 키부츠에서 우물을 파다가 가까스로 물이 나온 것을 기뻐하는 노래라는 이야기를 듣고 깜짝 놀랐다. "물, 물, 물, 물, 물이다. 기쁘구나!"라는 뜻인 것이다. 좀더 자세히 적으면 『구약성서』 「이사야서」 12장 3절 "너희가 기쁨으로(베 사송) 구원의 우물들에서 물(마임)을 길으리로다"[13]에서 유래한다고 한다. 키부츠 운동은 비종교 운동이 아니었단 말인가, 하고 추궁하고 싶어지지만 가사의 의미를 배우지도 않고 노래를 부르며 춤을 추었다고 생각하니 그 이상으로 원망스럽다. 곡의 무대가 되었다고 추정되는 곳은 나아무 키부츠로, 1938년 10년이 넘게 파온 우물에서 드디어 물이 나왔을 때의 기쁨을 표현한 춤이라는 것이 이스라엘의 포크댄스 역사에서 보이는 일반적인 설명이다. 나아무 키부츠는 텔아비브의 동남부에 있는데, 이곳도 규모가 큰 풍요로운 키부츠인 듯하다. 현재는 관개 시스템 기업을 경영하고 있기 때문에 이곳 역시 이스라엘에 의한 물 독점이라는 테마와 관련된 곳이다.

그런데 내가 방문한 다리야 키부츠도 이 '마임 마임'과 조금이나마 관련이 있다. 1944년 다리야 키부츠의 야외무대에서는 팔레스타인의 유대인 입식자들을 대대적으로 동원한 '포크댄스 페스티벌'이 열렸는데, 동유럽에서 기원한 댄스 외에 입식자들이 새롭게 만든 포크댄스

---

13. 「이사야서」는 구약성서의 3대 예언서 가운데 하나다. 이 12장은 초기 예언집의 마지막 부분으로, 유대민족이 구원받은 것에 대한 감사의 말이라고 한다.

등이 이때 실연되었다. 1944년이라면 다리야트엘라후 마을의 토지가 이미 유대인 조직에 넘어간 상태였고, 아랍 마을 사람들은 소작농으로 이 마을에 남아 있던 시기다. 그들은 멀리서 이 페스티벌의 흥청거림을 어떤 심정으로 보고 있었을까? '마임, 마임'이라는 노랫소리도 그들의 귀에 들려왔을까?

지금도 그곳에 남아 있을 것이라는 기대를 품을 수 없다고 생각했지만 W와 키부츠 안을 돌아다니고 있을 때 그것이 있다는 이야기를 들었다. 포크댄스 페스티벌은 1968년에도 있었는데 W는 직접 그것을 봤다고 한다. "장관이었어요." 두 개의 언덕을 이루고 있는 경사면 아래에 무대가 있어서 분명히 멀리서도 잘 보였을 듯하고 노랫소리도 들렸을 듯싶다. 제3차 중동전쟁이 있던 다음 해, 아직 전쟁에서 승리한 후의 들뜬 기분도 있어서 무대는 화려하게 펼쳐졌을 것이다. 이스라엘 외무성의 홈페이지에 따르면 1968년의 이 페스티벌은 '독립기념일' 이벤트의 일환이었다고 한다. 페스티벌은 1944년부터 1968년까지 모두 다섯 차례 열렸다고 한다. 그중에서도 1958년의 페스티벌은 규모가 커서 2,000명의 댄서와 5만에서 6만 명의 관객을 동원한 채 사흘 동안 열렸다고 한다.

이 페스티벌을 기획하고 운영한 사람은 이스라엘 건국 이전의 유대인 공동체이자 포크댄스 보급에 힘쓴 굴리트 카드만이라는 여성이었다. 출신지가 다른 이민자들이 친하게 섞이기에 포크댄스야말로 가장 좋은 수단이었던 모양이다. 즐겁게 춤을 추다 서로 친해진다는 것은 참으로 속 편한 이야기지만, 목적이나 이익을 같이 하는 유대인 입식자끼리였기 때문에 그것도 가능했을 것이다. 건국 후에 그녀는 이번에는 이스라엘의 포크댄스를 세계 각국에 전파하기 위해 활동했다.

일본의 포크댄스 붐은 전후 한 시기의 분위기를 나타내고 있다. 우타고에운동歌聲運動(1960년대에 일본에서 정점을 맞이한, 합창을 중심으로 하는 사회운동이다. 노동가, 반전가요 및 일본이나 구소련의 민요를 레퍼토리로 하면서 대규모의 창작 활동도 했다 - 옮긴이)이 유명하지만 포크댄스도 전후민주주의의 한 가지 상징적인 광경이었음이 분명하다.[14] 1956년 일본에 포크댄스연맹이 발족하고 1963년에 일본을 방문한 카드만을 맞이했다.[15] 이때 이스라엘에서 추고 있는 안무를 일본에서 그대로 지도했다고 한다. 원을 만드는 것은 물이 나온 우물을 둘러싸고 있다는 의미이고, "마임 마임 마임"이라고 노래하면서 작은 원으로 만들어가는 것은 우물을 향해 달려가는 모습인 것이다. 그렇다면 이 곡의 의미도 모른 채 춤을 추었던 우리는 아랍인을 내쫓은 땅에서 펼친 입식자들의 들뜬 소동을 그대로 재현했다는 말이 된다. 이 얼마나 부끄러운 일인가.

다리야 키부츠가 '젊은수호자'라는 노동운동 그룹에 의해 설립되었다는 이야기는 앞에서 했다. 주류파가 '노동의 히브리화', 즉 유대 경

14. 예컨대 『당장 도움이 되는 포크댄스 핸드북すぐに役立つフォークダンスハンドブック』의 저자인 세키 마스히사關益久의 소개에는 이렇게 나와 있다. "1931년 도쿄에서 태어남. 전후 곧바로 청소년 활동에 전념, 황폐한 일본의 부흥을 위해 신생활운동, 청소년의 건전한 육성에 봉사, 도쿄 이타바시구에서 레크리에이션 활동을 시작함. 도쿄 체육지도위원, 이타바시 구 시무라 청년학급 강사, 도쿄도 포크댄스연합회 지부장, 일본 포크댄스연맹 출판위원장, ··· (이하 생략).

15. 2006년은 일본 포크댄스연맹 결성 50주년에 해당하는데 5월 12일부터 14일까지 요코하마 실내경기장 등 요코하마 각처에서 대회가 열렸고 총 1만여 명이 참가했다.

제하에 있는 유대인 노동자만 고용하자고 주장한 반면 이 그룹은 아랍인 노동자도 거두어들이자고 주장했다. 유대인만의 노동은 비현실적이기 때문에 비유대인과도 대등한 멤버십을 만들어내야 한다고 생각한 것이다. 아랍인이 살고 있던 땅에서 그들을 쫓아내고 그곳에 만든 키부츠에 다시 그들을 노동력으로 거두어들인다는 것은 완전히 기만적인 이야기지만, 비유대인을 쫓아내고 순수한 '히브리 노동'을 추진하겠다는 생각과는 확실하게 선을 긋고 있었다는 것은 사실이다. 현시점에서 다리야 키부츠에서 실제로 어떤 시도가 있었는지는 알 수 없지만, 같은 계열의 키부츠에서 행해진 그러한 시도의 사정은 다소나마 알 수 있다.

아탈라 만수르Atallah Mansour라는 아랍인 작가는 이스라엘의 아랍인으로서는 처음으로 히브리어로 소설을 썼다.[16] 이 소설의 주인공은 이스라엘 건국 전쟁에서 고아가 되고, 유대인 아래서 자란다. 그리고 자신의 출신을 숨기고 키부츠에서 생활한다. 그러나 정식 구성원 자격을 신청했다가 아랍인이라는 사실이 알려진다. 키부츠의 구성원은 "민족을 묻지 않는 대등한 멤버십"이라는 이상과 '히브리 노동'에 대한 집착 사이에서 동요하지만, 주인공은 결국 정식 구성원으로 인정받지 못한다.

이 이야기는 이스라엘 건국 후 아랍인을 불러들인다는 키부츠의 첫

---

16. 『새로운 빛 아래에서BeOr Hadash』(1966). 아탈라 만수르는 1934년에 태어난 기독교도. 히브리어 신문 《하아레츠Haaretz》의 기자로도 활동했다. 또한 이스라엘의 아랍인이 쓴 히브리어 작품 중에서 훗날 안톤 샴마스의 『아라베스크』(1986)가 주목을 받았지만 이 작품은 초기 작품으로서 더욱 주목받아도 좋을 것이다.

실험적인 프로그램에 참가했다 실패를 경험한 작가의 실제 경험에 바탕을 두고 있다. 젊은수호자의 후신인 '통일노동자당'(마팜)에 의한 기획으로 '샤알하아마킴'이라는 키부츠에서 일어난 일이다. 이곳에서 살았던 그는 하루 아홉 시간 무급으로 일하면서 히브리어를 익히고 유대인 노동자들과 친하게 지내는데, 1년 후 한 달 급료도 되지 않는 '증여'를 받고 키부츠에서 쫓겨났다고 한다. 아랍인을 '불러들인다'는 시도는 키부츠 구성원의 실태나 사고방식에 변경을 촉구하는 것이 아니라 일절 위협하지 않는다는 조건에서만 그들을 받아들이는, 기회주의적이고 일방적인 것이었던 셈이다.

현재 다리야 키부츠 주민들의 경우도 대부분 팔레스타인 사람들과의 평화적 공존을 바란다고 대답할 것이다. 그러나 주인과 노예의 관계, 빼앗은 자와 빼앗긴 자의 모습을 그대로 유지한 상태에서 '공존'을 바라는 것은 빼앗은 쪽 사람들뿐이다. 이러한 상황에서는 그렇다면 이곳에서 나가라는 말인가, 라는 반응이 양심과 유대인으로부터 나오는 경우가 많다. 그러나 그들에 대해 이 키부츠에서 나가라고는 아무도 말하지 않고, 또 그런 말을 한다고 해도 의미가 없다. 말할 수 있는 것은, 예컨대 '다리야트엘라우'의 주민이 어떻게 쫓겨났는가, 지금 어디에 살고 있는가를 알려고 했으면 하는 것이고, 관심을 가졌으면 하는 것이다. 그들이나 그 아이들을 찾아내길 바라고, 그들을 찾아가 그들의 이야기를 들어봤으면 한다. 그들에게 사죄했으면 한다. 그들을 자신의 집으로 불러들였으면 한다. 무엇이 그들의 존엄성과 권리의 회복인지 생각했으면 한다. 다른 사람들과도 서로 이야기를 나누었으면 한

예전에 포크댄스 페스티벌이 열린 야외 운동장(중앙의 평면이 무대). 현재는 거의 사용되지 않고 있다.

다. 그것은 일회적인 것이 아니라 그들이 앞으로도 이곳에 살려고 하는 한 계속되는 일이고, 그들의 아이들에게도 이어지지 않으면 안 되는 일이다. 그리고 물론 더는 피해자가 나오지 않았으면 한다. 이스라엘의 점령 정책을 바꾸려고 노력했으면 한다.

　포크댄스 페스티벌이 열렸던 곳을 바라볼 수 있는 위치에 서자 앞쪽 왼편 멀리 산 위에 마을이 보인다. 그것이 '움므루파함'[17]이라고 W가 일러주었다. 이스라엘의 아랍인 마을 중에서는 가장 규모가 큰데, 이슬람 운동이 강력한 장소로 알려져 있다. 그리고 움므루파함이 보이는

17. 이 마을에 대해서는 6장을 참조하라.

방향에서 그대로 쭉 연장하면 그 저편에는 서안지구의 제닌 마을과 난민 캠프가 있을 것이다.[18]

이곳에서는 아마 훨씬 더 다양한 것이 보일 것이다. 보려는 의지와 상상력만 있다면.

---

18. 제닌은 피점령지인 서안지구의 북부에 위치하는 마을이다. 제2차 인티파다가 시작된 후인 2002년 4월 이스라엘군이 침공하여 포위한 제닌 난민 캠프에서는 수십 명에서 수백 명이 살해되는 학살이 일어났다.

3장

뉴타운의 포크댄스

- 시온주의 문화의 실체

'유대인 스포츠'라는 이데올로기

2005년 여름, 이스라엘은 '마카비야'의 해였다. 마카비야란 전 세계의 유대인 스포츠 선수가 한자리에 모여 벌이는 '유대인의 올림픽'이다. 현재는 4년에 한 번, 올림픽이 열리는 다음 해에 열리는데, 2005년의 대회는 17회째였다. 7월 11일부터 21일까지 개최되었다.

'유대인의 올림픽'이라는 말은 조금만 생각해도 굉장히 이상한 말이라는 것을 알 수 있다. 이른바 올림픽 정신이라 불리는 것은 '모든 사람들'이 육체와 정신의 균형을 유지하면서 그 능력을 높이고 인류의 공존공영을 지향하는 것을 목적으로 한다. 올림픽 헌장에 따르면 "인종, 종교, 정치, 성별, 그 밖의 다른 이유에 기초한 국가나 개인에 대한 차별은 그것이 어떠한 형태든 올림픽 운동에 속하는 것과는 양립할 수 없다"고 되어 있다.[1] 4년에 한 번씩 열리는 올림픽대회가 "전 인류를 위한 스포츠의 제전"이라고 한다면, 거기에 '유대인의'라는 한정을 붙인다는 것은 이미 올림픽이 아니다.[2] 그 때문인지 마카비야의 주최 단체인 '마카비 세계연맹'은 '유대인 올림픽'이라는 말을 직접 사용하는 것은 주의 깊게 피하고 있는 듯하다. 그러나 여러 유대인 스포츠 관련 단체의 사이트에 올라와 있는 소개문 등을 보면, 거기에는 반드시 "4년에 한 번씩 열리는 유대인의 올림픽"이라는 표현이 나온다.

'유대인의 올림픽'을 통한 '유대인=인간화'다. 이것에 대해서도 조금 상세히 서술하기 전에 또 하나의 사항을 확인해두고자 한다. 마카비야가 올림픽과 크게 다른 것은 개최국이 매번 변하는 것이 아니라 각지의 유대인 선수들이 이스라엘로 소집된다는 점이다. 다시 말해 전 세계 유대인의 단순한 스포츠 교류 이벤트가 아닌 것이다. 이스라엘이야말로 유대 민족의 고향National Home이라는 시온주의 이데올로기를 체현한 행사인 것이다.[3]

1. 일본 올림픽위원회의 공식 사이트(joc.or.jp)에서 영어와 일본어로 된 올림픽헌장을 볼 수 있다. 본문 중에 인용된 헌장은 2004년 9월 1일부터 유효한 판본이다.
2. 물론 실제로 올림픽은 '전 인류를 위한' 제전은 아니다. 나라 별로 대표선수 선발이 이루어지고 국적이 없는 사람이나 난민이 그 상태 그대로 참가할 수도 없다. 또 서구 선진국 24개국의 참가로 시작된 제1회 대회로부터 현재까지 개최국은 선진국이거나 선진국으로 인정받으려는 나라들뿐이다. 주최국에서는 올림픽 개최를 위해 노숙자를 강제로 다른 지역으로 이주시키거나 학교나 지역을 통한 반강제적인 동원이라는 인권 침해도 일어난다.

두말할 것도 없이 이스라엘에는 전 세계에서 온 유대 이민에게 자동적으로 이스라엘 국적을 주는 '귀환법'이 있다.[4] 전 세계의 유대인 공동체를 대표하여 찾아오는 스포츠 선수는 시온주의의 견지에서 보면 아직 귀환하지 않은 사람들이다. 그러므로 그들이 이스라엘로 파견되어 온다는 것은 이스라엘로의 영광스러운 귀환을 가상적으로 선취하는 의식이기도 하다. 원래 스포츠에 정열을 바치는 선수에게 스포츠 교류를 명목으로 해외에 파견되는 것은 어떤 이유로든 기쁜 일일 것이다. 그리하여 특별히 스스로 시온주의자로 자각하지 않아도 전 세계의 유대인 스포츠 선수에게 이스라엘과의 결부는 그 정체성의 일부가 되기 시작한다. 그 파급 효과는 적지 않을 것이다.

그러나 유대인의 '귀환'을 지속시키기 위한 선전 활동으로 기껏해야 4년에 한 번 열리는 이런 스포츠 이벤트는 존재감이 미미하다. 전 세계의 유대인과 이스라엘의 인연을 강화하고 그들에게 이스라엘로 '귀환'하는 것을 인생의 한 선택지로 의식시키기 위한 프로그램은 그 밖에도 많다. 유명한 캠페인 가운데 하나로 '타고난 권리birthright 이스라엘'이라는 것이 있는데, 이것은 18세부터 26세까지의 유대인 젊은이

---

3. 히브리어판 위키피디아(http://he.wikipedia.org/wiki/)에는 이렇게 되어 있다. "마카비야는 유대인 스포츠 선수가 참가하고 이스라엘에서 4년마다 개최되는 다종목 스포츠 경기다. 마카비야의 암묵적인 대전제는 전 세계에서 유대인 스포츠 선수가 참가하는 유대인의 올림픽을 이스라엘 땅에서 개최한다는 것이다."

4. "모든 유대인은 귀환자로서 이 나라에 올 권리를 가진다"로 시작되는 1950년에 제정된 법률. 전 세계에 있는 유대인을 이스라엘에 귀환시키는 것을 목적으로 하는 시온주의의 근간을 이루는 법률이다.

에게 이스라엘을 열흘 동안 무료로 여행할 수 있는 기회를 제공하는 것이다.[5] 다수의 유대 기관이 후원하고 있으며 미국 출신자를 중심으로 최근에는 매년 1만 명에 가까운 젊은이들이 참가하고 있다고 한다. 그 외에 이스라엘의 각 대학이 제휴를 맺고 있는 미국의 대학에서 파견된 학생으로서 학비를 면제받고 공부하는 유대인 학생도 많다.

그리고 더욱 굉장한 것은, 훈련을 받고 이스라엘 국방군에 입대하는, 2년간의 의용병 자원봉사자까지 있다는 것이다.[6] 군사 마니아는 뛰어들겠지만 유감스럽게도 유대인에게만 한정된 이야기다. 군대에 들어가지는 않더라도 병원이나 학교에서 일하기 위한 자원봉사 프로그램이나 그것을 준비하는 단체는 얼마든지 있다. 이스라엘에 직접 가지 않아도 세계 각지의 유대인 단체가 다양한 형태로 이스라엘에 대한 기부를 호소하고 있다. 이스라엘에 나무를 심자거나 빈곤 가정에 먹을 것과 입을 것을 보내자는 식이다. 이것들은 실제로 자금 확보를 위해서인 한편 전 세계의 유대인에게 항상 이스라엘과의 일체성을 의식하게 하는 효과도 있다.

이렇게 다양한 시온주의 프로젝트 중에서 '귀환'을 촉구하는 선전 활동으로만 마카비야를 보기에는 뭔가 부족하다. 오히려 '유대인과 스

---

5. '타고난 권리 이스라엘'의 사이트, http://www.birthrightisrael.com/
6. '국외 자원봉사Mitnadvei Hutz L'aretz'의 약어인 '마할Mahal'이라는 조직이 국외 유대인 남녀에 한하여 모집하고 있다. 이스라엘이 건국할 때 전 세계에서 참가한 의용병에게서 유래한다고 한다(http://www.mahal2000.com/). 또한 '이스라엘에 대한 봉사Sherut Le' Israel'의 약어인 '사르엘Sar-El'이라는 조직은 1982년 레바논 전쟁 때 키부츠 멤버의 자원봉사를 계기로 설립되었다(http://www.sar-el.org/).

포츠'라는 결합 자체의 이데올로기적 성격, 그리고 시온주의 운동이 발전하고 그 이데올로기가 구체적인 형태가 되어 나타난 마카비야의 역할이야말로 중요한 것이다.

제1회 '마카비야'는 1932년에 개최되었다. 다시 말해 이스라엘 건국 이전의 팔레스타인에서 시작된 것이다. 1932년은 로마의 지배에 대항해 바르 코흐바Bar Kokhba라는 인물이 반란의 봉화를 올렸다고 하는 해(132년)로부터 1800년이 되는 해인데, 이 해에 맞춰 개최를 준비해나갔다. 그보다 30여 년 전에 바르 코흐바를 유대인의 남성다움을 상징하는 것으로 발굴해 알린 사람은 의사이자 철학자인 시온주의 지도자 막스 노르다우Nordau Max Simon(1849~1923)였다.

막스 노르다우가 만든 유대인을 위한 스포츠 진흥 운동 계획은, '유대인과 스포츠'에 대해 이야기할 때 반드시 인용된다. 1898년 스위스 바젤에서 열린 제2회 시온주의자 회의에서 그는 유대인을 위한 스포츠 진흥 운동을 강력하게 주장했다. 동유럽의 좁고 비위생적인 게토에 처박힌 유대인들은 스포츠를 통해 건강하고 강하며 늠름한 유대인으로 다시 태어나지 않으면 안 된다는 것이다. "게토의 좁은 거리에서 우리는 똑바로 서서 운동하는 것을 잊어버렸다. 우리의 집은 햇빛이 비치지 않는 영원한 암흑이 지배했다." "우리 유대인이 육체뿐 아니라 정신적으로도 회복하기 위해서는 교육상 스포츠가 중요하다. 스포츠는 자신이 가진 힘에 대한 자신감을 준다." "스포츠 만세. 스포츠 시설을 성장시키고 발전시키자."[7]

차별하는 측에 의한 '유대적 신체'의 각인과 그 반응으로서 '신체의 재생'이라는 담론. '유대적 신체'를 극복하기 위해서는 올림픽 정신에 분명히 나타나 있는 보편주의적 인간관이야말로 알기 쉬운 이상적인 모습이었다. 아테네에서 개최된 제1회 올림픽은 노르다우의 연설보다 2년 앞선 1896년에 열렸다. 시온주의 운동이 진전되는 가운데 그 이념이 실현된 곳은 유럽에서의 유대인 차별과는 관계없는 팔레스타인으로 옮겨갔고, 이 새로운 땅에서 새로운 신체의 탄생이 지향된 것이다. 그것은 스포츠의 진흥을 통해 이미 존재하는 신체를 새로 만드는 것만이 아니라 유럽에서 기원하는 우생학이라는 사상이 뿌리를 뻗어가는 경로이기도 했다. 강해지라, 당당해지라, 약한 육체가 살아남아서는 안 된다. "불결하고 비참한" 팔레스타인 농민으로부터 토지를 빼앗고 마침내 그들을 말살해가는 것을 가능하게 한 이데올로기적 요소 가운데 하나는, 유대인 공동체의 이러한 신체관이 아니었을까? 어쨌든 제2회 시온주의자 회의가 끝나고 얼마 지나지 않은 1900년대부터 1910년대에 걸쳐 유럽 각지에서는 유대인을 위한 체육시설이 차례로 만들어진다.

체육 활동의 융성에는 여러 계열이 있는 듯하지만, 주류는 '마카비'라는 이름이 붙은 시설이었다. 1921년에는 '세계마카비연맹'이라는 조직이 탄생한다. 마카비는 고대 유대교 금지령에 저항하며 '마카비의 반란'을 일으켰다고 하는 영웅 마카비(마카베오)에게서 유래한다. 현재

---

7. 노르다우의 연설 "Jewry of Muscle"은 다음에 수록되어 있다. Paul Mendesed., *The Jew in the Modern World*, Oxford University Press, 1980.

의 유대인 올림픽인 '마카비야'도 이 '마카비'의 명사형이다. 이리하여 마카비야에서는 바르 코르바와 마카비라는 두 사람의 고대 유대 영웅에 관한 집단적 기억이 이용되었다.[8]

현재 약 60개 나라에 '세계마카비연맹' 지부가 존재한다. 여러 나라에 있는 마카비 단체, 예를 들어 '마카비 캐나다'의 사이트에 들어가면 이렇게 쓰여 있다. "마카비 캐나다는 될수록 많은 유대인 젊은이를 이스라엘로 보내 자신들의 종교와 전통을 접하게 함으로써 그들에게 특히 '이스라엘을 경험'하게 하는 것을 주된 목적으로 삼고 있다." 이스라엘이라는 나라가, 아랍인을 포함한 "그곳에 사는 사람들"을 위한 나라가 아니라 미국을 중심으로 하는 전 세계 유대 기관을 통해 세계의 유대인만을 위한 국가가 되어 있다는 것은 이러한 장면을 통해 알 수 있을 것이다.

텔레비전에서 보여주는 '마카비야'의 개회식 장면을 보면 각국의 선수단이 입장하는 모습이 올림픽과 아주 비슷하다. 이번에는 55개 나라에서 약 7,000명이 참가했다고 한다. 역시 미국 선수단이 제일 많다. 잠시 곁눈으로 보고 있었더니 아나운서가 "야판(일본)!"이라고 외치지 않는가! 일본에서 참가한 선수도 딱 한 명이 있었다. 원래 오스트레일리아에서 태어난 선수로, 일본에 살고 있다고 소개한다. 커다란 '히노

---

8. '마카비'는 유대민족해방투쟁의 상징으로 간주된다. 강력함이나 힘이라는 이미지와 결부되어 있기 때문에 수많은 조직이나 상표명에 '마카비'라는 이름이 사용되고 있다. 잘 알려져 있는 것은 맥주의 상표인 '마카비'인데 이스라엘 맥주 시장에서 90퍼센트의 점유율을 차지하고 있다.

마루'가 그려진 머리띠를 두르고 등장했는데, 봐줄 수가 없었다.

그런데 내가 '마카비야'의 존재를 처음으로 알게 된 것은 이 스포츠 이벤트와 관련하여 일어난 사고 뉴스 때문이었다. 1997년 제15회 마카비야 개회식에서, 선수들이 텔아비브의 야르콘강을 가로지르는 급조된 '마카비교'를 행진하고 있을 때 다리가 무너져 오스트레일리아 선수를 포함한 네 명이 사망하는 사고가 일어났던 것이다. 그리고 조금 뒤에 이 사고의 피해자 열 명이 원인을 모르는 후유증으로 괴로움을 겪고 있다는 것도 밝혀졌는데, 이것이 사고 자체보다 커다란 파문을 일으켰다. 야르콘강의 오염이 원인이었다. 나중에 네 명의 사망자 중 세 명의 사인도 오염된 강물에 의한 것이었다고 판명되었다. 이스라엘의 매스컴은 의도적으로 상세한 보도를 피하는 듯했다.[9]

선수가 모두 입장하자 예상했던 대로 죽은 선수들을 추도하는 짧은 의식이 진행되었다. 《하아레츠 신문》에는 '살아남은 자의 이야기'로, 사고로 남편을 잃고 자신도 강에 떨어진 선수에 대한 기사가 실렸다. 한때 살아갈 기력을 다 잃어버린 채 후유증으로 고통을 겪으면서도 두 아이를 기르고 있고, 서안지구에서 열리는 추도식을 위해 다시 이스라엘 땅을 방문하려고 한다는 여성이었다. 이스라엘의 매스컴이 달려들 만한 소재였다. 이러한 보도는 좀더 자연스러운 감상에 뚜껑을 닫아버리는 것과 같다. 다시 말해 유대인의 '신체의 재생'이라는 사상에서 유래하는 과장된 세리머니와 부실공사에 의한 다리의 붕괴, 오

---

9. Alon Tal, *Pollution in the Promised Land, An Environmental History of Israel*, University of Califoornia Press, 2002.

염된 강이라는 시시한 전개와의 낙차를 앞에 두고 무심코 간들거리며 웃고 싶은 기분이 든다. 죽은 사람은 안됐다고 말할 수밖에 없겠지만, 이 스포츠 이벤트가 자아내는 수상쩍음에 어울리는 이 얼마나 우스꽝스러운 사건인가. 무언가를 신성한 것으로 연출하려고 할 때마다 따라다니는 호들갑과 한 꺼풀 껍질을 벗기면 드러나는 천박함뿐이다. 사고 자체는 우연이라고 해도 이스라엘이라는 나라의 모습을 적확하게 상징하고 있지 않은가?

나는 이러한 사실에 감동마저 느낄 뻔했지만, 사실 마카비야 자체는 이스라엘에서는 그다지 화제가 되지도 않고 주목을 받지도 않는다. 이벤트가 시작되기 전부터 마카비야는 왜 인기가 없는가라는 기사가 보일 정도다. 고작 스포츠 세계에 비해 현실의 정치적 사건이 훨씬 더 심각하다고 말해버리면 그뿐이기는 하지만 말이다. 그러나 축구 시합을 중계하기라도 하면 밤중에도 주변에서 응원소리가 들려올 정도로 열광하는 사람들이 많다. 이걸 보면 인기가 없는 것은 이벤트 자체에서 기인하는 듯하다. 요컨대 마카비야의 경우, 전 세계에서 유대인 선수를 모아 봐야 그다지 유력한 선수가 없다. 그러므로 경기의 박진감도 떨어지고 기록적인 면에서도 관심을 모으기 힘든 모양이었다. 또한 크리켓[10] 등 이스라엘에서는 거의 하지 않는 종목이 전 세계 유대인의 다양한 문화를 배려하여 추가된 일도 있다.

애초에 이스라엘의 스포츠는 대단한 것이 아니었다. 이것은 일본처

10. 영국에서 발전한 스포츠로, 영국 외에 오랫동안 영국의 식민지 지배를 받은, 여러 나라에서 활발하게 행해졌다.

럼 교육 과정에서 '체육'을 과도하게 중시하고, 프로와 아마추어를 불문하고 스포츠가 '국민'의 관심사가 되는 비율이 굉장히 높으며, 올림픽에서 금메달을 따는 것이 '국민의 숙원사업'인 것처럼 보도되고, 금메달을 딸 수 있는 선수를 육성하기 위해 막대한 자금을 들이는 것과 비교할 때 그렇다는 이야기다. 1952년에 처음으로 올림픽 참가자를 낸 이래 지금까지 획득한 메달은 단 여섯 개인데 그중 네 개는 동메달이다. 2004년 아테네 올림픽에서 요트 선수 갈 프리드먼이 금메달을 땄는데, 이스라엘로서는 전체 경기를 통해 처음으로 딴 금메달이었다.[11] 이스라엘 청년은 튼튼하고 대단히 체력이 좋아 보이는 마초적인 스타일일 것이라는 나의 선입관에서 보면 의외였다. 인구 규모가 작다는 것도 하나의 이유이겠지만 국가에 의한 개입의 차이가 결과로 나타났다는 것은 틀림없는 사실이다.

덧붙여 말하자면 스포츠 기록을 향상시키기 위해 요구되는 지루한 육체 관리나 성실함은 이스라엘의 젊은이들이 견뎌내기에는 확실히 어려워 보였다. 간섭을 싫어하고 느릿느릿 아무렇게나 몸을 움직이는 습관은 이스라엘 젊은이들에게서 자주 보이는 현상이다. 간섭을 싫어한다는 점에는 크게 공감하지만, 그것만으로는 자각적인 사상성을 갖기 힘들다. 일본 사회에서는 호의적으로 평가되는 경우가 많은, 빈틈없고 절도 있는 태도는 '자연'스러운 것이 아니라 특정한 사회의 요청

---

11. 이스라엘이 처음으로 올림픽에 참가하게 된 것은 1952년이다. 40년 후인 1992년 바르셀로나 올림픽에서 처음으로 동메달(유도)을 땄다. 갈 프리드먼의 금메달 획득은 1992년의 동메달에 이은 두 번째 메달이었다. 금메달을 땄을 때 그는 국기를 등에 걸고 화려한 퍼포먼스를 펼쳤다.

에 의해 만들어지는 것이라는 사실을 절감하게 된다.

이스라엘 사람들의 이러한 태도는 단순한 습관인데도, 아무래도 마초성이라거나 난폭함, 타인에 대한 배려의 부족이라고 느끼게 된다. 군대 경험의 반동이라는 측면도 크다고 하는데, 그들의 행동을 볼 때마다 그들의 배후에 있는 군국주의를 떠올리지 않을 수 없다.

춤추는 시온주의

마카비야 기간 중에, 이것과는 전혀 무관하게 북쪽의 카르미엘에서는 사흘간 '국제댄스페스티벌'이 열렸다. 예전에 다리야 키부츠에서 열렸던 포크댄스 페스티벌에 대해서는 앞에서 말했는데, 이 이벤트의 개최지를 카르미엘로 옮겨 열고 있는 것이다. 생각한 바가 있어 첫날만 이벤트에 참가했다.

카르미엘은 완전히 유대인만으로 이루어진 도시로, 이스라엘 북부 갈리아 지방의 중심적인 베드타운이다. 이 주변의 광경은 갈리아 지방의 산들이 계절이나 기후에 따라 다양한 표정을 보여주어 무척 아름답다. 지금까지 아랍인 마을을 방문했을 때 산 위의 카르미엘이라는 도시를 몇 번 본 적이 있지만 직접 찾아간 것은 이번이 처음이었다. 1964년에 생긴 새로운 도시였는데, 아랍인에게는 원망스러운 도시다.

갈리아 지방은 이스라엘이 건국된 후 아랍인 마을이 비교적 많이 남아 있었다. 이스라엘 정부는 이스라엘 전역에서 유대인 인구의 우세를 유지할 뿐만 아니라 각 지역에서 유대인이 다수파가 되도록 인구를 배분하려고 했다. 그 결과 갈리아 지방에서는 유대인 도시가 아랍인

쾌적한 카르미엘의 시가

도시 바로 옆에 새롭게 만들어졌다. 아카의 신시가나 아랍인 도시로서는 규모가 가장 큰 나사렛 옆에 나체렛이리트('상나사렛')를 만든 것이 그것이다. 카르미엘도 그러한 도시 중 하나다. 단지 "새롭게 건설한" 것만은 아니다. 원래 아랍인 소유였던 토지를 수용하여 그곳에 세운 것이다. 1957년에 '상나사렛'이 만들어졌을 때는 나사렛의 아랍인 토지 소유자로부터 1,200두남[12]을 몰수했다. 그리고 카르미엘이 만들어졌을 때 주변 네 개 아랍인 마을에서 모두 5,100두남을 몰수했다고 한다. 이스라엘이 건국하기 전에는 농민으로서 화폐경제라는 측면에서 풍요롭지 않았지만 자족적인 생활을 하고 있던 아랍인은 이스라엘 건국 후 건설 현장의 노동자나 운전수 등 마을 바깥에서 일하는 임금노동자가 될 수밖에 없었다.

따라서 사악한 도시라는 이미지가 강한 카르미엘에는 각오를 하고 방문했다. 산 위에 세워진 깨끗한 근대적 도시였는데, 입구에는 역시 정해진 것처럼 '맥도널드'가 있었다.[13] 유대인 뉴타운 입구의 전형적인 모습이다. 버스에서 내려 걷기 시작하면 한 바퀴 빙 돌아 솟아 있는 산들이 자연스럽게 눈에 들어와서 확실히 상쾌한 기분이 든다. 이것이 '유대인만의 도시'가 아니라면 좋아질지도 모르겠지만 그것은 무의미

12. 두남은 오스만 제국 시대의 단위로, 1두남은 대략 30제곱미터였다. 영국의 위임 통치 시대 때 1두남은 1,000제곱미터로 정해졌다.

한 상상이다. '귀환법'에 의해 유대
인이 점점 이주해오는 나라이고, 유
대 인구를 이 지역에 이식하기 위해
이런 인공적인 도시가 만들어졌기
때문이다.

'국제댄스페스티벌'의 주공연장
은 산의 경사면을 향해 있는 넓은
공원이었다.

카르미엘 댄스 페스티벌의 야외 공연장

경험은 없지만 일본의 '후지 록페스티벌'과 비슷한 모습일 것 같다.
몇 군데나 되는 공연장 일대가 '마을'을 이루고 있으며, 천막이 많이
늘어서 있었다. 사흘간 계속되기 때문인지 사람들은 여기저기에 텐트
를 치고 있었다. '마을'의 구성원은 물론 젊은이가 많지만 중장년도 눈
에 띄었다. 무더운 탓인지 윗옷을 다 벗고 있는 중년 남성도 있었다.
종교 의식을 하는 사람들의 모습은 흔적조차 찾아볼 수 없었다. 서예
루살렘 등에서 보이는 유대교 초정통파超正統派 문화와는 크게 달랐다.
저녁에 여는 오프닝 퍼레이드에서는 참가 그룹이 야외의 운동장에
모여 번갈아가면서 아주 잠깐씩 춤을 추었다. 터키나 아르헨티나 등에
서 온 그룹도 몇몇 있었지만 대부분은 이스라엘 그룹이었는데, 각지

---

13. 맥도널드가 이스라엘에 진출한 것은 1993년이다. 현재는 약 80개의 점포가 있다. 2004년 이
스라엘의 맥도널드에서 종업원에게 히브리어 사용을 의무화하고 아랍어를 쓰는 종업원을 해
고했다는 보도가 있었다(《가디언》 5월 11일). '유대 기금' 등과의 관계가 강하기 때문에 이스라
엘 지원 기업으로 간주되어 팔레스타인 연대운동단체에 의한 불매운동의 대상이 되고 있다
(http://www.inminds.co.uk/).

지칠 줄 모르고 포크댄스를 추는 사람들(카르미엘 댄스 페스티벌에서)

의 대학이나 도시, 키부츠의 댄스 동아리였다. 오프닝 퍼레이드가 끝나자 사회자가 "자, 이제부터는 모두 춤을 추겠습니다!"라고 말했다. '피날레의 분위기를 띄우기' 위해 하는 것은 어디나 똑같다는 생각이 들었다. 그런데 관객이 참가하는 이 포크댄스는 끝날 줄을 모르고 언제까지고 계속되었다. 분위기가 크게 고조된 것은 결코 아니었고, 그저 흐르는 곡에 맞춰 묵묵히 춤을 추고 있었다. 그러나 사람들이 이렇게나 많은 곡의 춤을 용케 알고 있다는 사실에 감탄하지 않을 수 없었다. 춤을 추고 있는 사람들 대부분은 중년이었다. 또 참가자의 대부분은 어깨에 가방 등을 메고 있었고, 퇴근하는 길에 잠깐 들른 분위기였다. 아는 사람들끼리 온 경우가 많았는데, 참가자 대부분이 카르미엘에 사는 사람들이었다. 처음에는 그들이 이스라엘의 포크댄스 문화를 담당해온 비종교적인 노동당 지지자라는 점이 인상적이었다. 포크댄스는 키부츠와 분리할 수 없다. 그들은 키부츠에서 태어났고 결혼해서 카르미엘로 옮겨왔지만, 그들의 부모들은 아직 키부츠에 살고 있다. 어느 유대인의 인생이 떠올랐다.

밤 9시 30분부터 본격적으로 쇼가 시작되었다. 총 1,500명의 댄서가 등장하여 이스라엘의 포크댄스를 추는 것이었다. 일단 이것을 보는 것이 목적이었다. 이것도 야외의 공연장에서 열렸는데, 관객은 모두 방석이나 접는 의자를 갖고 들어왔다. 게다가 모두들 가족이나 친구와 함께 시간을 보내며 즐거워하는 것 같았다. 아무런 준비도 하지 않았고 일행도 없던 나는 어쩔 수 없이 신문지를 깔아 진을 쳐보았지만, 한눈을 판 사이에 가족끼리 온 사람들이 신문지를 가져가버렸다. 시작될 때까지 이스라엘의 '정겨운 옛 노래'가 흘러나왔다. 군악대는 주로 옛날 노래를 연주했다.[14] 건국 당시부터 1970년경까지 군악대의 곡은 나이 든 사람들의 향수를 자극한다. 호전적인 곡이 아니라 향토의 아름다움을 노래한 인상적인 곡이 많았다. 곡의 표면적인 의미가 문제인 것이 아니라 이스라엘 사람들의 공통된 심정을 형성한 것이 다름 아닌 군대 문화이고, 이스라엘의 군사적 확장 속에서 자라난 문화라는 것 자체가 문제이기 때문에 뿌리가 깊은 것이다. 좌파 집회에서도 이런 곡이 연주되는 경우가 있다!

드디어 오프닝 쇼가 시작되었다. 카르미엘 시장의 인사말이 끝난 후 무심코 있었더니 〈하티크바Hatikvah〉를 제창하기 시작했다. '희망'(하티크바)이라는 제목의 이스라엘 국가였다. 모두 일제히 일어섰다. 나는 외부인이고 앉아 있는 것에 압박감을 느끼지는 않았지만, 주위에 있는 사람들이 모두 일어서자 아무것도 보이지 않은 게 아닌가. 하는 수 없이 막판에는 일어났다. 죽 훑어보니 모두들 서서 노래를 부르고 있

---

14. 군악대의 음악은 이스라엘의 음악에서 커다란 한 흐름을 형성하고 있다. 1951년 나하르의 보병부대에서 '나하르 악단'이 생겨난 것이 최초라고 하는데, 1967년 제3차 중동전쟁에서 이스라엘이 승리하여 광대한 점령지를 수중에 넣은 뒤 수많은 부대가 자신의 악단을 갖게 되었다.

었다. 모두가 '제창'하는 형태를 취하는 〈기미가요〉에 비하면, 〈하티크
바〉의 경우 텔레비전 중계에서는 마이크를 든 가수의 얼굴이 클로즈
업된다. 스메타나의 〈몰다우〉와 비슷한 애절한 곡이다. 이스라엘의 국
가인 줄 모르고 가사의 의미도 전혀 몰랐다면 아마도 이 곡조에 매료
되었을 것이다. 역시 음악의 힘은 무섭다는 생각이 들었다.

> 마음속에서
> 유다의 영혼이 갈망하는 한,
> 그리고 동쪽 끝을 향하여
> 한 눈이 시온 쪽을 지켜보는 한,
> 우리는 아직 희망을 잃지 않았네
> 2,000년의 희망,
> 우리 자신의 땅에서 자유로운 민족이 되는 것,
> 시온과 예루살렘의 땅
> 우리 자신의 땅에서 자유로운 민족이 되는 것,
> 시온과 예루살렘의 땅

드디어 댄스가 시작되었다. 포크댄스라고 해도 모던댄스의 요소를
도입한 완전히 새로운 춤도 있는 듯했다. 그러나 절반 정도는 역시 관
객들이 잘 아는 '정겨운 옛 노래'들이었다. 따라 부르는 사람도 많았
다. 조금 전처럼 중년 남녀가 묵묵히 포크댄스를 추는 광경과 연관지
어보니 이것이야말로 이스라엘 시온주의 문화의 정수가 아닐까 하는

생각이 문득 들었다.

전 세계의 유대인 선수가 참가하는 스포츠 이벤트인 마카비야가 시온주의 운동과 함께 발전하고 있지만 이스라엘의 시온주의 문화나 이스라엘 사람들의 신체성과 다소 합치하지 않는 것처럼 여겨진 반면, 포크댄스는 "이것이야말로 현대 시온주의의 사상을 체현하고 있다"고 느끼게 하는 신체 표현이었다. 올림픽 종목에 있을 현대 스포츠가 주위와는 거리를 둔 자기 단련이나 극기심, 쉼 없는 훈련을 필요로 한다면, 포크댄스는 춤추는 사람을 선발하지 않는다. 물론 프로 댄서와 아마추어 댄서의 차이는 있지만 스포츠의 경우처럼 장벽이 높지 않다. 여러 해 동안 춤을 추지 않은 사람도 음악에 이끌려 어느새 신체의 움직임을 되찾을 수도 있다. 그리고 무엇보다 음악이 갖는 집단적 환기력은 막강하다. 시온주의는 대중적인 운동이기 때문에 제한된 엘리트 스포츠 선수만 대표해서는 안 된다.

이 공연장에는 춤을 출 수 있는 공간은 없지만, 그 대신 모든 관객은 '집안'에 있는 것 같은 편안한 분위기를 느낄 수 있다. 장소를 좁혀 가능하면 앞으로 이동하지 않고 한 사람 한 사람이 넉넉하게 나뒹굴 수 있는 공간을 확보하고 있었다. 그러나 그에 대한 불만의 목소리는 전혀 나오지 않았다. 사회자가 시를 낭독할 때는 벌렁 드러누웠다가 아는 곡이 나오면 천천히 일어섰다. 스포츠를 관전할 때 생기는 열광이나 일체감과는 전혀 다른 방식으로 공공의 장이 사적 공간이 되었다. 이를테면 하나의 거대한 '단란한 자리'가 되는 것이다. 음악에 몸을 맡기고 있는 사람도 있는 한편 큰소리로 잡담을 나누고 있는 사람도 있었다. 일어나서 지인을 찾아보거나 이동할 때는 그 뒤에 앉아 있는 사람 같은 건 전혀 신경 쓰지 않고 한가하게 몸을 움직였다. 여기서는 아랍인도 종교적인 유대인도 에티오피아 출신자 등 흑인 유대인의 모습도 보이지 않았다. 초기 시온주의의 담당자이자 이스라엘 사회의 상층에 위치해온 아시케나지Ashkenaz[15] 문화인 것이다. 도취 상태에 빠진 사회자 남성에게는 질렸지만 그래도 히브리어의 아름다운 울림은 자연스레 머릿속에 스며들었다. 위대한 히브리어 시인 요나단 나단 Jonathan Nathan[16]이나 예후다 아미하이Yehuda Amicha[17]의 시에 곡을 붙여 화려한 댄스가 되었고 각양각색의 움직임으로 전개되어 나갔다.

공연장이 갑자기 들끓은 것은 '병사는 괴로워'라고도 번역하고 싶어지는 〈모든 병사〉라는 곡에 맞춘 춤을 출 때였다. 군복을 입고 총을 든 댄서들이 유머러스하게 병사의 실패담을 표현했다. 역시 이해하기 힘든 이물감이 느껴졌다. 언젠가 이러한 문화가 이들에게 환기하는 '매력'의 근원을 좀더 파헤쳐보고 싶은 마음이 들었다.

마지막으로는 모든 댄서가 무대에 오르고 머리 위에서 불꽃놀이가 펼쳐졌다. 으쓱해진다기보다는 어딘지 겸연쩍고 부끄러워서 견딜 수

---

15. 복수형은 아시케나짐이다. 독일계 유대인이라는 뜻으로 러시아·동유럽권 유대인을 가리키는데, 오늘날 일반적으로 유럽의 유대인을 가리키는 경우가 많다. 이스라엘 건국 운동의 중심을 담당한 층이며 오랫동안 이스라엘 사회의 주류였다.
16. 이스라엘의 대표적인 시인이다(1923~2004). 우크라이나에서 태어나 두 살 때 부모를 따라 팔레스타인으로 이민했다. 성서에서 착상을 얻어 자연이나 전쟁을 노래한 시가 많다.
17. 이스라엘의 대표적 시인이다(1924~2000). 유대인의 도시인 예루살렘에 대한 열정, 달콤한 사랑을 노래한 시 등으로 유명하다.

가 없었다. 환성을 지르는 관중 속에 나도 있다는 사실은 변함이 없었다. 왜 이스라엘의 이벤트는 항상 이렇게 불꽃놀이로 마무리 되는 것일까? 유명한 것은 '독립 기념일' 이벤트의 피날레를 장 식하는 불꽃놀이다. 굳이 공연장 에 가지 않더라도 이스라엘 각지

총을 들고 춤을 추는 〈모든 병사〉

에서 그 불꽃놀이를 볼 수 있다. 귀마개를 해도 들려온다. 이 천박함과 진부함에 그들은 대체 싫증도 나지 않는 것일까? 이스라엘 국기의 모 양이 품위 없고 천박하다는 것에 대해서는 1장에서 말했는데, 품위 없 고 천박한 것은 국기만이 아니다. 현재 이스라엘 문화에서 빼놓을 수 없는 키워드가 바로 품위 없음과 천박함인 것 같다. 그리고 그러한 비 판에 전혀 동요하지 않는 것이 또 이스라엘 문화가 천박한 이유이자 그 문화가 '강력'한 비밀이기도 하다.

댄스에 의한 유대화와 댄스의 유대화

커다란 이벤트이므로 숙박은 어 떻게든 될 것이고, 또 밤중에도 임시 버스가 다닐 거라는 희미한 기대 가 있었지만 역시 그런 일은 없었다. 참가자 대부분이 그 근처에 살거 나 차를 가져왔거나 텐트를 준비했다. 쇼는 자정 무렵에 끝났고, '마

카르미엘의 안내판(히브리어와 영어). 이 도시에서는 아랍어의 흔적도 찾아볼 수 없다.

을’은 여전히 흥청거렸다. 몇몇 야외 공연장에서는 참가자가 계속해서 춤을 추는 프로그램이 있기 때문이다. 하는 수 없이 나는 밤중에 문화회관에서 하는 모던댄스 프로그램을 본 뒤에 이른 아침에 출발하는 버스를 기다리기로 했다.

이스라엘의 포크댄스에 흥미를 갖기 시작한 뒤 『이스라엘과 팔레스타인의 댄스와 정통성 – 민족성을 실연하다』[18]라는 책을 발견했다. 이 페스티벌이 열리기 전까지 그다지 읽을 시간이 없었기 때문에 그 책을 가지고 갔다. 댄스에 등을 돌린 채 호기심 어린 시선에 그다지 신경 쓰지 않으려고 하면서 페이지를 넘겼다. 1920년대부터 1930년대에 걸쳐 팔레스타인의 유대인 이민자 사이에서 포크댄스가 활성화된 것을 언급한 부분에서는 역시 막스 노르다우의 스포츠 진흥론이 소개되어 있었다. 이 부분은 처음 읽었을 때 어딘지 모르게 위화감을 느꼈던 곳이다. 노르다우가 주장한 것은 어디까지나 ‘스포츠’였는데, 그것을 집단으로 둥글게 모여 추는 포크댄스 열풍의 근거로 삼는 것은 약간 무리가 있다고 느꼈다.

흥미로운 것은 카르미엘 댄스 모임의 기원과 대규모 댄스 페스티벌을 주최하기에 이른 경위다. 카르미엘이라는 도시가 북부에 대한 입식

18. Elke Kaschl, *Dance and Authenticity in Israel and Palestine: Performing the Nation*, BRILL, 2003.

정책에 의해 생겨난 것과 이 도시에서 포크댄스가 활성화된 것은 떼어놓을 수 없다. 입식지로 세워졌어도 이 도시가 곧장 현재와 같은 근대적 공동체가 된 것은 아니다. 험난한 북부의 산속에서 유대인 유민은 될수록 빨리 이곳에서 벗어나려고 했다. 1970년대 후반 '도시화 전략'이 나오는 한편 1982년에는 이 도시의 문화정책으로 '카르미엘 포크댄스 모임'이 설립되었다. 문화회관의 설립이나 공연 유치를 통해 카르미엘은 '북부의 문화 중심지'로 인식되는 데 성공한다. 포크댄스는 새로운 이민자의 통합에도 유효했다. 이것은 공동체 내부의 이야기에 한정되지 않는다. 포크댄스를 통해 카르미엘은 하나의 정체성을 획득하고 하나의 독립된 유대인 도시가 된 것이다. 이를테면 포크댄스를 춤으로써 유대인의 장소를 만들어내고, 이스라엘 북부 지역을 유대화하기 위한 근거지를 만드는 데 성공한 것이다.

아침 6시가 가까워오자 하늘은 벌써 밝아오고 야외 공연장에서는 아직도 많은 사람들이 춤을 추고 있었다. 오래된 포크댄스 외에 최근에 히트한 댄스음악도 흘러 나왔는데, 곡조의 변화에도 동요하지 않고 계속해서 춤을 추고 있었다. 빙글빙글 파트너를 바꾸어야만 하는 댄스인데도 한 사람도 밀려나는 사람이 없었다. 어젯밤의 불꽃놀이며, 주변의 아랍 마을 주민들에게 이 소동은 어떻게 비칠 것인가.

집으로 돌아온 다음 날 밤에는 마카비야의 개회식이 열렸다. 이스라엘 국영 텔레비전의 10채널과 3채널은 같은 프로그램을 각각 히브리어와 아랍어로 방송하곤 했는데, 마카비야의 개회식·폐회식도 아랍

댄스 페스티벌 오프닝 쇼의 피날레

어로 중계했다. 마카비야는 원래 유대인들 사이에서도 관심이 낮은데 아랍어로 방송한들 대체 누가 본단 말인가? 극히 소수지만 열심히 보는 아랍인도 있기는 할 것이다.

그렇다. 지금까지 쓴 것이 마치 거짓말인 것 같은 사정이 있다. 여기저기에서 '유대인의 올림픽'이라 불리고 캐치프레이즈처럼 되어 있는데도 사실 마카비야에는 아랍인도 참가하고 있다. 물론 이스라엘 국적을 가진 아랍인이고, 마카비야의 규약에는 '이스라엘인'이라고밖에 표현되어 있지 않다.

이것은 이번에 확실히 확인해보고 싶었던 점이다. 대체 언제부터 어떤 경위로 아랍인이 참가하게 된 것일까? 그런데 이런 의문을 풀어주는 보도를 발견할 수는 없었다. 지인이 된 《이디오트 아하로노트》 신문의 아랍인 스포츠 기자조차 모른다고 했다. "모든 시민이 평등"하다는 이스라엘 국가의 표면적인 원칙에서 보면 아랍인의 참여는 이스라엘 정부 측의 요청이기도 할 것이다. 그러나 '유대인의 올림픽'으로 전 세계의 유대인 선수에게 참가를 호소하고 있는 이상 아랍인이 참가하는 것을 특별히 적극적으로 알리고 싶지도 않고, 매스컴도 특별히 다루고 싶지 않은 것 같다. 그런 모순된 의도가 보이는 것 같았다.

그런데 마카비야의 경기가 시작되고 곧 날아든 것은 열일곱 살의 아랍인 아세라 샤하다가 200미터 평영 경기에서 이스라엘의 첫 금메달을 획득했다는 뉴스였다. 아랍인 선수가 '유대인의 올림픽'에 편의적으로 편입되어 있는 장면은 씁쓸하기도 했지만 한편으로는 후련하기도 했다.

문득 주변의 아랍 마을을 내려다보는 듯한 카미에르 시의 위치를 떠올린다. 그 산허리에서 줄줄이 이어지는 포크댄스의 스텝. 그것은 원래 입식자들이 알고 있던, 동유럽에서 기원한 춤에 '다부케'라 불리는 팔레스타인의 농민 댄스[19]가 가미되고 다듬어져 키부츠 운동 중에 발전한 것이다. 포크댄스라는 이스라엘 문화의 탄생과 성숙의 이면에는 유대인 입식자들에 의한 팔레스타인 문화의 찬탈이라고도 할 만한 측면이 있다. 댄스 자체의 유대화를 통해 공간의 유대화가 성취된 것이고 신체적으로도 공간적으로도 아랍은 보이지 않게 되었다. 그에 비해 국제 기준으로 기록을 측정하는 스포츠 경기에서는 선수를 전원 유대인으로 할 수는 있어도 경기 자체의 '유대화'는 불가능하다. 스포츠가 국제화되면 될수록 단일한 기준과 양식이 필요하다. 그러므로 그것이 유대인만으로 이루어지는 게임이 되자마자 그다지 인기를 얻지 못하게 되는 데는 근거가 있는 것이다. 그렇다면 거기에 아랍인이 참가한다고 해도 이스라엘에는 아무런 위협도 되지 않을 것이다.

19. 팔레스타인이나 레바논, 시리아 등에 알려진 전통적인 춤으로, 일렬로 서서 땅을 구르거나 뛰어오르면서 춘다. 농민이 농작업의 여흥으로 추는 등 공동체 안에서 생겨난 춤이며 민족적인 우애나 연대감을 느낄 수 있다. 최근에는 수많은 팔레스타인 난민 캠프에서 청소년을 대상으로 한 모임이 결성되어 팔레스타인 사람들의 민족적 정체성을 표현하는 기회가 되고 있다.

아이다 난민 캠프에서 다부케를 연습
하는 어린이들(아이다 난민 캠프는 요
르단강 서안지구의 베들레헴과 베이트
자라 중간 지점에 있다)

　민주주의 국가이고 또 유대국가라는 이스라엘의 국시國是. 민주주의라는 보편주의적 가치와 유대 민족 지상주의의 기묘한 결합. 전자의 이념은 수영 200미터 평영이라는 스포츠 경기에 의해 체현되고, 후자의 이념은 입식지에서 유대인의 포크댄스에 의해 체현되고 있다. 민주주의와 유대성이라는 시온주의 국가에서 이 두 가지 이념은 서로를 필요로 하고 있고, 또 서로 의존하고 있기도 하다. 따라서 양자를 내세운 국가 이념이 모순되어 있다고 지적하는 것만으로는 불충분하다. 이스라엘은 특수한 나라로 보이는 일도 있지만 보편적인 것과 특수한 것, 성스러운 것과 속된 것을 구별해서 사용하고 뒤섞는 모습은 오히려 극히 '보통의' 국가다. 그러므로 나는 이스라엘이 얼마나 '보통의' 민주주의 국가와 동떨어져 있는 국가인가 하는 관점을 지키면서도 동시에 국가라는 제도 자체를 질문해나갈 필요성을 강하게 느끼는 것이다.

4장

흔들리는 징병제
- 군대와 여성들

예비역 여대생

어느 날 라켈이라는 이름의 여성이 내게 전화를 했다. 그녀는 귀가 아플 정도로 큰 소리로 이야기했다. 대학에서 일본어를 공부하고 있는데 일본어 회화 시험이 가까워져 연습을 도와달라는 것이었다. 보수는 대학의 학생 지원 조직이 내 구좌로 입금할 것이니 내일이라도 당장 만날 수 없겠느냐고 했다. 다른 사람의 공부를 봐줄 여유 같은 건 없었는데도, 덮어놓고 계속해서 말하는 바람에 거절하지 못하는 내 성격을 탓할 수밖에 없었다.

잘 알려진 대로 이스라엘에서는 징병제가 시행되고 있는데, 남녀 모두 병역의 의무가 있다. 18세부터 남성은 3년간, 여성은 1년 9개월간 군복무를 해야 한다. 대학에 입학하기 전에 병역을 끝내기 때문에 학생의 평균 연령은 비교적 높은 편이다. 병역을 끝내고 일을 하거나 세계를 여행한 다음에 대학에 들어가는 사람도 있다. 이런 몇 가지 이유로 일본 학생들보다 훨씬 어른스러워서 무슨 일이든 자기 생각이 확고한 편이다. 그래서 "이스라엘의 젊은이들은 어른스럽고 독립정신이 강하며 훌륭하다"고 하는, 이스라엘에 호의적인 일본인이 생겨나는 것이다. 하지만 나는 그들을 대하기가 쉽지 않다. 아주 단순하게는, 군대의 논리가 몸에 밴 사람을 두려워한다. 내가 꺼리니 당연히 지인도 늘지 않는다. 친한 사람은 반전운동이나 페미니즘 운동에 참여하고 있는, 넓은 의미로 '좌파' 유대인들뿐이다. 우연한 계기이기는 하지만 라켈의 공부를 도와주는 일은 병역도 마친 '보통의' 유대인 여성과 친해질 기회인지도 모른다.

예상대로 라켈은 대학교 3학년이라고는 하지만 정력적이고 자신감 넘치며 당당한 여성이었다. 그 무렵 자주 낙담하고 있던 나는 역으로 격려를 받았고, 이번만은 막무가내로 밀어붙이는 그녀의 부탁에 응하기를 잘했다고 생각했다.

그렇다. 그녀의 이야기를 들어보자. 병역을 마쳤다고 해서 처음부터 거리를 둘 것이 아니라 일단은 그녀의 인생을 조금이라도 추체험해보는 데서 시작해보자. 그리고 내가 그녀였다면 어떻게 살아왔을까 상상해보자.

라켈의 시험이 끝나고 얼마 지나지 않았을 무렵, 그녀에게 인터뷰를 부탁해보았다. 군대 이야기를 중심으로 듣고 싶다고 생각하면서도 그 말을 꺼내기 망설였는데, 내가 묻지 않았는데도 그 이야기는 바로 나왔다. 그녀들의 군복무 경험은 일상생활의 연장선상에 있고, 인생의 다른 장면에서의 사고방식이나 행동과 떼어놓기 힘들게 결부되어 있다는 사실을 새삼 실감했다.

다음은 그녀가 이야기해준 내용을 가능한 한 그대로 재현한 것이다.

서른 살이에요. 키르야트 앗타[1]의 종교적인 가정에서 나고 자랐어요. 가족은 열두 명이고요. 저는 열 명의 형제자매 중 일곱째죠. 7이라는 숫자[2]는 신비로워서 제가 이걸 알았을 때는 무척 기뻤어요. 알고 있죠? 종교적인 가정에서는 피임을 하지 않고 아이들을 많이 낳아요.[3] 집은 넉넉하지 않았어요. 부모님은 지금 하이파에서 살고 있고요. 아버지는 퇴직하기 전에 하이파의 큰 공장에서 일했고 어머니는 튀니지계[4]인데 주부예요. 그래서 아랍어도 조금은 할 수 있어요.

종교적인 가정의 분위기요? 그다지 말하고 싶지 않네요. 저는 여섯

---

1. 하이파에 가까운 유대인 주택가로 현재의 인구는 약 5만 명이다. 이스라엘 건국 이전에 만들어진 집단농장이 모체다.
2. 하느님은 천지창조를 위해 엿새 동안 일하고 이레째는 쉬었다는 것을 비롯하여 7이라는 숫자를 성스럽게 여기는 것을 보여주는 내용이 『구약성서』에는 많다.
3. 기독교도의 일부와 마찬가지로 유대교의 일부도 "생육하고 번성하여 땅에 충만하라"라는 「창세기」 1장 28절의 유명한 말에 따라 피임이나 중절을 받아들이지 않는다. 아이가 많은 초정통파 유대교도 부부의 아내가 아이의 손을 잡고 남편 또는 큰 아이가 유모차를 밀고 가는 광경은 초정통파가 사는 지역에서는 흔히 보이는 광경이다. 한편 출생률이 높은 초정통파 인구의 비율이 늘어나고 있는 것에 조바심을 내고 있는 세속파 유대인도 많다.
4. 튀니지에도 오래전부터 유대 공동체가 있었는데, 이스라엘이 건국하기 직전에는 10만 명 이상의 유대인이 있었다고 한다. 이스라엘이 건국한 후 서아시아 각국에서 반유대인 감정이 고양되는 바람에 튀니지에 사는 대부분의 유대인이 출국했고, 제3차 중동전쟁 후에는 2만 명으로 감소했다. 그 대부분은 이주처로 프랑스를, 그다음으로는 이스라엘을 택했다.

살 때 이미 자아를 깨닫기 시작해서 어머니와는 다른 인생을 살겠다고 결심했어요. 지금 가족과는 관계가 아주 멀어졌어요. 좀처럼 부모님 집에는 가지 않지요. 페사하(1장을 참조하라) 때도 가지 않아요. 왜냐하면 그보다 지겨운 것도 없거든요. 여자만 음식 준비를 하고 남자들은 빈둥빈둥 놀고 있고, 의식 이외의 시간은 오로지 먹기만 하면서 며칠을 보낸다니까요! 놀러가고 싶다고요? 절대 권할 수 없어요.

저는 3년 전에 이혼했어요. 남편은 무척 잘생겼지만 바보 같았죠(그녀는 책상 위에서 결혼식 때의 사진을 꺼내 보여주었다). 지금보다 풍만하죠? 이혼하고 나서 고생이 끊이지 않았으니까요.

이혼한 후 일본어를 배우려고 결심하고는 대학에 들어가기로 했어요. 이유요? 저는 병역을 마치고 나서 여기저기 키부츠에서 살았는데, 데가냐 키부츠[5]에서 근사한 일본 남성을 만났거든요. 그 사람 이름은 미타카예요. 훌륭한 남자였죠. 저는 식당에서 매니저로 일하고 있었는데 그는 식당 일을 완벽하게 해내고 있었어요. 과묵한 남자였죠. 아무 말도 없이 필요한 일을 다하고, 부족한 것은 하나도 없었어요. 아무도 그에게 뭔가를 요구할 필요를 느끼지 못했어요. 그가 키부츠의 생활을 즐기고 있었는지는 모르겠어요. 왜냐하면 정말 거의 아무 말도 하지 않았으니까요! (웃음) 그래서 저는 일본의 문화와 관습을 이해하고 싶다는 생각을 하게 되었어요.

---

5. 이스라엘 북부 갈릴리 호반의 도시 티베리야 남부에 있는 키부츠. 이스라엘이 건국하기 이전의 팔레스타인 역사를 '이스라엘사'로 편입시키는 시온주의 사관에서는 '이스라엘 최초의 키부츠'라고 한다. 1910년에 입식 활동이 시작되었고 그 후 키부츠의 원형이 되었다고 평가되고 있다.

열여덟 살 때 군대에 갔어요. 종교적인 집안의 아이들은 군대에 가지 않는 것이 보통이지만 바로 위의 언니가 그것을 깨고 군대에 가는 선례를 남겨주었거든요. 어머니는 맹렬히 반대했지만요. 저는 골란고원[6]의 구조병救助兵이 되었어요. 힘들었지요. 아침 7시에 기상해서 밤 10시에 끝날 때도 있고, 그대로 새벽까지 이어지는 일도 있었어요. 휴일은 금요일부터 일요일 아침까지였어요.[7] 외출은 격주로 할 수 있었죠. 집에는 가지 않고 골란고원의 키부츠에 방을 빌려서 살고 있었어요. 카체린[8] 근처예요. 골란은 조용하고 아무것도 없고, 작은 키부츠가 띄엄띄엄 있을 뿐이어서 마치 한적한 농촌에서 지내는 것 같았죠.

골란고원의 멋진 풍경은 잊을 수가 없어요. 겨울에는 추워서 집안에서도 하루 종일 히터를 켜놓고 있었지요. 눈요? 눈은 내리지 않았지만 찬비가 자주 내려서 여기저기 물이 흘러넘쳤어요. 그런데 봄이 되면 갑자기 세상이 온통 녹색으로 변해요. 동물들이 새끼를 낳아서 그 조

6. 시리아와 이스라엘 사이에 위치하는데, 면적은 일본의 오키나와 본섬과 비슷하다. 1967년까지 시리아령이었지만 제3차 중동전쟁 이후 이스라엘에 점령당해 1981년에는 일방적으로 병합되었다. 주민 대다수는 이슬람 소수파인 두르즈파에 속하는데 그들은 시리아에 대한 귀속의식을 갖고 있어서 이스라엘의 신분증명서 취득을 거부하고 있다. 한편 유대인 입식자 약 3만 명이 살고 있다.
7. 안식일을 중심에 놓고 보면 금요일 일몰부터 토요일 일몰까지가 휴일인데, 실제로는 금요일 정오가 지나면 관청이나 상점은 문을 닫고 일요일 아침에 한 주를 시작한다. 병역 중인 젊은이는 금요일이 되면 세탁물 등을 담은 커다란 가방을 들고 집으로 가는 버스를 타는데, 이 모습은 이스라엘에서는 아주 친숙한 광경이다.
8. 골란고원 유대인 커뮤니티의 중심지로 규모가 가장 큰 도시다. 인구는 7,000명이지만 2만 5,000명의 거주를 예상하고 건설되었다. 거주자의 약 30퍼센트는 구소련권에서 새롭게 이주해온 사람들이다.

그만 새끼들이 뛰어다녔지요.

군대 생활은 저에게 굉장히 소중한 경험이었어요. 저는 약간 제멋대로 자랐고, 뭐 지금도 그렇지만 말예요. 하지만 군대 생활은 저를 단련시켜주었지요. 식사는 조리병이 만들었지만 무척 맛이 없었어요. 군대에서 7킬로그램이나 빠졌거든요. 그래도 남성들은 대체로 군대 생활을 하면 살이 찌더라고요. 이것은 자주 듣는 이야기인데, 형편없는 식사에 질려서 쉐켐[9]에서 산 정크푸드를 많이 먹어서 그런 거라고요. 저는 돈이 없던 덕분인지 살이 빠졌나 봐요.

제 임무는 차를 타고 골란고원 각지의 진료소를 돌며 부족한 물자가 없는지 확인하고 보급하거나 부상병의 처치 방법을 지도하는 일이었어요. 예비역 병사의 진료소 담당이었는데 병사들이 늘 교체되어 힘들었어요. 다만 골란고원 전체를 돌아다녔으니까 어디에 가면 맛있는 음식을 살 수 있는지 잘 알고 있어서 (웃음) 잠깐씩 들러 사곤 했지요. 봉지에 든 과자가 아니라 파라펠[10]이나 혼모스[11]를 샀어요. 지금도 그 냄새를 맡으면 자연스럽게 골란고원이 떠올라요. 냄새가 특정한 기억과 연결되어 있는 거지요. (그리고 한동안 음식 이야기가 계속되었다.)

---

9. 군대 매점이다. 기지나 주둔지에 매점이 있고, 일반 소매도 한다. 이스라엘 경제 전체에서 민영화가 확대되고 있는 가운데 1994년 전기 부문이 엘코사에 매수된 것 외에 상품 부문별로 민간 기업과의 제휴가 진행되고 있다.
10. 병아리콩(이집트콩)을 갈아 튀긴 전통 음식이다. 혼모스와 마찬가지로 간편하게 먹을 수 있고 값싼 음식의 대표지만 모두 팔레스타인을 포함한 아랍에서 기원한 음식이다. 그러나 '이스라엘의 음식'으로 소개되는 경우도 많아 흔히 문화적인 찬탈의 예로 언급된다.
11. 아랍 세계에서 가장 대중적인 음식 가운데 하나다. 병아리콩을 삶아 조미한 페이스트다. 히브리어로는 '후무스'라고 발음되지만 아랍어에서 차용한 말이다.

만약 일본에 유학을 갈 수 있다면, 가능한 한 오래 있을 거예요. 그리고 바라는 것은, 이스라엘에 돌아오지 않고 일본에서 일하고 일본인 남성과 결혼하고 싶어요. 기필코 일본의 멋진 남성을 만나서 결혼할 거예요. 그리고 아이도 많이 낳을 거예요!

와아, 전 인생의 큰 꿈을 갖고 있어요!

일본에서는 다이아몬드 파는 일[12]을 하고 싶어요. 예전에 티베리아스[13]의 다이아몬드 쇼룸에서 일한 적이 있어요. 그래서 저는 다이아몬드를 다루는 노하우를 갖고 있거든요. 일본에 다이아몬드를 수출하는 업자가 되어 부자가 되고 싶어요. 그래서 휴가는 남쪽 섬에서 보내는 거죠. 하하하.

아랍인 학생에 대해 어떻게 느끼느냐고요? '어떻게'라는 게 무슨 말이죠? ("흔히 병역을 마친 유대인 학생이 같은 강의를 듣는 아랍인 학생을 어떻게 대해야 좋을지 몰라서 당황스럽다는 이야기를 듣지만"이라고 고쳐 물었다) 전혀 문제를 느끼지 못했어요. 같은 사람이니까요. 아랍인이든 유대인이든 좋은 사람도 있고 나쁜 사람도 있어요. 일본인도 그렇잖아요?

대학에 들어오기 전에 아랍인과의 관계요? (태어난 도시인) 키르야트 앗타에는 아랍인이 살지 않았어요. 하지만 주변 마을에서 물건을 팔러

---

12. 현재 전 세계에서 보석 장식품으로 사용되는 소형 다이아몬드의 약 80퍼센트는 이스라엘제고, 이스라엘에서 일본에 수출되는 대부분의 다이아몬드도 가공 다이아몬드다.
13. 아랍어로는 타바리야. 예수가 호수 위를 걸었다는 기적으로 알려진 갈릴리 호수(티베리아스 호수) 옆에 있는 도시로 현재는 이스라엘에서 유명한 관광지다. 살라후딘(살라딘)이 십자군을 물리치고 예루살렘을 탈환한 '히틴 전투'로 알려진 히틴에도 가까우며, 이슬람·기독교·유대교 각각의 역사에 중요한 장소다. 현재는 유대인의 도시가 되었지만 호반의 구릉에는 쫓겨난 아랍인의 주택이 남아 있고 그 일부는 다시 칠해져서 상점이나 호텔이 되었다.

오기는 했지요. 수박이나 무화과, 선인장 열매 같은 걸요. 가게가 아니라 자동차나 트럭에 싣고 왔어요. 제가 어렸을 때는 당나귀에 싣고 왔었지요.

아랍인 친구요? 대학에 들어와서 처음 사귀었어요.

지금 가장 친한 친구 중 한 명은 기독교도인 아랍인이에요. 우리는 무슬림보다는 기독교도 아랍인과 좀 더 편하게 이야기할 수 있어요. 무슬림은 폐쇄적이고 전통적이지만 기독교도는 서구적이어서 우리들과 가깝거든요.

물론 처음 만났을 때 상대의 종교를 바로 알 수 없어요. 확실히 알 수 있는 것은 베일을 쓴 여자 무슬림인 경우뿐이지요. 그런 건 직접적으로 묻지 않아요. 무척 신중해지지요. 그들(무슬림과 기독교도)은 서로 증오하고 있으니까요. 언제 쉬냐는 말을 주고받았을 때[14] 알게 되는 일이 많아요.

두르즈요? 물론 그들은 전혀 별개지요. 그들은 우리의 일부이고, 군대도 가니까요. 아랍인은 두르즈를 미워하지만요.

"그들은 서로 증오한다." 이스라엘의 유대인이 자주 내뱉는 전형적인 말이다. 실태에 대한 이해에 기초한 말이라기보다는 아랍인들 사이에 균열이나 대립이 생기는 것에 대한 기대 표명으로 받아들이는 게 좋다. 6장에서 잠깐 다뤘지만 무슬림과 기독교도의 대립은 분명히 자

---

14. 이스라엘의 공적인 휴일·축일은 유대교에 근거하여 정해져 있는데, 아랍인 마을이나 도시의 관청이나 학교는 기독교·이슬람 각각의 축일에 근거하여 운영된다.

주 발생한다. 그러나 그 배후에는 지도자층의 이해관계가 물리적으로 얽혀 있거나 그것을 정치적으로 이용하려는 역학관계가 있다. 이스라엘 당국은 바로 그러한 대립을 이용하고 지배에 유리하게 관리하려 하고 있다. 아랍 사회에서 쓸데없는 대립의 도구로써 종교가 이용되는 것을 피하기 위한 다양한 배려는 정치적인 메시지나 이벤트의 선전·운영 방법·사람들의 일상적인 말투 안에서 관찰할 수 있다. 일상적으로 내뱉는 '증오한다'는 말처럼 단순하지 않다.

"아랍인은 두르즈를 싫어한다"는 것도 너무나도 진부한 발언이다. 우선 두르즈가 '아랍'이 아닌 것으로 치부하는 표현인데, 이것이 이스라엘이 두르즈와 다른 아랍을 가르고, '두르즈'를 '아랍'과 다른 범주로 만든다. 그 결과 두르즈는 아랍일 수밖에 없는데도 이스라엘에서는 아랍과는 다른 존재로 지명되고 또 그렇게 지칭되었다.

두르즈는 이슬람에서 갈라져 나온 종파로 거기에 속한 사람들을 가리킨다. 현재 시리아, 레바논, 이스라엘 등에 약 100만 명이 살고 있다. 소수자이기 때문에 각지에 사는 지도자가 공동체의 방어와 유지를 우선시하여 판단하는 일이 많으며, 이스라엘 건국 때 중립적 태도를 유지한 것도 그 한 예다. 그러한 이유로 1956년에는 두르즈 남성을 이스라엘의 군대에 보낼 수 있도록 법 개정이 이루어져 오늘날까지 이어지고 있다. 아랍어를 말할 수 있기 때문에 점령지의 임무를 수행하는 일이 많아 점령지 주민의 직접적인 증오의 대상이 되는 등 대단히 힘든 상황에 처해 있다. 그러한 상황 전체의 심각함이 두르즈 남성 한 사람 한 사람에게 지워져 있는 어려움과 뒤엉켜 이스라엘 유대인의 입에서 그것이 언급될 때의 이 황망함은 뭘까? 이 압도적인 불균형 속에서 바로 이 나라가 유지되고 있는 것이다.

좋든 나쁘든 아랍인과 유대인은 서로 굉장히 많은 영향을 주고받고 있어요. 뭐가 가장 중요하냐고요? 음, 역시 먹을 것이겠지요. 파라펠과 혼모스는 이스라엘에서 가장 대중적인 음식이잖아요. 그리고 히브리어에는 아랍어에서 온 슬랭이 아주 많아요.[15]

(이스라엘 사회에서 아랍인의 영향을 어떻게 생각하느냐는 질문에 대해) 문제는 아주 많지요. 그들은 기회가 있기만 하면 이 나라를 빼앗으려고 해요. 점령지의 아랍인들을 말하는 거냐고요? 아니에요. 이 나라에 있는 아랍인들이 그렇다는 거예요. 물론 그들은 점령지의 아랍인들과 다양한 관계를 맺고 있어요. 친척도 있고요. 그리고 위협적인 것은 그들의 출산율이 아주 높다는 거예요. 기독교도가 아니라 무슬림 말이에요. 평균적인 유대인 가정의 출산율은 두 명 정도예요. 하지만 무슬림은 대여섯 명이거든요. 앞으로 이대로 계속된다면 틀림없이 (이스라엘 인구의) 절반을 넘어서게 될 거예요. 그래서 이 나라의 미래에 대해 저는 비관적이에요.

몇 퍼센트까지라면 아랍 인구를 인정할 수 있겠느냐고요? 지금도 20퍼센트예요. 그리고 점점 늘어나고 있어요. 음, 25퍼센트라면 괜찮

---

15. 아랍어에서 히브리어로 들어온 슬랭은 아주 많은데 자주 들리는 것은 '아하란'(어서오세요), '얏라'('오라'는 의미지만 상대의 동작을 촉구하는 경우에도 쓸 수 있다), '사바바'(훌륭해, 굉장해) 등이 대표적이다.

겠네요. 30퍼센트라도, 으음, 괜찮겠지요. 최대한 인정해도 좋아요. 휴우. 하지만 35퍼센트가 된다면 위험해요. 확실히 말하지만 위험해요.[16]

이 나라의 아랍인이 팔레스타인 사람이라고 자칭하면 저는 화가 나요. 무슨 말을 하는 거예요? 당신은 이스라엘 사람이잖아요, 라고 말하고 싶거든요. 그들이 이스라엘 사람으로, 이 나라 국민의 일원으로 살아간다는 태도를 보여주는 한 저는 그들을 받아들일 거예요. 하지만 팔레스타인 사람들로서는 절대 인정할 수 없어요.

지금의 생활요? 물론 공부하느라 바쁘지요. 그리고 매일 대학 수업이 끝나면 버스를 타고 일하러 가요. 화랑에서 일하고 있거든요. 그 일은 정말 지겨워요! 그리고 밤에는, 보세요. 보시는 대로 산더미 같은 숙제지요. 하지만 그래도 늘 친구들을 만나요. 저는 굉장히 사교적인 사람이거든요. 그리고 주말에는 카페에서 맥주를 마시고 멋진 남자를 찾지요. 저는 만능의 무기를 가지고 있으니까요! 다시 말해 그런 때야말로 저의 섹시함이 최고로 드러나거든요.

그리고 자원봉사도 하고 있어요. 가난한 이민자를 돕는 일이에요. 그

---

16. 이런 노골적인 인종차별적 발언이 보통 사람들의 입에서 아무렇지 않게 나오는 것이 이스라엘이라는 나라의 무서움이다. 건국 직후부터 이스라엘에서는 국내에 남은 아랍인, 특히 무슬림의 출산율이 높기 때문에 그들이 전체 인구 중에서 차지하는 비율이 늘어나는 것을 걱정하여 대책을 논의했다. 현재 인구 문제의 선봉에 선 사람으로 유명한 사람은, 하이파대학교의 지리학 교수로 국가안정연구센터에 소속된 아르논 소펠이다. 「이스라엘 인구학 2000~2020년」이라는 소책자에는 2020년이 되면 이스라엘의 유대인 인구 비율이 64퍼센트까지 줄 것이고, 점령지를 포함하면 40퍼센트가 될 거라고 기록되어 있다. 그리고 가능한 한 팔레스타인·아랍의 인구 밀도가 높은 지역만을 팔레스타인 측에 반환하자는 제안이 들어 있다. 이러한 발언은 텔레비전이나 라디오 등에서도 흘러나오고 있는데 그것이 문제되는 일은 없다.

사람들이 사는 집을 보면 할 말을 잃게 되죠. 제가 사랑하는 조국에 이런 유대인 가정이 있다니, 부끄럽기도 하고 괴롭기도 해요. 그럴 때는 이곳이 내 조국인가? 아, 얼마나 한심한가, 하는 생각을 해요.

저는 여성 문제에 관심이 많아요. 배우자한테 폭력을 당하고 있는 여성들의 문제 말이에요. 이 문제라면 몇 시간 동안 이야기할 수 있어요. 저는 약한 사람을 지나칠 수 없거든요. 실은 일본에서도 그런 일을 하고 싶어요. 하지만 유학 신청서에 그런 내용을 쓰면 받아주지 않겠죠? 그래서 평범하게 일본어와 관련된 주제로 정리할 생각을 하고 있어요.

군대에 가는 사람과
가지 않는 사람

봄이 가까이 왔음을 느끼게 해주기는 해도 여전히 쌀쌀한 2월의 어느 날, 나는 수수한 스웨터에 머플러까지 두른 차림으로 대학 캠퍼스에서 처음으로 라켈과 만났다. 나를 알아보고 다가온 그녀는 웃옷을 손에 들고 민소매 차림에다 선글라스를 끼고 있었다. 이 사람, 대체 여름에는 어떤 옷을 입을까? 잔디밭의 벤치에 앉은 뒤 나는 그녀의 페이스에 말려들어 벗어나지 못했다.

그녀는 씩씩하고 자신감에 넘쳤으며 자신에 대한 믿음이 강했다. 만날 때마다 늘 그녀의 이러한 자질에 눈을 빼앗겼다. 그리고 용건이 끝나면 "자, 오늘은 할 일이 많아요. 그럼 잘 가요"라고 말하면서 책을 안고 작별 키스를 하는가 싶더니 어느새 저만큼 가고 있다. 인터뷰를 한 날, 여느 때처럼 홀로 남겨진 나는 그녀에 대한 호감과 혐오감을 확실히 느끼면서 잠시 멍하니 서 있었다.

내가 만약 이 나라의 유대인으로 태어났다면? 나도 당연한 듯 군대에 가고 병역을 마친 뒤 대학생이 되어 이 잔디밭 위에 벌렁 누워 있는 학생들처럼 배꼽을 드러낸 차림으로 캠퍼스 안을 활보하고 있을까? 이곳에 있는, 군복무를 마친 유대인 학생을 나와 완전히 동떨어진 존재로 멀리서 바라보는 것만으로는 성이 차지 않는다고 그때 느꼈다.

라켈처럼 종교적인 가정에서 나고 자라 전업주부인 어머니의 삶에 반발심을 가지고 오로지 자유를 동경하고만 있었다면, 징병 연령이 되어 군대에 가는 것은 가정의 속박에서 벗어날 수 있는 절호의 기회일 것이다. 그 마음은 나도 충분히 이해한다. 지금까지 군대에서 여성이 맡은 임무는, 특수한 경우를 제외하면 의료·통신·정보·교육 등 비전투 부문에 한정되기 때문에 군대에 들어가는 것에 대한 심리적 장벽은 남성에 비하면 상당히 낮을 것이다. 이스라엘 사회에서 나고 자라 병역을 거부하는 등의 생각을 하는 사람은, 타고난 개성이나 주위 환경에서 상당히 혜택 받은 사람일 것이다. 내 경우에도 가령 이스라엘 사람으로 태어났다면 빤한 선택을 했을 가능성은 충분하다. 아니, 틀림없이 군대에 가지 않았을까?

그것을 인정한 상태에서 생각해본다. 그렇다고 해서 그녀에게 공감할 수 있는 것은 아니다. 괜찮은 외모에 자립심 강한 성인인 라켈이 아랍인에 대해서는 흔해 빠진 편견에 머물러 있다는 데는 질리고 말았다. 열여덟 살의 젊은이가 눈앞의 생각이나 그 시점에서 그릴 수 있는 미래상을 눈여겨보며 군대에 가는 것은 어쩔 수 없는 일일 것이다. 그러나 서른 살이나 되는 어른이 가진 가치관은 상당 부분 본인에게 책임이 있고, 이스라엘의 '세뇌 교육과 편향된 매스컴' 탓으로만 돌릴 수는 없을 것이다. 물론 사람은 살아 있는 한 언제든 변할 수 있다.

이스라엘의 유대인으로부터 병역에 대해 듣게 되는 이야기는, 그것이 자기들 공통의 정체성 형성에 얼마나 도움이 되는가 하는 것이다. 어느 날 나에게 간결하고 아름다운 교과서적 설명을 해준 사람은, 어머니가 모로코계라는 젊은 남성 댄서였다. "유럽, 아프리카, 서아시아, 남북아메리카 등 세계 여기저기서 찾아온 다른 민족성을 지닌 유대인들이 군대 안에서 이스라엘 사람이 되는 겁니다. 같은 장소에서 자고 일어나며 같은 것을 먹고, 그곳에서 비로소 이스라엘인으로 자각하게 되는 거지요. 이스라엘은 하나의 커다란 집이고, 이스라엘 사람은 하나의 커다란 가족입니다. 그러므로 공적인 장소에서도 옷을 아무렇게나 입을 수 있고 모르는 사람에게도 겁내지 않고 말을 걸 수 있는 겁니다. 집안에서 조심성 있게 행동하는 사람은 없으니까요." 아프리카 등 '후진적인' 지역에서 찾아온 이민자나 그 2세도 군대 안에서 위생 관리나 규칙 바른 생활 습관을 배우고 나면 서구 지향의 이스라엘 사회에 적응해간다. 히브리어를 할 수 있는 능력도 군생활을 통해 단숨에 향상되는 한편 아랍을 적대시하는 관점도 그 안에서 철저하게 교육받는다.

유대인이 서로 다른 민족성을 지니면서도 공통의 가치관을 익히고 '이스라엘 사람이 된다'는 말을 할 때 이스라엘의 아랍인이라는 존재는 무시된다. 이스라엘 국적을 가진다는 의미에서는 이스라엘인이라고 해도 그들이 군대에 가지 않는 한 병역을 통해 '국민화'되는 '이스라엘 사람'이 될 수는 없는 것이다. 라켈은 이스라엘의 아랍인이 "이스라엘 사람으로 살아간다는 자세를 보여주는 한" 그들을 받아들인다고 했는데, 현실적으로 그들은 '이스라엘 사람'이 되고 싶어도 될 수가 없다. 그것은 그들의 문제가 아니라 서아시아 지역의 한 구석에 위치를 정했으면서도 이 지역 사람들의 관계를 분열시키고 그것에 편승해 나라를 만들어버린 이스라엘이라는 나라가 가지는 존재 방식의 문제다.

한편 누가 봐도 부족함 없는 유대인(유대교도)이면서도 군대에 가지 않는 사람들이 있다. 라켈도 이야기했던 유대교 초정통파(하레딤 Haredim)인데, 그들은 일반적으로 군대에 가야 할 나이가 될 무렵 '예시바yeshiva'라 불리는 유대교 전문교육 시설에 다닌다. 이스라엘 건국 당시 정부는 그들의 병역 면제를 인정해주었다. 그들은 애초에 이스라엘은 하느님의 힘에 의해서만 성취할 수 있다고 생각하기 때문에 인간의 힘으로 유대인 국가를 만들려는 시온주의와는 양립할 수 없다. 이를 불공평하다고 생각하는 일반 유대계 이스라엘 사람들의 불만을 잘 이용한 것이 시누이당[17]이다.

그들의 병역 면제가 불공평하다고 생각하는 세속파와 병역 면제의 특권을 유지하고자 하는 정통파가 타협해 성립한 것이 '타르법'이다. 그때까지 법적인 지위를 부여받지 못했던 예시바 학생의 병역 면제를 법적으로 규정한 것이다. 그대로 유대교 연구를 계속할 의사가 있는 사람에 대해서는 병역 면제를 보증하면서 동시에 일반적인 직업에 종사할 의사를 가진 사람에 대해서는 4개월이라는 최소 기간의 병역과 예비역, 그리고 1년간의 무급 민간봉사 중에서 선택하도록 하는 것이다. 이 법의 재검토 기간인 3년이 지난 2005년에는 오히려 병역 면제자의 수가 증가한 것으로 보고되어, 이 법이 초정통파 젊은이들을 군대에 보내는 데는 공헌하지 못했다는 것이 밝혀졌다.[18]

그리고 상습 마약사범, 정신병자, 장애인 등에 대해서도 병역이 면제되지만, 가벼운 장애를 가진 사람이 병역 면제를 취소해달라고 탄원서를 제출했다는 기사를 종종 보게 된다. 이스라엘에서 병역은 '의무'이자 '권리'이며, 군대에 가지 않는다는 것은 사회의 비주류로 살아간다는 것을 의미하기 때문이다.[19] 병역의 '권리'를 요구할 때 지원자는 군대에 가는 것의 장점을 당연히 의식할 테지만, 겉으로는 "국가를 지

---

17. 시누이는 '변혁'을 의미한다. 스스로 중도 자유주의파라고 하면서 자유주의 경제, 민영화 촉진을 호소하는 한편 종교에 구속되지 않는 세속혼世俗婚, 샤바트Shabbath (안식일, 8장 주석 5번 참조) 때 교통이나 오락시설의 운영 등을 내세우며 정교 분리를 추진하려 하고 있다(그러나 이스라엘의 '유대적인 성격'을 손상시키는 것은 아니라고 한다). 세속적인 경제인이나 지식인을 지지층으로 하여 1970년대 후반에 결성되었고 좌파 연합 메레츠에 속했다. 1999년 국회선거에서 초정통파를 격렬하게 공격하면서 여섯 의석을 획득했고, 2003년 선거에서는 열다섯 석까지 늘렸으나 2006년 선거에서는 참패했다.

18. 예시바 학생의 병역 면제에 대해서는 국민 내부의 불공평을 법적으로 보장했다는 비판이 있고, 시누이를 중심으로 하는 위원회는 이 법이 이스라엘의 기본법인 '인권의 자유와 존경'을 위반했다고 호소했다. 그러나 2007년 이스라엘 국회는 이 법을 5년간 연장하기로 결정했다.

19. 이스라엘의 신문에 실린 구인광고를 보면 대체로 구인 조건에 '병역필'이라고 쓰여 있는 것이 눈에 띈다. 다시 말해 병역을 마치는 것이 응모자의 조건인 것이다. 이것은 실제로 군대에 가지 않은 사람을 배제하기 위한다기보다 제도적으로 병역에서 배제되어 있는 아랍인을 (인종차별이라는 비판을 받지 않고) 고용하지 않기 위한 방책이다.

키는 일원이 되고 싶다"는 틀에 박힌 표현을 사용하는 경우가 많다.

그렇다면 미리 병역 면제의 대상이 된 계층이 아니라 병역 적격자가 군대에 가지 않을 때는 어떤 일이 벌어질까?

병역은 18세에 갑자기 시작되는 것이 아니다. 16세에서 17세가 되면 병역 준비 통지서가 발부되고, 건강 진단이나 적성검사를 받아야 한다. 즉 고등학생은 이미 병역 준비 기간에 있는 셈이다. 건강진단서를 제출하지 않으면 경고장이 날아들고, 그것을 무시해버리면 최종적으로는 가택수사를 통해 본인을 체포한다. 제2차 인티파다가 시작된 후인 2001년 고등학생 62명이 「병역거부선언문」을 작성하여 서명과 함께 수상에게 보냈다. 서명자의 수는 해마다 늘어나는데, 그들은 자신을 둘러싼 병역 준비가 진행되고 있는 현실 속에서 거부의 소리를 내는 것이다.[20]

이스라엘군의 점령 정책에 대한 비판을 병역 거부의 이유로 드는 남자 고등학생의 경우 수십 일 동안 군대 형무소에 수용되는데, 그것이 몇 차례 반복되는 일도 있다. 반전운동의 지원을 바라고 있고 매스컴에서도 어느 정도 주목을 받는 것이 이러한 경우인데, 실제로는 더 다양한 유형의 병역 거부자가 존재한다. 집단생활이나 규율이 견디기 힘들다거나 그저 싫다거나 또는 전혀 할 마음이 일지 않는다는 일반적인 이유다. 명확한 의사에 따라 거부하면 징역형을 받는데, 연줄을 이

---

20. 네타냐후 집안은 우파 강경파인 전 수상뿐 아니라 군의 영웅을 배출해온 것으로 유명하다. 2003년 베냐민 네타냐후 수상의 조카 벤 아르치가 병역 거부를 선언하고 수감되어 매스컴에 화제가 된 일은 오랫동안 터부시된 양심적 병역 거부를 표면화시킨 계기가 되었다.

용해 의사에게 가벼운 정신장애 진단서를 받는 일까지 무릅쓰는 경우도 있는 듯하다. 이런 사람들이 늘어나는 것에 대해서는 물질적으로 풍요로워지고 개인주의가 확대되었기 때문이라는 설명이 많다.

병역을 거부하는 것은 성별에 따라 어렵기도 하고 쉽기도 하다. 여성이 '양심에 기초하여' 군대에 가지 않겠다고 선언하는 경우 군 당국은 정식으로 이를 인정한다. 군 내부에 심사를 하는 위원회가 있는데, 거부 이유가 정당하고 거짓이 없다는 것이 인정되면 그녀들은 병역 면제 자격을 얻을 수 있다. 군은 군대에 가지 않는 여성들의 숫자를 공표하고 싶어 하지 않지만, 그 수는 해마다 늘고 있고 현재는 40퍼센트에 달하고 있다는 기사를 본 적이 있다. 초정통파에 속한 사람이나 장애를 가진 경우, 기혼자 및 아이가 있는 여성의 경우 등 처음부터 병역이 면제되는 사람들을 대체로 15~25퍼센트로 어림잡는다면, 병역 해당 연령에 이른 여성의 약 20~25퍼센트는 양심적인 병역 거부에 의해 면제를 받고 있다는 이야기가 된다.

그러나 이 양심적인 병역 거부라는 것이 실제로 어떤 것까지 포함하는지는 분명하지 않다. 일반적으로 종교적인 이유라고 설명되고 있지만 그것은 표면상의 이유일 뿐이다. 명시화된 내용이 퍼져나간다면 그것에 따른 병역 거부가 늘어나기 때문에 조건을 일부러 모호하게 하는 것이다. 이민흡수성移民吸收省이 이민자에게 병역의 의무를 알리기 위해 만든 문서에는 병역 면제에 대해 다음과 같이 규정되어 있다.[21] 일반 여성이 병역을 면제받는 경우에 준하고 있다고 생각해도 좋을 것이다.

"여성은 종교적 양심, 결혼, 임신이나 육아를 이유로 하는 경우 병역을 면제받을 수 있다. 종교적 배경에 기초하여 면제를 받는 것은 다음과 같은 조건의 경우다. 첫째, 양심 또는 종교에 기초한 생활양식을 이유로 군복무를 수행하는 것이 불가능하다는 것을 선고하고 그것에 따라 면제위원회의 승인을 얻은 자. 둘째, 가정 내외에서 카샤룻kashrut을 지키고 있는 자.[22] 셋째, 샤바트(안식일)에 여행을 하지 않는 자."[23]

'종교에 기초하는 생활양식'이라는 규정 자체는 명쾌하지만 그것을 뒷받침하기는 어렵다. 하물며 각자의 '양심'이 무엇에서 유래하는지는 결국 각 사람들의 마음속 문제다. 종교와는 관계없이 자신의 뜻에 따라 병역을 거부하는 사람이 이유를 속이고 면제를 받기 유리한 대답을 하여 성공하는 것은 어렵기는 해도 불가능한 일은 아니다. 유감스럽게도 확실한 숫자는 알 수 없지만 그런 사람이 적잖이 존재한다는 것은 확실하다.

21. 영어로 볼 수 있는 이민흡수성의 사이트는 다음과 같다. http://www.moia.gov.il/Moia_en
22. 유대교의 식이 규정을 말하며 「레위기」 11장에 기초하여 먹어도 좋다는 식물이 상세하게 규정되어 있다. 카샤룻을 지키고 있는지 아닌지가 그 사람의 신앙에 관한 사회적 지표로 기능하는 경우가 많다. 식품에 관한 구체적인 예는 5장 주석 10을 참조하라.
23. 「창세기」에 천지창조 일곱째 날에 하느님이 쉬었다고 기록되어 있는 데서 토요일이 유대교의 안식일이 되었고, 그날은 노동이 금지되어 있다. 단지 신체를 쉬게 하는 날이 아니라 '신성한 날'이며 금품 거래나 기계 조작, 불의 사용 등도 금지되어 있기 때문에, 특히 군대에서의 운전은 기피되고 공공의 교통 기관도 정지된다. 카샤룻과 마찬가지로 신앙에 관한 사회적 지표로 기능하고 있지만 개인의 선택인 식이 규정에 비해 공적인 일이 많기 때문에 정치적으로 받아들여지는 경향이 크다.

앞에서 언급한 라켈과는 달리 조용하고 눈에 띄지 않는 성격의 야아르도 그랬다. 우연히 버스에서 이야기를 하다 친해진 그녀와는 역시 몇 번인가 대학 잔디밭에서 이야기를 나눴다. 그런데 어느 날 우연히 그녀가 군대에 가지 않았다는 사실을 알게 되었다. 나는 자세한 이야기를 들으려 했고 그녀 화제를 피하고 싶어 하는 것 같았다. "저한테는 그런 곳(군대)이 맞지 않아요. 집을 떠나고 싶지도 않았고, 빨리 대학에서 공부하고 싶었어요"라고만 이야기했다. 병역을 마친 동급생보다 나이가 어리기 때문에 군대에 가지 않았다는 사실이 알려지는 게 싫어서 누가 나이를 물어보면 몇 살 높여서 이야기하는 일도 있다고 한다. 반군이나 반전이라는 명확한 사상이나 신념에 따른 병역 거부 같지는 않지만, 어쨌든 "군대에 가는 것이 싫다"는 마음을 관철했던 것이다. 그녀의 아버지는 러시아에서 이주해와 이스라엘에서 결혼한 사람으로, 문학이나 사상 문제에 대해 자주 이야기를 나누었다고 한다. 방문할 기회는 없었지만 가족들 사이에 신뢰 관계가 구축된 자유로운 분위기를 상상할 수 있었다.

종교적인 가정에서 태어나 어머니의 삶의 방식에 반발하여 자립을 바라고 군대에 간 라켈, 그리고 자유로운 부모의 집에서 떠나는 것이 싫어 병역을 거부한 야아르. 도식적인 정리지만 두 사람의 선택을 비교하면 인간의 '자립'과 '자유'에 대한 근본적인 의문이 고개를 들기 시작한다.

여성의 병역 거부가 남성의 경우에 비해 두드러지는 것은 군대에서 여성이 차지하는 위치가 낮기 때문이다. 여성은 전투 분과에 배치되지 않기 때문에 군대 안에서 여성의 지위는 높지 않고 병역을 거부한다 해도 큰 위협이 되지 않는다. 한편 병역 거부자는 야아르처럼 그것을 감추는 경향이 있을 것이다. 그 때문에 여성의 경우는 병역 거부를 쉽게 할 수 있다는 정보가 널리 퍼지지 않는다. 사회로부터 전면적인 비난의 표적이 되지 않고도 심사위원회 앞에서 끝까지 버티기만 하면 병역을 면제 받을 수 있다는 사실을 알지 못하거나 막연히 알고 있기는 해도 구체적인 의사 표시 방법에 대한 정보를 입수하기가 어려운 것이 사실인 듯하다. 면접관의 위압적인 태도에 굴복하여 심사 신청을 취소해버리는 경우도 많다고 한다.

정보가 널리 퍼지지 않는다는 점에 대해서는 쓰디쓴 기억이 있다. 유대인 남편을 둔 일본인 여성 A와 딱 한 번 만났는데, 그때 그녀의 딸(고등학생)이 군대에 가게 될 거라는 이야기가 나왔다. "머리가 상당히 좋다거나 특수한 재능을 가진 아이가 아닌 이상, 군대에 가지 않을 방법은 없어요. 이 나라에서 사는 한 어쩔 수 없거든요. 남자아이라면 큰일이지만 여자라면 뭐, 걸스카우트 같은 곳이니까 단련도 할 수 있고 괜찮지 않을까요? 그건 그렇다 치더라도 남자아이를 가진 부모는 참 안됐어요." 이것이 A의 말이었다. 내심 놀랐지만 확신에 찬 어투로 말하는 그녀 앞에서 나는 아무 말도 할 수 없었다. 처음으로 만난 사람과 개인적인 이야기를 나누는 것에 대한 망설임도 있었다. 또한 그때는 병역을 거부하는 여성이 이 정도로 많아졌다는 것을 나 자신도 잘 알지 못했던 것이다. 그건 그렇다고 해도 한 사람의 일생을 좌우하는 중대사가 이렇게 모호하고 제한된 정보 안에서 진행되어 버리다니 이 얼마나 오싹한 이야기인가.

틀을 깨는 '지원자'

이스라엘군의 점령 정책에서 충격적인 사건은 젊은이들의 병역 거부가 아니라 실전 경험을 쌓은 엘리트 예비역 병사의 병역 거부였다. 제2차 인티파다가 시작된 후 약 1,000명의 예비역 병사가 실전 부대나 점령지에서의 병역을 수행하지 않겠다고 선언하고, 약 50명이 징역형을 받았던 것이다.[24] 현재의 점령 정책을 지속하는 것은 이스라엘에 이점이 없다는 전략적 관점에서 반대하는 목소리가 압도적이었지만 점령지 팔레스타인 사람들을 직접 죽이는 상황에 간여하고 싶지 않다는 생각을 가진 사람도 약간 있었는데, 양자의 견해는 상당히 달랐다. 점령지에서의 임무를 거부하는 선택적 병역 거부자의 경우, 우리야말로 '진정한 애국자'이며 올바른 행동을 하고 있다고 말하고 있는 듯하다. 그들은 군사력에 의존하는 이스라엘의 존재 방식 자체를 바꿔나가려 하지도 않고 이스라엘 사회의 존재 방식을 근본적으로 묻는 것도 아니다. 그러나 이러한 태도에서 나오는 목소리가 일반적인 공감을 얻기가 더 쉽고 정책에 대한 영향력도 크다.

그러나 여기서는 이스라엘 국방군의 존재 방식이 크게 바뀌고 있는 전체적인 방향에 주목하고자 한다. 병역 연령에 해당하는 젊은이들

---

24. 일본어로 읽을 수 있는 참고문헌으로는 『이스라엘 병역 거부자로부터 온 편지イスラエル兵役拒否者からの手紙』(ペレツ・ギドロン編著, 田中好子譯, NHK出版, 2003)가 있다.

의 입대 비율이 낮아지고 있다는 것은 이미 공공연한 사실이다. 이스라엘의 존재 방식에 대한 명확한 비판으로 병역 거부를 하는 것에 대한 공격은 여전히 강하지만 개인주의적인 경향의 확대나 입대하지 않고 일찌감치 직업적인 경력을 쌓고자 하는 지향은, 마지못해서이긴 하지만 묵인되기 시작하는 것 같다. 군대는 국민 정체성의 근간이고 실제로 군대에 가지 않는 사람이 상당수 존재하고 있다고 해도 18세가 되면 남녀 모두 징병된다. 그러한 '국민군'인 이스라엘 국방군의 성격이 명실 공히 크게 변하고 있는 것이다. 그에 대한 대책으로 지

이스라엘의 여배우, 모델, 가수이며 젊은이들에게 인기 있는 아감 루드버그Agam Rudberg(1986년생). 2005년에 입대하여 위안공연 부대에 배속되었다. 예능계 등에서 화려한 경력을 쌓은 이스라엘의 18세는 병역이 유예되는 일이 있기 때문에 불공평하다는 주장이 자주 제기가 되는데, 아감은 "이스라엘 시민으로서 당연한 의무"라는 말을 해서 화제가 되었다. 1990년대는 남성 록가수 아비브 게펜(1973년생)이 병역을 거부하고, 오슬로협정 후 평화 과정을 지지하는 가수들과 공동 앨범을 만들어 좌파의 지지를 얻었지만 현재 그 시기는 과거의 예외적인 한때로 받아들여지고 있다.

금까지는 군대에 가지 않는 층에서 지원자가 있으면 입대를 허락하는 방향으로 진행되고 있다. 나중에 보겠지만, 여성 병사를 전투 분야에 더욱 적극적으로 편입하는 것은 그런 흐름의 일부로 자리를 잡게 될 것이다.

자원 입대자를 늘리는 것으로 정리하는 것은 초정통파에게는 명쾌한 해결책이다. 또한 지금까지 30세가 넘어 이스라엘에 온 경우는 병역이 면제되었지만, 희망이 있고 적성만 맞는다면 더 나이가 많더라도

예비역으로 받아들이는 것을 검토하고 있는 모양이다.

아랍인의 지원은 특히 다루기 힘든 문제다. 병역에 대한 무슬림이나 기독교도의 태도는 다양하다. 입대한 두르즈나 베두인[25]에 대한 멸시의 감정을 드러내는 사람이 많지만, 한편으로는 자신들에게는 입대할 기회가 없다는 불만도 있다. 이스라엘에 봉사하고 싶어서가 아니라 아랍의 거의 모든 나라들도 징병제를 실시하고 있기 때문에 남성이라면 한 번은 맛보게 되는 군대 경험에 이스라엘의 아랍인만이 제외되어 있다는 것이 분하다는 소리도 들린다. 물론 그들에게 가장 큰 문제는 군대에 가지 않기 때문에 직업 선택에 제한이 있다는 현실이다. 이스라엘 사회에서 군대에 가지 않는 것이 얼마나 불리한지를 알기 때문에 병역을 지원하는 아랍인이 조금씩 늘어나고 있다. 스스로 지원하면 받아들여지는 경우가 많지만 가족이나 주변 사람들의 반대나 반발도 족쇄다. 징병제가 제도로 자리잡으면 주변의 눈치를 보지 않고 당당하게 입대할 수 있다는 것이다. 그러한 의견에 반대하는 사람들도 병역이나 군대의 존재에 절대적으로 반대한다는 것은 아니다. "아랍 여러 나라와의 관계가 지금과 같은 상태인 채 자신들이 입대하는 것은 거북하다. 아랍의 형제들과 적대 관계에 놓이게 된다. 그러나 이스라엘

---

25. 두르즈 남성의 병역은 법적 의무로 규정되어 있다. 한편 베두인의 경우 그러한 법은 존재하지 않지만 대부분의 경우 지원이라는 형태로 군대에 간다. 특히 7장에서 소개하는 북부 갈릴리 지방에 사는 베두인은 그 비율이 무척 높다고 한다. 그 배후에는 이스라엘에 봉사함으로써 조금이라도 좋은 대우를 받을 수 있다는 기대감이 있는데, 남부의 네게브사막에 사는 베두인은 여전히 빈궁한 상황이며 최근 수년 동안 지원율이 감소하고 있다는 보고도 있다. 베두인에 대해서는 7장 주석 1과 12를 참조하라.

과 아랍의 여러 나라들 사이에 평화가 성립한다면 군대에 가지 않아도 될 것이다."

한편 군대에 간 두르즈나 베두인이 있다. 그들에게는 내가 먼저 이 문제를 꺼내기가 힘들다. 그래서 상대가 화제로 삼았을 때만 이야기를 듣기로 하고 있다. 어떤 베두인 남성은 이렇게 말한다. "땅이 없는 베두인은 군대에 가지 않는 한 미래가 없어요. 이스라엘을 위해 일하고 싶은 것이 아니라 자신들의 생활을 지키기 위해 군대에 가는 겁니다. 그것이 가족에 대한 책임이거든요."

여성과 군대의 관계로 이야기를 돌려보자. 여성을 전투 분야로 돌리는 것은, 현상적으로는 여자 쪽에서 '군대 내 남녀평등'을 요구하는 목소리가 있었기 때문이다. 이스라엘에서는 국가 건설 당시 인재도 부족했기 때문에 수많은 여성이 전투에 참가했고, 그것에 얽힌 이야기는 지금도 전설로 전해지고 있다. 그러나 1970년대에 들어 공식적인 방침으로 전투 분야에서 여성을 배제해나가는 쪽으로 진행되었다. 여성 병사를 감싸는 남성 병사의 존재 등 여성이 존재함으로써 남성이 '약해지는' 문제가 발생했기 때문이라고 한다. 한편 '헨'이라 불리는 여성 부대는 건국 후 계속해서 존재했는데 여성다움을 살리고 강조하는 방향에서 교육을 받았고, 그 적성이 이용되었다.

남아프리카공화국에서 온 이민자이며 민간 항공조종사 자격을 갖고 있는 앨리스 밀러가 1995년에 고등재판소에 고소장을 제출한 일이 있었는데, 이 일은 최근 군대 내 남녀평등을 둘러싼 논의에 획기적인 역할을 했다고 자주 언급되고 있다. 밀러는 여성이라는 이유로 공군 조종사 양성 과정 입학시험을 볼 자격을 인정받지 못했다며 소송을 제기했다. 몇 개의 여성 조직이 그녀를 지원했고 재판소는 그녀의 주장을 받아들였다. 밀러 자신은 입학시험에 합격하지 못했지만 그녀가 마련한 기회를 통해 같은 시기에 일곱 명의 여성이 합격했다(다만 이때의 합격자 중에서 최종적으로 조종사 시험에 합격하여 조종사가 된 여성은 없었다). 그 당시에는 '엘리트·전투적 여성'의 돌발 행동으로 비치기만 했을지도 모른다. 그러나 2001년 여성 부대 '헨'은 해체되었고, 여성은 남성과 같은 부대 안에서 임무를 수행한다는 지침이 확실히 자리잡았다. 1998년 이스라엘 국방군 참모총장에 임명된 샤울 모파즈Shaul Mofaz[26]는 새로운 자리에 여성이 참여할 기회를 확대할 것임을 거듭 강조했다.

한쪽에서는 남녀가 공동으로 참여하는 흐름이 전 세계적인 흐름이 되었고, 여성을 전투 분야에 투입하거나 그것을 인정하는 경향은 세계 여기저기에서 보인다. 각 사회의 고유한 특성이 있다고 해도 전 세계에서 동시에 진행되고 있는 흐름이 각 지역의 경향을 추동하고 있고, 지금은 그것이 글로벌한 흐름을 타고 더욱 가속화하고 있다.

군대에 가는 여성만이 문제가 아니라고 깨달은 것은, 우연히 어느 젊은 두르즈 여성과 이야기를 나누었을 때였다. 스무 살인 그녀는 같은 두르즈 남성과 약혼을 했는데[27] 상대는 30대의 직업군인이라고 한다. 앞으로 45세에 제대하면 연금을 받으며 한가하게 생활할 수 있다.

---

26. 1948년 테헤란에서 태어났다. 1957년 이민자로 이스라엘로 와서 이스라엘 국방군의 16대 참모총장이 되었다.

물론 그것은 그녀의 장래 계획에 빈틈없이 맞춰진 것이었다. 스무 살이라는 나이에 그녀가 그런 인생을 설계하고 있다는 것에 나는 충격을 받았다. 라켈이라면 간신히 병역을 마쳤을 나이이다. 자유를 얻으려고 발버둥을 치며 스스로 군대에 간 라켈과 군인과 결혼함으로써 안정된 생활을 얻으려고 하는 이 여성. 다시 비교하게 되지만, 그 두 사람의 생활방식을 머릿속에 늘어놓으니 마음이 무거워졌다. 어쨌든 이런 선택지밖에 없는 인생이 싫었다.

유대인과 달리 두르즈인의 경우 남성만 군대에 간다. 그러나 생각해보면 군대에 간 남성이 가족에 가져다주는 특권은 여성도 향유하는 것이다. 본인이 군대에 가지 않아도 이러한 형태로 이스라엘군과 관련을 맺게 되고 거기에서 이익을 얻는다. 본인이 군대에 갔는가 안 갔는가 하는 것만이 문제는 아니다. 또 바로 그렇기 때문에 두르즈 남성이 병역을 거부하는 데는 이중의 어려움이 있는 것이다.

군대에 가는 다수자와 군대에 가지 않는 소수자. 전체적으로 이스라엘 군대는 성별이나 민족, 종파의 구별, 이스라엘 출신과 이민자 사이에 있는 틀을 깨고 지원하기만 한다면 지금까지 군대에 가지 않았던 집단도 병역에 편입되는 방향으로 나아가고 있다. 남녀의 차별도 이전만큼 명확하지 않아졌고, 남녀 모두 병역을 거부하는 사람이 확실히

---

27. 서아시아에서는 일반적으로 결혼은 개인의 일이 아니라 가족을 비롯한 공동체의 의사가 강하게 관여한 사회적 일이며, 사회를 유지하는 기능이 강한 측면이 있다. 두르즈의 경우 소수파로서 공동체를 유지할 필요성에서 비두르즈인과의 결혼을 원칙적으로 허용하지 않고, 비두르즈인과 결혼한 사람은 두르즈 공동체로부터 배제되는 것이 보통이다. 여성의 경우가 특히 그러한데, 남성의 경우는 상대의 개종을 전제로 결혼이 인정되는 일이 있다.

늘어나고 있는 한편 실전에 참가하려는 여성도 늘어나고 있다.

성공을 지향하는 몇몇 사람들이 자신이 속한 집단에 구애받지 않고, 혹은 자신이 속한 집단의 규범에 반하는 형태로 사회 전체의 주류에 적극적으로 몸을 던진다는 것은 어느 사회에서나 볼 수 있는 흔한 일이다.

후방 지원과 실전의 차이는 확실히 크다. 다만 자신이 전방에서 활약할 수 있는지 아닌지는 자신의 타고난 신체적인 개성의 차이에도 크게 의존한다. 자신이 활약할 수 있는 장이 전투 분야인지 비전투 분야인지를 불문하고 주어진 곳에서 '열심히 하는' 것에 가치를 부여받는다는 점에서는 어느 쪽이나 같다.

라켈의 친구로 프랑스어를 잘한다는 이유로 정보 관련 부서에 배속되었다는 여성으로부터 잠깐 이야기를 들은 적이 있다. "군대는 저 자신에 대한 신뢰감을 주었어요. 무슨 일이든지 하면 된다는 자신감을 얻을 수 있었거든요. 그것은 대학원에서 연구를 계속하고 있는 지금의 자신에게도 많은 도움이 되고 있어요." 틀에 박힌 발언이지만 바로 여기에 여성 병역을 생각하는 열쇠가 있는 게 아닐까? 인생의 경력을 쌓는 첫 단추인 병역을 긍정적으로 받아들이는 담론 특유의 저항하기 힘든 설득력이다. 살아가기 위한 기초적인 훈련을 할 수 있는 곳, 자신을 단련하고 성장시킬 수 있는 절호의 기회, 다들 그것을 거쳐 어른이 된다는 식의 이야기가 넘쳐난다. 싫다거나 불안하다는 느낌만으로 군대에 가지 않겠다고 한다면 나중에 뭔가 중요한 것이 자신에게는 결여되어 있다는 결핍감마저 품게 될 것이다. 자신에게 주어진 상황에서 최대한 노력하고 성과를 냄으로써 자신감을 가지고 살고 싶다는, 누구에게나 당연해 보이는 바람이 이 나라에서는 군대의 논리에 의해 훌륭하게 받아들여지고 활용되고 있는 것이다. '어디서' '무엇을' 하는가 하는 문제는 숨겨지고, 자기 긍정을 얻기 위해서는 무슨 일이든 '열심히 하는' 것이야말로 중요하다는 자기 계발의 담론이 흘러넘치고 있다.

이러한 논리가 점점 그 자리를 넓히고 있다는 것은 이스라엘에 한정된 이야기일까? 군대 안에서 활약하기를 바라는 이스라엘의 여성을 비판하는 것은 쉬운 일이다. 그러나 안정된 생활을 지향하고 출세욕이나 상승 지향성을 가지는 것 자체가 국가의 논리에 편입된다는 것을 깨닫는다면 문제의 뿌리는 깊고 넓다는 것을 통감하지 않을 수 없다.

2부

소수자들
전망과 혼돈

5장

라마단에서 실감하는 이스라엘의 고립

외부인의 눈에 비친 라마단

이스라엘에 있으면 무슬림들이 활기차게 살아가는 주변 아랍 국가들이 몹시 그리워지곤 한다. 특히 라마단 시기는 견딜 수가 없다. 모처럼의 라마단인데 이스라엘에서는 그 흥미가 반감되어버린다.

나에게 라마단의 풍경은 시리아에서 형성되었다.

일출부터 일몰까지 금식(사움)하는 것으로 흔히 알려져 있지만 무슬림에게 라마단은 무엇보다 신성하고도 더할 나위 없이 즐거운 달이다.[1] 라마단이 가까워지면 어른들도 아이들도 표정이 들뜬다는 것은 옆에서 봐도 금방 알 수 있다. 아직 금식을 하기에는 무리인 조그만 어린아이가 금식을 하고 싶어 하면 부모가 "넌 아직 일러"라며 타이르는 광경도 라마단의 전형적인 이미지 가운데 하나인 듯하다.

"금식이라고 해도 낮에만 하고 밤에는 배 터지게 먹는다며? 그렇다면 의미가 없지." 일본에서는 이런 말을 하기도 한다. 일본어로 '금식'이라고 하면 불교적인 고행을 의미하기 때문에 그런 의심으로 이어지는 것 같다. 이슬람에서는 금욕 자체에 가치가 있는 것이 아니며, 금식을 통해 무언가를 깨달으라고 강요하지도 않는다. 금식 후 오감 전체로 음식의 맛을 민감하게 받아들이면서 식사를 하고, 먹는 것 자체의 행복감이나 먹을거리의 은혜를 충분히 맛보는 것이 중요하다. 다양한 음식의 형태와 색과 냄새, 그것을 씹고 맛보고 만족할 수 있는 기능을 갖춘 신체, 식사를 함께 하는 가족이나 친구의 존재, 마음을 안정시킬 수 있는 집, 그러한 모든 것을 주신 알라에게 진심으로 감사하는 것이다. 금식의 의미는 거기에 있다.

'금식'이라고는 하지만 사실 먹지 않는 것보다 물을 마시지 못하는 것이 더 힘들다. 흡연자라면 담배를 피우지 못한다는 것이 무엇보다 견디기 힘들 것이다. 아울러 성행위도 금지되기 때문에 '금식'이라고 번역하는 것 역시 불충분하다.[2] 1990년대 중반에는 라마단 시기가 초봄이었는데 2000년대 중반에는 가을로 이동했다. 이슬람력은 태음절

---

1. 라마단은 이슬람력으로 아홉째 달의 이름이다. 그러므로 라마단이라는 말에는 '금식'이라는 의미가 없다('더운 달'이라는 뜻이다 – 옮긴이). 또한 라마단 자체는 '축제'(이드)가 아니라 라마단이 끝난 다음날부터 '이드알피트르Eid-al-Fitr'라는 축제가 열린다. 다만 라마단 중에는 "어느 해나 건강하게"라는 인사를 나누며 설날 같은 새로운 분위기가 된다.

이며 태양력보다 11일쯤 짧기 때문에 라마단 달은 앞으로 점점 여름에 가까워질 것이다. 더울 뿐만 아니라 어쨌든 일몰까지의 시간이 길기 때문에 한여름의 금식은 정말 힘든 것 같다. 반대로 한겨울의 금식은 그다지 힘들지 않다. 시기에 따라 고통의 정도가 전혀 달라지는 것이 재미있는 부분이다.

라마단의 후토르

일몰 시간이 가까워지면 분위기가 어수선해진다. 귀가하는 차 때문에 도로는 정체된다. 시내는 상점의 셔터 내리는 소리가 울려 퍼진다. 집안에서 빈둥빈둥 누워 있던 아이들도 일어나 몸차림을 한다. 얼른 식사를 시작할 수 있도록 어머니나 딸이 중심이 되어 식탁에 접시를 나르기 시작한다. 텔레비전은 메카를 비롯한 각국 모스크로부터 중계를 내보낸다.

요리는 아랍 문화의 중요한 요소인데, 식사 규범은 따로 없는 것처럼 보인다. 먼저 자리에 앉은 사람이 천천히 손을 뻗어 먹기 시작하는 가운데 아이들이 갑자기 텔레비전 소리를 높여 아버지가 소리를 지르거나 전화벨 소리가 울리거나 이웃의 누군가가 불쑥 나타나거나 조그만 아이들끼리 싸움이 시작되어 서로 빵을 던지거나 한다. 그림에 그려진 듯한 일본의 '단란한 가정'과 같은 것이 거북한 나조차도 조금만

2. 일본에서는 사움의 번역어로 '재계齋戒'가 쓰이는 일도 있지만, 일본의 신도新道에서 유래하는 말이기 때문에 이것도 적당하다고는 할 수 없을 것이다.

더 차분한 분위기에서 밥을 먹을 수는 없을까 싶을 정도다. 그러나 라마단의 후토르[3]만은 다함께 식사를 시작하기 때문에 전화벨도 울리지 않고, 일단 조용하게 식사에 집중할 수 있다. 심지어 먹는 데에 열중해서 그다지 대화를 나누지도 않는다. 대화는 식사를 정리한 후 차를 마시며 나눈다.

무슬림 가정에서 후토르를 대접받을 때는 나도 하루 종일 금식을 한다. 그렇게 하지 않으면 그렇게 많은 요리를 맛있게 먹을 수 없다. 먹는 것만이 아니라 그들과 생각을 공유할 수 있다는 즐거움도 버리기 힘들기 때문이다. 금식이 끝났을 때는 식욕을 못 이겨 위를 한꺼번에 만족시켜서는 안 된다. 그 뒤로도 밤중에 몇 번이나 과일이나 과자가 나오기 때문이다. 라마단 중의 텔레비전 프로그램은 특별히 드라마를 중심으로 편성되는데, 텔레비전을 보면서 과자를 먹거나 이웃집을 방문한다. 이웃집에서도 텔레비전을 보면서 과자를 먹게 된다. 이것이 서민들이 일반적으로 시간을 보내는 방식이다. 한편 종교적인 기분이 고양되는 시기이기 때문에 모스크에서 예배하는 사람도 늘어나고 하루치로 할당된 것만큼 『코란』을 읽는 사람도 많다.

예전에 시리아에서 팔레스타인 난민 가정에 머문 적이 있었다. 그때 라마단 중에 이슬람의 가르침이나 예언자들의 행적에 대한 이야기만 지겹게 나누었다. 나는 나름대로 종교와는 무관한 일상적인 이야기를

3. 금식 기간 중 해가 지고 나서 먹는 첫 식사를 말한다. 이 말은 통상 '금식'이라는 의미로 사용된다. 영어의 'breakfast' 외에 스페인어와 프랑스어에서도 '아침식사' 또는 '점심'을 의미하는 단어가 '금식을 끝내다'라는 의미인 데서 유래한다.

건넸다고 생각했는데, "그것에 대해서는 『하디스』[4]에 이렇게 쓰여 있어요."라는 식으로 순식간에 이슬람 이야기기가 되어버렸다. 이슬람을 이해하고자 하는 사람에게는 그것을 공부할 수 있는 절호의 기회인 반면 나 같은 사람은 지쳐버리는 경우도 있다. 평소 이슬람에 대해 자기 편한 대로만 받아들이고 있다는 것을 실감하게 될지도 모른다.

매일 정해진 시간에 일어나 정해진 시간에 식사를 하는 것이 바람직하다는 근대적인 시간관념은 무슬림들의 생활에도 상당히 영향을 끼치고 있겠지만, 그런 것에 속박당하는 것은 극히 일부에 지나지 않는다. 특히 그것을 실감하는 것은 라마단 기간 중이다. 어쨌든 라마단이 시작되는 날조차 새로운 달을 육안으로 확인하고 나서 정식으로 결정되는 것이며, 사람이 미리 결정하는 것이 아니라 하느님만이 알고 있는 것이다.[5]

옛날에는 라마단 기간에 들어가면 일찍 자서 해 뜨기 두 시간쯤 전에 일어나 식사를 하고 그대로 하루를 시작했다.[6] 오늘날에는 아무래도 밤을 새우는 일이 많기 때문에 어른은 밤을 꼬박 새워 해 뜨기 전

---

4. 예언자 무함마드의 언행록이다. 『코란』이 무함마드에게 내린 계시를 그대로 기록한 것, 즉 『코란』이 하느님의 말씀이라면 『하디스』는 무함마드가 "~을 했다", "~라고 말했다"라는 형식으로 쓰여 있다. 생활의 세부적인 사항까지 파고든 내용이어서 재미있다.

5. 대체로 아랍의 여러 나라에서는 사우디아라비아의 종교평의회의 확인과 그 결정에 따라 라마단 개시를 결정한다. 최근 비이슬람권으로 이주한 무슬림이 무엇에 기초하여 라마단 개시를 판단해야 하는가가 인터넷에서 화제가 되고 있다.

6. 날이 새기 전에 식사를 끝내고 금식을 준비하도록 아부 타부라(직역하자면 '북[鼓]의 아버지')라 불리는 사람이 손에 든 작은 북을 치며 지역을 걸어서 돌아다녔다. 오늘날에도 이러한 광경을 볼 수 있다. 개인의 것이 아니라 공동체 전체에 의한 실천 체계로서 이슬람의 모습을 실감할 수 있다.

에 식사를 하고 나서 자는 날도 있다. 새벽에 일어나 식사를 하기도 하고 안 하기도 하고, 그러고 나서 다시 자기도 하고 자지 않기도 하는 등 불규칙한 생활을 하게 된다. 밤을 새우고 새벽녘에 다시 식사 준비를 마친 어머니는 아침에 학교에 가는 아이들을 깨우고 나서 다시 잠을 잔다. 선잠을 자고 나서 아침 일찍 직장에 나가서는 오후에 퇴근해서 다시 자는 사람도 있다. 라마단 기간 중에는 노동 시간이 짧아지는 경우가 많다. 아이들도 수면이 부족하기 때문에 집으로 돌아와 잔다. 가게를 하는 사람은 후토르를 먹고 나서 한참 있다가 다시 일을 시작하기도 한다. 라마단 기간 중에 학교는 단축 수업을 하며 공공기관 등의 업무는 밀리기 일쑤다.

이러한 상황에서 근대적인 방식으로 시간을 쪼개 자기 규율이 필요한 일을 하고 있는 사람은 무척 힘들 것이다. 일 때문에 금식을 하지 않는 사람도 있지만, 주위 사람들 몰래 먹기 때문에 생활 전체가 라마단에 좌우된다. 솔직히 말하면 가끔 방문하는 정도로만 사귀어야지, 더 가까워지면 정신적으로 피곤해지는 게 사실이다. 그들의 생활에 푹 잠길 각오만 한다면 오히려 편할 수 있기는 하겠지만.

이스라엘의 라마단

무슬림이 아닌 사람에게는 즐겁기도 하고 정신적으로 지치기도 하는 한 달이지만, 이스라엘에 있으면 그런 라마단이 무척 정겹고 그리워진다. 물론 이스라엘에 있는 무슬림은 라마단을 축하하며, 무슬림만 사는 마을이나 도시에서는 아랍의 여러 나라와 그다지 다르지 않은 광경을 볼 수 있다. 그러나 유대인이 많은 도시에서 일하거나 학창시절을 보내면서 라마단의 의무를 지키기란 무척 힘들다. 아니, 라마단만이 아니라 이스라엘 사회 안에서 무슬림으로 산다는 것 자체가 아주 힘든 일일 것이다.

대학 안에서 경험한 일이 몇 가지 있다. 도서관 계단 아래 어둑한 구석에서 남학생 둘이 나란히 예배를 보고 있는 모습을 처음 보았을 때는 덜컥 가슴이 내려앉는 듯했다. 아랍 여러 나라의 대학이라면 당연히 교내에 모스크가 있기 때문에 예배를 보고 싶은 학생은 그곳으로 가면 된다. 그러나 이스라엘의 대학교에는 차분히 예배를 볼 수 있는 장소가 없는 것이다.[7]

어느 날 오후 대학의 빈 강의실에서 공부를 하고 있었을 때의 일이다. 히잡을 쓴 여학생이 들어오더니 내가 펼쳐놓고 있던 아랍어 책을 봤는지 주저하지 않고 아랍어로 말을 걸어왔다. 간단히 자기를 소개한 다음 그녀는 말했다. "지금 말이에요, 저쪽에서 혼자 예배를 보고 있었는데 갑자기 유대인 학생 몇 명이 들어왔어요." 예배라는 것은 일단 시작하면 주위에서 무슨 일이 일어나든 계속해야 한다. 하느님과 자신의 세계이기 때문에 그 이외의 것에 마음을 빼앗기면 예배가 되지 않는다. 가령 경비원 등이 "무슨 일 있었어요?"라고 묻는다면 "아무 일 없었어요"라고 말할 수밖에 없겠지만, 갑자기 우르르 몰려 들어온 유

---

7. 다음 장에서 소개할 '이슬람 운동'의 학생 조직이 이스라엘의 대학을 상대로 모스크를 설치해 달라고 요구했다. 이스라엘에는 아직 아랍계 대학이 없지만 이슬람 연구로 유명한 '알카시미 학원' 등 교원 양성을 목적으로 하는 단과대학으로 분류되는 아랍계 고등교육 기관은 존재한다.

대인 남학생들의 눈빛이나 태도에서 무척 불쾌한 느낌을 받아 예배가 엉망진창이 되어버렸다는 것이다.

누구든 다른 문화권을 여행하면 많든 적든 간에 부자유함을 느끼는 법이니 비이슬람권 나라를 여행하는 무슬림이 맛보는 여러 가지 불편함은 어쩔 수 없을 것이다. 그러나 이 지역에 사는 무슬림은 여행자가 아니다. 원래 그들이 먼저 살고 있었기 때문에 새롭게 들어온 유대인은 적어도 이슬람 사회의 실정에 좀 더 경의를 표하고, 그곳의 관습이나 문화를 받아들여야 한다. 실제로 서아시아의 기독교도는 그들 자신의 신앙을 지키면서도 사회 전체에 널리 퍼져 있는 이슬람적인 질서나 생활습관을 받아들이며 생활하고 있다. 또한 종교를 철저하게 개인의 영역으로 밀어 넣으려는 프랑스라면, 그것은 그것대로 일관성이 있다고 말할 수 있다. 그러나 유대국가라는 방침을 노골적으로 드러내는 이스라엘의 경우[8] 유대교도가 아니어도 많든 적든 유대교의 관습이나 축일에 생활 방식을 맞추지 않으면 안 된다. 기숙사에는 시나고그[9]가 설치되어 있고, 대학의 학생식당 등 공공의 장에서 제공되는 식사는

---

8. 이스라엘 건국선언(1948)에 '유대국가'라는 말이 사용되고 있다. 거기에는 이 국가를 만드는 권리를 인정한 것으로 1917년의 '밸푸어 선언Balfour Declaration'이 언급되고 있는데, 이 선언에는 "유대인을 위한 고국의 건설"이 명시되어 있을 뿐 '유대국가'의 건설이 명시되지는 않았다. 훗날 이스라엘의 두 가지 기본법(1992년의 '인간의 존엄 및 자유법', 1994년의 '직업의 자유법')에 "유대국가이며 민주국가로서의 이스라엘"이라는 표현이 등장했기 때문에 이스라엘이 '유대국가'인가 '유대인 국가'인가에 대한 문제가 더욱 복잡하게 얽혀 있다.

9. 유대교 회당을 말한다. 기도나 문화 행사를 하는 장소로 사용되고 지역 공동체의 중심적인 장이 되고 있다. 히브리어로는 베잇 크네세트(집회소)이며 시나고그라는 말은 그리스어에서 유래한 것이다.

모두 카샤룻kashrut[10]에 따르고
있다. 유대교도라면 모든 행동에
서 유대교도로서 존재할 수 있지
만 무슬림은 떳떳하게 행동하기
힘들다.

라마단 중 정오가 조금 지난 시간, 식사를 기다리는 유대인 관광객

라마단이 한창일 때는 그러한
무슬림이 떳떳하게 행동하기 힘
들어지고, 무슬림이 아닌 나조차
도 쓸쓸해진다. 이스라엘 이외의 서아시아에서는 라마단 달은 사회 전
체가 다른 달과는 확연히 다르다. 대학의 학생식당도 문을 닫고 레스
토랑도 쉬거나 아니면 외국인 손님만 받는다. 그럴 때는 바깥에서 보
이지 않도록 커튼을 치는 등 조치를 취하고 영업한다. 사회 전체가 일
출과 일몰, 예배 시간을 확실히 구별하여 움직이고, 공복과 포만감에
지배되는 인간의 행동양식이 대체로 일치하기 때문에, 연대감이라고
하면 약간 과장된 이야기이겠지만 모르는 사람끼리도 서로 통하는 분
위기가 된다. 밤에 모스크 주변의 흥청거림을 보면 무슬림이 아니더라
도 냉정하게 있을 수는 없으며 어쩐지 마음이 들뜨게 된다.[11]

10. 유대교의 식이 규정. 해산물로는 뱀장어 등 지느러미나 비늘이 없는 물고기, 오징어, 문어, 조
개, 새우 등을 먹을 수 없고, 육류로는 돼지, 토끼, 낙타, 맹금류, 타조 등 날 수 없는 새(닭, 거위,
오리, 칠면조와 같은 다른 새들은 먹을 수 있다 - 옮긴이)를 먹을 수 없다. 또한 고기가 들어간 크림스튜나
치즈버거처럼 육류와 유제품을 동시에 먹는 것은 금물이다. 정성껏 피를 뺀 고기가 아니면 안
되기 때문에 식용 고기라도 상당히 퍼석퍼석하다. 카샤룻을 어디까지 지키는지는 사람들마다
다른데, 돼지고기는 절대 먹지 않지만 새우나 문어 같은 종류는 먹는 경우도 있다.

한편 이스라엘에서 본 라마단의 금식은 어디까지나 소수자의 '종교적 자유에 따른 행사'에 지나지 않는다.[12] 아무런 관여도 하지 않기 때문에 하고 싶은 대로 하라는 것인데, 제도상 아무런 배려도 하지 않기 때문에 불편을 강요받게 된다. 아랍인 마을이나 도시에 사는 무슬림이라면 느긋하게 라마단 기분에 젖겠지만, 하이파나 텔아비브 같은 도시에서는 그렇지 않다. 특히 아랍 사회에 관심이 없는 사람이라면 옆집에 있는 무슬림이 금식 중이라는 것을 전혀 알아채지 못할 것이다.

"무슬림이 아니더라도 아랍인이라면 예의상 라마단이 한창일 때는 무슬림 앞에서 식사를 하지는 않습니다. 하지만 유대인은 그런 것에 전혀 개의치 않습니다." 내가 알고 있는 무슬림 남성은 이렇게 말했다. 라마단 중에도 아랍인 마을이나 도시에는 유대인 관광객이 찾아오기 때문에 관광객을 상대하는 레스토랑은 평소와 다름없이 영업한다. 그곳에서 식사하는 유대인 관광객 중에서 요리를 가져다주는 점원이 금식 중일지도 모른다는 것을 의식하는 사람은 얼마나 될까?

서아시아 지역 전체가 라마단에 빠져 있더라도 이스라엘 사회만은 전혀 다른 관심과 시간 축을 따라 움직인다. 이스라엘 사회는 두르즈 등 서아시아의 비무슬림 사회와는 달리 군사력을 통해 위협적으로 지

11. 이것은 내가 다양한 종교적 소수자와의 공존이 실현되고 있는 시리아에 있었기 때문인지도 모른다. 예컨대 이슬람을 극히 엄격하게 해석하는 와하브파의 사우디아라비아에서는, 라마단 중에는 무슬림이 아니더라도 사람들 앞에서 전혀 식사를 할 수 없기 때문에 라마단의 금식은 '강요'나 마찬가지고, 그래서 그것을 즐길 만한 게 아니라고 느끼는 외국인도 많다.
12. 1948년 이스라엘 건국선언에서는 '종교의 자유'가 주장되었다. 공립학교의 휴일을 결정하는 일 같은 것은 각 자방자치단체의 재량에 맡겨져 있기 때문에 아랍인 마을이나 도시에서는 이슬람이나 두르즈, 기독교도의 축일 등이 휴일로 정해져 있다.

역사회와 적대하고 주위와의 관계를 스스로 차단한 채 고립되어 있다. 특히 이 시기에는 이스라엘이라는 나라의 그러한 천박함이나 배려 없음을 느끼게 된다.

마음가짐을 새롭게 하고 무슬림 가정을 방문해본다. 해가 지기 한 시간쯤 전이다. 안에서는 텔레비전 소리가 크게 들리는데 문을 몇 번이나 두드려도 대답이 없다. 문이 살짝 열려 있어 안으로 들어가 불러본다. 한낮인데도 커튼을 쳐서 안은 어둑어둑하다. 소파에 드러누워 텔레비전을 보고 있던 아이들이 일어나고, 잠시 후 부인이 잠옷 차림으로 꾸물꾸물 안에서 나온다. 요리는 일찌감치 준비해놓고 지금은 공복과 싸우며 해가 지기만 기다리고 있는 것이다.

드디어 텔레비전에서 일몰 시간을 알리기 시작한다. 이스라엘의 텔레비전 방송국은 라마단 방송 같은 것은 하지 않으니 사우디아라비아나 요르단의 방송을 보는데, 각각 시차가 있다. 정확한 시각은 각 지역에 있는 모스크에서 나눠주는 달력에 쓰여 있다. 이날의 요리는 고기가 들어간 요리 세 가지와 여러 종류의 생선이다. 어느 게 메인 요리인지 알 수 없을 만큼 진수성찬이다. 각 가정의 사정이나 주부의 취향 혹은 생활방식의 차이도 있겠지만, 이스라엘의 음식 사정을 반영하여 통조림이나 냉동식품을 사용한 것도 눈에 띈다. 슈니첼Schnitzel[13] 등 아

---

13. 독일어인데 이스라엘에서도 이 이름으로 불리고 있다. 얇게 저민 닭고기나 쇠고기를 튀긴 음식이다. 아시케나지 유대인 이민자가 이스라엘에 가지고 들어온 것으로, 현재는 냉동식품으로도 유통되고 아랍인들도 자주 먹는다.

랍어로는 이름이 없는 식품도 놓여 있다. 시리아의 팔레스타인 난민 가정에서는 냉동식품 같은 건 볼 수 없었다는 사실이 떠올랐다. 통조림도 종류가 제한되어 있고 비싸기 때문에 그런 것을 사는 일은 거의 없었던 것이다. 고기 요리는 있었지만 야채에 쌀 등을 채워 넣은 요리나 밀가루의 성질을 이용한 다양한 요리 등 시간과 노력이 들어간 것이 많았다. 지금 이렇게 이스라엘의 아랍인 가정의 요리를 보면 한정된 경제력 안에서 여러모로 궁리한 끝에 만들어낸 최대한의 진수성찬이었다는 것을 새삼 깨닫는다.

한편 이곳의 요리는 이스라엘의 경제력이라는 것을 강력하게 의식하도록 만든다. 냉동 튀김이나 소시지가 있고, 분말 형태의 수프 원료와 통조림 야채로 간단히 수프를 만들 수 있다. 치즈나 요구르트 종류도 다양하고 요리에 맞춰 고르기만 한다면 손쉽게 맛있는 요리를 만들 수 있다. 음식을 대접받는 처지에 트집을 잡고 싶지는 않지만, 시리아의 주부가 수고해서 만들어준 '전통적인 아랍 요리'에 다소 향수를 느끼지 않을 수 없다. 본래 같은 문화를 누리던 난민과 이스라엘의 아랍인이 다른 식생활을 즐기는 이유는 경제력 때문이다. 경제력이 문화나 사회의 모습을 급격히 바꾸는 모습을 보는 것은 늘 씁쓸하다.

이스라엘에서 나오는 가정요리를 보고 늘 생각하는 것은, 야채 등의 식재료가 굉장히 풍부하고 아주 다양하다는 것이다. 예컨대 시리아의 당근은 달기는 하지만 비실비실하고 가늘어서 주스를 만들 때만 쓰였다. 이스라엘의 당근은 달고 맛이 좋을 뿐 아니라 굵고 커서 샐러드에도 자주 쓰인다. 그리고 옥수수다. 시리아에서도 이집트에서도 제철이 되면 길거리에서 구운 옥수수를 파는 광경을 볼 수 있다. 하얗고 단단한 고무 같은데 단맛은 전혀 없지만 씹고 있으면 특유의 풍미가 나온다. 한편 이스라엘에서는 값싼 통조림 스위트콘이 많기 때문에 이것도 샐러드에 자주 사용된다. 그 밖에 아보카도나 아티초크, 셀러리, 때로는 통조림 버섯 등 '전통적인' 아랍 요리에서는 잘 쓰이지 않는 식재료가 사용되는 경우도 많다. 이스라엘의 농업 기술이나 식품 유통의 힘이 가져온 선물이다.

이스라엘에서는 특히 야채나 과일이 값이 싸고 종류도 다양하다. 물론 주변의 아랍 여러 나라들에 비해 월등히 비싸지만 물가 전체의 수준을 생각하면 싸다고 할 수 있다. 그리고 일본 도시 지역의 청과물 가격과 비교해도 단연 싸다. 게다가 깜짝 놀랄 정도로 화려한 색조의 커다란 야채가 많다. 그리고 값싼 과일도 풍부하다. 감귤류가 유명하지만 수박, 석류, 살구, 체리, 망고, 포도, 복숭아 등도 모두 맛있다. 일본에서 감귤류는 '스위티'[14]라는 상품명으로 이스라엘에서 수입되어 나돌고 있는 것이 잘 알려져 있다. 그리고 선인장 열매가 있다. 껍질을 벗기고 오렌지색 열매를 입에 넣으면 아주 달콤하다. 시리아에서는 아

---

14. 왕귤나무와 자몽을 교배하여 만든 과일이다. 일본은 유럽과 함께 스위티의 주요 고객인데, 이스라엘 제품 불매 운동에서 반드시 대상이 되는 상품이다(1997년에는 13만 톤 남짓 수입했다). 한편 스위티의 주요 생산지인 자파(히브리어로는 야포)는 아랍인 도시인 야파인데, 현재 아랍 주민의 생활환경은 열악하다. '지중해의 향기가 나는 프리미엄 프루츠'라는 광고 문구가 현실을 가리고 있다. 같은 종류의 과일이 다른 이름으로도 있지만 '스위티'라는 이름으로 등록되어 있는 것은 이스라엘산뿐이다.

풍부한 야채를 진열한 하이파의 시장

이들이 시골에서 이 열매를 따와 거리에서 파는데, 아주 좋은 용돈 벌이다. 자생 선인장의 품종을 개량하여 플랜테이션에서 생산하고 있다.

'오슬로협정' 이후 거품 경제 시기에는 하이테크 산업이 주목을 받았지만 원래 이스라엘은 농업이 강했다. 건조 지대에서 적은 물을 효과적으로 사용할 수 있도록 관개 기술을 발전시켜 다른 건조 지역에서 이식한 식물을 재배하고 품종을 개량해왔다.[15] 부가가치가 높은 과일이나 꽃 재배에 힘을 쏟고 있으며, 몇 시간 만에 유럽에 출하할 수 있는 시스템을 만들어냈다. 최근에는 유기농 재배 기술도 주목을 받고 있다.

이스라엘이 '사막을 녹색으로 바꾼 것'은 부분적으로 사실이다. 그것을 가능하게 하는 기술을 실제로 만들어냈으며 갖가지 특허도 얻었다. 동시에 그것이 팔레스타인 사람들로부터 빼앗은 토지였다는 것도 사실이다. 그리고 북부의 헤르몬산은 수원이나 요르단 계곡의 체수층滯水層을 점령하여 지배하며, 원래 주민은 사용하지 못하게 하고 입식

---

15. 유명한 것은 점적농법dripping farming이다. 이것은 식물의 뿌리 부분에 직접 물의 흐름을 향하게 하는 시스템이다. 1년 내내 토양의 수분 양을 조절할 수 있기 때문에 이스라엘 이외의 건조 지대에서도 사용되고 있다. 이스라엘의 관개 기술 관련 상품은 일본에도 수출되고 있는 것 외에 이집트 등 주변의 여러 나라에도 일본국제협력기구(JICA: Japan International Cooperation Agency)가 중개하는 형태로 기술 지원이 행해지고 있다.

자에게는 싸게 제공하고 있다. 팔레스타인 사람들은 수원에 접근하는 것이 금지되어 있기 때문에 몇 시간이나 걸려 물을 길러 가거나 비위생적인 물을 사용하지 않을 수 없는 상황인데, 바로 몇 킬로미터, 수백 미터 옆에서는 풍부한 물을 빨아들이며 싱싱한 감귤류가 자라고 있다. 맛있으면 되는 그런 문제가 아닌 것이다.

이스라엘 국내에는 농민 단체가 몇 있는데 그들은 국제적으로 높은 수준의 보조금을 받으며 이스라엘 국가와 토지의 결부를 체현해 왔다. 한편 이스라엘 국내의 아랍인들은 조직도 없고 정부 보조금도 없다. 이들은 이스라엘 건국 때 대부분의 토지를 잃은 사람들이다. 아랍인이 경영하는 가게에서 채소를 사면 아랍인의 토지에서 수확한 채소를 살 가능성이 높지만, 그들에겐 아랍인의 수요를 모두 충당할 만큼의 토지가 없다. 아랍인이 사는 작은 마을에서는 주변의 유대인 도시에 있는 커다란 쇼핑몰까지 차를 타고 물건을 사러 가는 일도 많아졌다.

국가에 의한 소통의 단절

2004년 라마단이 한창일 때, 이라크에서 고다 쇼세이香田証生라는 청년이 납치되었고, 그것을 실행한 단체가 자위대 철수를 요구했다는 뉴스가 날아들었다. 이라크에서 일본인을 납치한 사건은 이것이 세 번째였는데, 이전 두 번의 사건에 비해 이 사건은 훨씬 더 마음에 걸렸다. 다름 아니라 그가 배낭여행으로 요르단을 경유하여 이라크로 들어가는 두 달 가까이 이스라엘의 텔아비브에 체재했다는 보도를 보았기 때문이다.

일본을 떠나 있던 나는 일본에서 보도되는 방식이나 여론의 반응도 일부밖에 추적하지 못했다. 이라크에 자위대가 주둔한 것 때문에 이 문제가 일어난 것은 확실하겠지만 여기서는 그 문제를 깊이 다루지 않겠다. 그런 것과는 별개로 티셔츠에 반바지 차림으로 100달러만 들고 이라크에 들어갔다는 보도를 들으면 '사려 깊지 못한 배낭여행객'이라는 이미지가 우선 떠올라 기분이 좋지 않다. 일본인처럼 보이는 이러한 모습의 배낭여행객을 텔아비브나 예루살렘에서는 자주 만날 수 있다. 서로 알게 되면 그 사람의 여러 가지 측면도 보이겠지만 일일이 서로 아는 사이가 될 필연성도 없다. 그러므로 설사 이스라엘에서 고다 쇼세이와 스쳤다고 해도 나는 분명히 그 사람을 만나지 못했을 것이다.

다양한 정보가 들어오고 배경도 알게 되자 그러한 개인적인 감정 차원에서만 문제를 보고 있을 수 없게 되었다. 텔아비브에 체재할 때의 족적은 유스호스텔에 머물며 접시를 닦는 아르바이트를 했다는 것, 관광하러 사해에 갔을 거라는 것 정도밖에는 알 수 없었다. 그러나 적어도 확실한 것은, 이스라엘에 있으면서 이슬람권을 여행하려면 반바지는 피해야 한다는 정도의 매너를 배우지 못했다는 점이다.[16] 그런 것을 자연스럽게 배울 수 있는 상대를 만나지 못한 것이다. 단순화하자

---

16. 『코란』이나 『하디스』에는 무슬림 남성의 일상 복장에 대한 명시적인 기술은 없다. 그러나 여성뿐만 아니라 남성도 맨살을 함부로 드러내는 일은 좋지 않게 여겨지고 있고, 전통적인 복장은 머리에서 무릎 언저리까지 덮는, 가라비야 등으로 불리는 하얗고 긴 옷이다. 서구적인 복장이 일반적인 지역에서도 반바지를 입고 돌아다니는 것은 거의 서구인 등 외국인들뿐이다.

면 무슬림과 친해질 기회가 없었다는 것이다.

그가 어떤 차림을 하고 어떤 행동을 하든 또는 이스라엘 입국 비자를 갖고 있든 그렇지 않든, 같은 단체에 구속된 이상 같은 결과가 되었을 것이다. 그러나 달리 생각해보고 싶다. 그가 이라크에 들어가기 전에 두 달 동안 생활했던 곳은 유대인이 다수자였을 뿐만 아니라 사회적으로나 문화적으로도 지배적인 이스라엘이라는 나라였다. 게다가 세속적인 유대인의 젊은이 문화가 다른 것들을 압도하는 텔아비브였다. 그리고 그 때문에 아마 이스라엘에서 소수자로 생활하는 무슬림과는 친구가 될 기회가 없었고, 고다 쇼세이도 아마 그 필요성을 느끼지 않았을 것이다. 이런 것들이 이라크에 들어가려는 그의 결심이나 그 후의 이러저러한 판단이나 행동에 어떤 영향을 끼쳤을까? 이런 요인들을 여러 측면에서 고려하지 않을 수 없었던 것이다.

이스라엘이 주변의 아랍 국가들로부터 고립되어 있으며, 그 가장 큰 이유가 점령을 지속하고 있고 팔레스타인 사람들에 대한 인권 유린 정책이라는 것은 중요하다. 사회의 주류에서 아랍인, 특히 무슬림을 볼 수 없다는 사실 때문에 한 청년이 이 지역 전체에 뿌리박은 이슬람적 사회 규범을 배울 수 없었고, 그 결과 이 사건이 일어났다고 말하는 것이 과연 억지일까?

우연이겠지만, 그의 시신이 버려진 곳은 바그다드의 '하이파 거리' 부근이다. 고다 쇼세이 사건이 일어나기 얼마 전에 미군의 침공 작전이 있었던 곳이다. 하이파라는 이름은 1980년대 사담 후세인이 붙인 것으로 알려져 있다. 이라크로 이주한 팔레스타인 난민 출신으로 그들을 호의적으로 대우해준 사담 후세인은 '하이파'라는 이름을 정치적으로 선택했을 것이다.[17] 그러나 역사적으로 보면 둘은 그 이전부터 관련되어 있었다. 이스라엘이라는 나라가 건설되기 전, 이라크와 팔레스타인은 이 지역 사람의 소통과 교류의 중심지였다. 물론 이라크만 그런 것이 아니다. 팔레스타인 북부는 남쪽의 성지 예루살렘보다 오히려 북쪽의 베이루트와 더 가깝고, 남북 사람들의 이동은 극히 일상적인 일이었다. 주변 지역과 긴밀한 관련을 맺으면서 하나의 중심지로서 특색 있고 활기 넘쳤던 팔레스타인이 지금까지 자연스럽게 발전해왔다면 어떤 모습이었을까?

거꾸로 이스라엘 건국 이전의 하이파에는 '이라크 거리'가 있었다. 그곳은 하이파 상업 활동의 중심지 가운데 하나로 영국의 위임통치 시대에는 하이파와 바그다드 사이를 왕복하는 택시의 출발 장소였다. 이스라엘이 건국한 후 그러한 관계가 단절되어버렸을 뿐만 아니라 이스라엘 벤그리온 정권은 아랍적인 지명을 차례로 유대교나 시온주의에서 유래하는 이름으로 바꾸었다.[18] 하이파에 있는 거리의 이름도 대부분 바뀌어 '이라크 거리'는 '키부츠가르욘 거리'가 되었다. 이스라

---

17. 1948년 나크바(대재앙. 난민 신세로 전락하고 토지와 자유를 강탈당한 사람들의 비극이 시작된 날이다 – 옮긴이) 후에 바그다드로 이주한 팔레스타인 사람들 대부분이 하이파나 야파 근교 출신이었다고 한다. 2003년부터 시작된 미국의 이라크 침공에 의해 그들은 이라크 국외로 탈출할 수밖에 없었고 다시 난민이 되었다. http://electronicintifada.net/v2/article6655.shtml
18. 그 밖의 예로서는 히브리어 '하기보림(영웅) 거리'로 바뀐 '살라후딘(살라딘) 거리', '그슈에티욘 거리'로 바뀐 '아흐마드샤우키 거리' 등이 있다. 그슈에티욘은 1920년대에 예루살렘 교외에 만들어진 유대인 입식지로, 요르단 지배 하로 들어간 후 1967년 제3차 중동전쟁 후에 재건되었다. 아흐마드 샤우키(1868~1932)는 이집트의 유명한 시인이다.

의 건국이야말로 이 지역에 원래 있던 사람들의 관계를 단절시켰다는 사실을 알려주는 상징적인 예일 것이다. 그때까지 서아시아에 유대인과 아랍인의 알력 다툼이 전혀 없지는 않았다. 그러나 이스라엘의 건국은 회복 불가능한 단절을 초래했

하이파의 키부츠가르옷 거리(옛 이라크 거리). 이 부근에는 아랍인 외에 아랍계 유대인 주민도 많이 살고 있다.

고, 그것에 의해 현대 아랍 여러 나라의 공존 가능성은 시도해볼 기회를 대부분 빼앗기고 말았다.

그리고 희생된 것은 팔레스타인 사람만이 아니었다. 원래 이라크에 살고 있던 유대인은 유대교도인 이라크인으로서 이라크의 정치·경제·문화를 견인하는 부르주아 층의 중심이었다. 이스라엘로 이민해온 그들 대부분은 열악한 환경과 아랍인 차별에 실망하면서도 급속하게 이스라엘 사회에 순응하여 유대인이 되는 것을 강요당했다.[19]

고다 쇼세이 사건은 이스라엘의 언론에서는 거의 주목받지 못했다. 이라크에 대한 관심 자체가 '후세인 체제 붕괴' 이후 완전히 사라져버

---

19. 그러한 이라크인의 대표적인 존재로 1938년에 바그다드에서 태어나 2004년에 세상을 떠난 작가 사미르 나카슈가 있다. 열세 살 때 가족과 함께 이스라엘로 이주한 그는 히브리어로 쓰는 것을 완강히 거부했고, 아랍어의 이라크 방언을 사용하면서 바그다드 사회를 생생하게 묘사한 작품을 남겼다. 그러나 이스라엘 국내에서는 많은 독자의 이해를 얻지는 못했다. 자신을 "유대교를 믿는 아랍인"이라 부르며, 이라크에서 이주해온 유대인을 시온주의의 희생자라고 말했다. 영화 〈망각의 바그다드〉는 그의 생각을 작품 안에 충분히 반영하지 못한 것 같다.

현재 거리의 이름을 나타내는 표시

렸다고 할 수 있기 때문이다. 이스라엘의 일반 사람들에게는 가상의 적국 하나가 사라져 안도했다는 것에 지나지 않은 일인지도 모른다. 그러나 실제로는 이스라엘이, 이라크 전쟁을 수행하기 위한 미국의 중요한 지원국·정보 제공국·무기 제공국이라는 것에 대해서는 다양한 정보가 있다. 또한 인질 사건에 대해 모사드[20]가 일본 정부에 정보를 제공한 것 같다는 보도도 볼 수 있다.

　나는 실행 단체가 고다 쇼세이를 살해하기 직전에 읽은 성명을 인터넷으로 접했는데, 일본 언론의 보도처럼 "일부러 잔혹한 영상으로 위협"하는 것이 목적이 아니라 그들에게는 이렇게 할 수밖에 없다는 종교적 확신의 실천에 지나지 않다는 인상을 받았다. 그것이 오히려 충격이었다. 그들이 이라크 사람들의 목소리를 대표하지는 않겠지만, 그렇다고 해도 일본은 이제 이라크 사람들로부터 듣기에 좋은 말만 들을 수는 없을 것이다. 자위대 파병을 허락함으로써 이미 일본은 이라크 사람들과의 사이에, 원래는 불필요했을 복잡한 단절을 만들어내고 말았다.

　국가라는 폭력이 사람들의 관계를 차단하고 서로를 무의미하게 적

---

20. '기관'이라는 의미의 보통명사이지만 이스라엘의 첩보특무국을 가리킨다. 1960년 나치 전범 아돌프 아이히만을 납치·체포한 일로 세계적으로 유명해진 것 외에 아랍인 게릴라의 암살 등 군사적인 활동을 해왔다.

대하도록 하는 것은 이스라엘 건국의 역사에서 분명하게 드러난다. 일본과 이라크의 관계를 이대로 이스라엘과 아랍 여러 나라 사람들 사이의 회복 불가능해 보이는 단절로 겹쳐 볼 수밖에 없는 역사를 나는 살고 싶지 않은 것이다.

6장

이스라엘의 '이슬람 운동'

- 변화의 초래와 보이지 않는 미래

축구 경기장에 흘러넘치는 흥분과 속됨

2005년 9월 16일 저녁 무렵. 움므 루파함[1] 시의 축구 경기장으로 향하는 길은 이상한 열기에 휩싸여 있었다. 어떻게든 먼저 경기장에 도착하려고 서두르지만 사람이 많아서 앞으로 나아갈 수가 없었다. 길이 포장되지 않아 자칫하다가는 넘어져 발을 뻴 것 같았다. 사람들이 많은 것에 비해 어처구니없을 정도로 비좁은 출입구 주변에는 고기를 굽는 냄새와 연기가 자욱했다. 혼잡한 인파 속에서 케밥 샌드위치 같은 걸 팔아 더 정신이 없었다. 이곳은 여

---

1. 아랍어로 '목탄의 어머니'라는 뜻이다. 인구는 대략 3만 7,000명으로 이스라엘 국내의 아랍인 도시로서는 큰 도시 중 하나다.

성 전용 출입구로, 어린아이의 손을 잡아끌거나 유모차를 밀고 있는 사람도 많아서 더욱 혼잡했다.

가까스로 경기장 안으로 들어서자 '이슬람 운동'을 나타내는 녹색 깃발이 사방을 메우고 있었고, 수만 명의 사람들이 한 공간에 있다는 데서 생겨나는 일체감에 압도되었다. 멀리서 봐도 이미 빈틈이 거의 없다는 것을 알 수 있었다. 어디에 앉아야 할지 곤란했지만 같이 오자고 한 라티파에게 모든 것을 맡길 수밖에 없었다. 곧장 자리를 찾을까 싶었는데 그녀는 경기장 뒤쪽으로 나아갔고, 다짜고짜 나에게 조그마한 남자아이를 가볍게 들어서 맡기더니 다른 여성들과 함께 같은 방향으로 몸을 향했다. 사람이 간신히 통과할 수 있는 공간밖에 없는데도 여기서 기도를 시작하려 하고 있는 것이다. 어둑어둑한 가운데 무릎을 꿇고 기도를 하고 있는 여성들이 많이 있다는 것을 차츰 알게 되었는데, 그녀들은 밀려 들어오는 사람들과 부딪치거나 넘어질 듯하면서도 전혀 개의치 않는 모습이었다. 아무런 준비도 되지 않은 채 떠안게 된 아기가 새우처럼 몸을 휘면서 울어 대는 바람에 나는 아이를 놓치지 않으려는 데에만 필사적이었다.

드디어 그녀들의 기도가 끝나고 경기장에 늘어서 있는 빈자리를 찾았다. 그럭저럭 찾은 자리가 뒤쪽이어서 무대는 거의 보이지 않았다. 애초에 남성 전용석이 운동장 앞쪽과 오른쪽 자리를 차지하고 있기 때문에 좀더 앞쪽에 앉으려면 왼쪽 자리 쪽으로 올라가야 한다. 라티파는 포기하지 않았는지 왼쪽 자리의 맨 위로 올라가자고 했다. 아직도 계속해서 사람들이 들어오고 있는 가운데, 사람들의 흐름과는 반

'알아크사가 위험해, 대집회'에 모인 사람들(2004년의 집회 내용을 소개한 DVD에서)

대 방향으로 유모차를 돌렸다. 조그마한 아이는 진지한 얼굴을 한 채 딱 붙어 따라왔다. 사람들 속에서 내 얼굴은 대번에 눈에 띈다. 문득 얼굴을 위쪽 자리로 돌리자 수백 명의 여성들이 일제히 나를 보며 손가락으로 가리켰다. "어머어머, 일본인이 있어!" "아냐, 중국인이야!" 모두 흥분해 있는 상태였다.

이렇게 눈에 띄어 피곤할 바에야 차라리 히잡[2]을 쓰고 왔으면 좋았을 걸 하는 생각이 들었다. 라티파가 전화를 해서 가자고 했을 때 "히잡을 안 써도 될까?"라고 물어보았다. 모스크에 가는 것이 아니니까 싫다면 쓰지 않아도 상관없다고 했지만, 역시 히잡을 쓰지 않은 여성은 대충 봐도 나뿐인 것 같았다.

히잡에 대한 망설임과는 별도로 이 자리에 오는 데는 약간 용기가 필요했다. 이 집회는 1년에 한 번 이 계절에 열리는데, 작년에 텔레비전 뉴스에서 힐끗 봤을 뿐이었다. 그 이름도 '알아크사가 위험해, 대집회'다. 알아크사라는 것은 물론 예루살렘에 있는 이슬람의 세 번째 성지, 알아크사 모스크[3]를 가리킨다. 이스라엘 정부는 종교 시설인 알아크사

2. 현재는 여성의 머리에 둘러 머리카락을 숨기는 베일이라는 의미로 사용되는 일이 많지만 원래 '격리'나 '덮는 것'을 의미하는 말로, 『코란』에도 자주 나온다. 히잡을 쓴 여성을 무하자바라고 하는데, 젊은 나이에 무하자바가 되는 경우와 중년 이후부터 무하자바가 되는 경우가 있다. 한 번 무하자바가 되면 그것을 평생 지켜야 하기 때문에 바깥에 나가기 위해 히잡을 쓰거나 쓰지 않거나 하는 일은 거의 없다.

의 보호를 태만히 했을 뿐만 아니라 예루살렘의 유대화[4]를 진행하고 있어 알아크사는 시온주의자에게 유린당하고 있다. 이러한 사실을 호소하며 알아크사를 방어하기 위해 무슬림들의 연대를 주장하고 과시하는 것이 이 집회의 목적이다. 이렇게 말하면 아리엘 샤론Ariel Sharon이 알아크사가 있는 신전 언덕(하람알샤리프)에 들어가 현재의 인티파다의 계기를 만든 사건[5]이 떠오르지만, 이 집회가 시작된 것은 1996년으로, 2005년까지 열 번 치러졌다. 나중에 설명하겠지만, 이스라엘 국내의 이슬람 조직인 '이슬람 운동' 단체가 주최하는 집회다. 이스라엘 국내의 무슬림 인구를 약 110만 명이라고 하면, 이 자리에 있는 사람이 5만 명이라는 것은 엄청난 인파가 동원된 것이라 할 수 있다.

애써 꼭대기까지 올라갔으나 빈자리는 없고 사람들은 끊임없이 앞을 지나쳤다. 포기하고 선 채 무대를 보았다. 커다란 스크린에도 무대

---

3. 아크사란 '가장 멀다'는 의미로 '멀리 떨어진 모스크' 정도로 번역할 수 있다. 우마이야 왕조 제6대 칼리프 왈리드 시대(705~715년)에 기초를 세웠다고 하며, 바위 돔과 함께 이슬람의 세 번째 성지로 자리 잡고 있다. 1948년 이후에는 요르단이 지배하였고, 1967년의 제3차 중동전쟁으로 이스라엘이 점령했다.

4. 다수 종교·종파의 성지인 예루살렘을 유대교 또는 시온주의자만의 것으로 바꾸어버리는 것을 말한다. 서안지구의 팔레스타인 사람들이 예루살렘에 들어가는 것을 금지한다거나 예루살렘에 거주하는 권리를 빼앗음으로써 예루살렘에 사는 팔레스타인 인구를 줄이는 한편, 특별히 입식지를 건설하여 유대인 인구의 증가를 꾀하고 있다. 특히 관광객이 모이는 구시가에서는 유대인 지구의 재개발과 정비를 통해 유대교적인 색채를 강조하고 유대인의 존재감을 높이고 있다.

5. 2000년 9월 28일 당시 야당이었던 리쿠드 당의 당수 아리엘 샤론이 경찰 500명의 호위를 받으며 하람알샤리프를 방문하는 도발을 감행했기 때문에 팔레스타인 사람들과 경찰대가 충돌했다. 이튿날에는 그 충돌이 가자나 서안 각지, 이스라엘 국내의 팔레스타인 사람들이 거주하는 지역으로 확대되었다. 샤론은 스스로 위기의 원인을 제공했지만 불안한 대중의 마음을 잡는 데 성공해 2001년 수상에 취임했다.

'알아크사가 위험해, 대집회' 중 연극의 한 토막. 2004년의 집회 내용을 소개한 DVD에서. 당시 옥중에 있던 셰이프 라이드의 역을 맡아 체포의 부당성을 호소하는 배우.

의 모습이 비치기 때문에 보이지 않는 것은 아니었다. 마침 첫 연설이 끝나고 한창 연극을 하고 있었다. 초정통파 유대인 역할을 한 남성이 아랍어와 히브리어를 섞어가며 아랍인을 핍박한다. 악역이므로 어딘지 모르게 우스꽝스러운 모습이다. 그리고 나서 땅에서 쫓겨나는 아랍 농민들이 나온다. 일반적으로 신앙심이 깊은 무슬림은 연극이나 회화 등 구상성이 있는 예술을 싫어한다. 그 때문에 이슬람 세계에서는 그러한 예술이 발전하지 않았다고 한다. 그러나 오늘날의 이슬람 운동에서는 시각적 효과를 이용하여 알기 쉽게 호소하려는 흐름이 많은 것 같다.[6] 그러는 사이에 남성 가수 그룹이 옆으로 나란히 서서 '알아크사가 위험해'라는 구절을 반복하면서 노래를 부른다. 나는 앞 사람의 머리에 가려 진지하게 볼 마음을 잃어버렸고, 옆이나 뒤에서 여자아이나 아주머니가 힐끔힐끔 쳐다보며 나에게 말을 걸거나 과자를 주거나 해서 도무지 차분하게 있을 수가 없었다.

셰이프 라이드 사라프가 등장하는 장면이 나오자 분위기가 전반적으

---

6. 하이파에 있는 모스크에서 '이슬람 운동'이 개최한 저녁 집회에 참가한 적이 있다. 모스크의 옥외 연설은 돌로 된 벽을 스크린으로 하여 컴퓨터 그래픽을 이용한 것이었다. 예컨대 극히 일상적인 동작을 하고 있다거나 오락을 즐기는 사람들의 모습이 비친다. 다음으로 "이 사람의 진실한 모습은 이런 것에 지나지 않는다"는 목소리가 나오고 살이 도려내진 해골이 같은 동작을 반복하고 있는 모습이 비친다. 신앙이 없는 자를 오싹하게 하는 효과를 노린 영상이다.

로 고조되었다. 그는 '이슬람 운동'의 최고 지도자로, 2년 이상 투옥되었다가 몇 달 전에 석방되었다.[7] '셰이프(샤이프)'는 경칭인데, 여기서는 들은 대로 셰이프 라이드라고 부른다. 석방된 이후 그는 이스라엘 안의 아랍인 거주 지역에 있는 모스크를 찾아가 무슬림들에게 호소해왔다. 그가 오기 며칠 전부터 도시의 거리에는 "셰이프 라이드, ○○에 오다"라는 현수막이 내걸렸다. 하이파의 아랍인 지구 모스크에 그가 왔을 때는 나도 보러 갔다. 그는 온화한 인상의 인물로, 과격하거나 선동적인 연설은 하지 않는다. 아마도 그 때문에 더 한층 성인聖人처럼 존경받고 있는 것 같다. 하이파의 모스크에서는 한 어머니가 셰이프 라이드에게 자신의 갓난아기를 안아달라고 부탁해 그 사진을 찍었다. 이렇게 말하면 노인을 상상할지도 모르지만 1958년생이니까 아직 예순도 안 되었다. 현재의 '무슬림 운동' 지도자들은 모두 젊다.

연설이 끝나자 앞쪽의 남성들이 깃발을 흔들며 호응하면서 위세 좋게 구호를 외치고, 그 소리가 땅을 울리며 전해진다. 연설을 하는 것은 이슬람 운동계 인물만이 아니다. 예루살렘 그리스정교회의 대변인이 "무슬림도 기독교도도 모두 알아크사 방어를 위해 싸우자"고 주장하는가 하면 피점령민으로서 골란고원에서 온 대표자, 즉 두르즈 교도도 등장했다.[8] 형식적으로는 무슬림에 한정된 내용이 아니라 무슬림이든

---

7. 이스라엘의 테러리즘방지법(1948년 9월에 성립)에는 테러리스트 조직이 정의되어 있는데 그 조직을 지원하는 것도 유죄가 된다. 이스라엘은 이 법을 입맛에 따라 적용하고 있으며, 이스라엘 국내의 단체가 점령지에 인도적인 지원을 하는 것도 테러 조직에 대한 지원으로 간주되는 일이 있다. 2003년 5월 셰이프 라이드는 이 법 3조를 위반했다는 등의 이유로 2년 6개월의 징역형을 받았다.

옥중의 면회 시간에 집회 참가자들에게 호소하는 셰이프 라이드. 2004년의 집회에서 스크린으로 소개된 영상의 한 토막.

아니든 시온주의자에 의한 점령 및 유대화에 저항하자는 취지이기 때문이다. 그러나 참가자는 거의 모두 무슬림이다.

또 틈틈이 노래가 들어간다. 여성들은 열심히 무대를 보면서도 과자를 먹거나 주스를 마시며 아이들에게 과일을 깎아주거나 갓난아이에게 젖을 물리느라 분주하다. 남성들이 모여 있는 자리는 멀리서밖에 볼 수 없지만, 여자들에게 아이를 맡겨놓고 깃발을 흔들며 흥분하기만 하면 되니까 마음이 편할 것이다. 이 자리를 뒤덮고 있는 무질서와 속됨은 여성 전용석이기 때문에 그런 것이다. 확실히 해두기 위해 말하자면 연설하는 인물은 모두 남성이고 연극을 하거나 노래를 부르는 그룹의 멤버도 모두 남성이다.

마지막에 나오는 것은 '이슬람 운동'의 2인자인 셰이프 카말 하티브의 연설이다. 이 인물은 주로 '이슬람 운동'에 부정적인 사람들로부터는 최고 지도자인 셰이프 라이드보다 훨씬 '과격하고 급진적'이라는 평가를 받고 있다. 처음으로 눈앞에서 연설을 들었는데 확실히 박력이 있어서 약간 무서워질 정도였다. 연설이 길었는데도, 사람들은 집중력을 잃지 않았다. 나중에 DVD로 작년과 재작년의 집회 모습을 보았는

---

8. 이스라엘이 점령하고 있는 골란고원에 사는 아랍인은 극히 소수의 그리스정교도나 마론파 Maronites 교도, 가자르 마을에 사는 이슬람의 아라피파 등을 제외하면 대부분 두르즈다. 두르즈에 대해서는 4장 주석 25도 참조하라.

데 역시 이 2인자가 끝날 줄 모르는 긴 연설을 했다. 최고 지도자가 옥중에 있는 동안 그의 중요성이 조직 내외에서 커졌던 것일까? 이 사람은 더욱 젊어서 1962년생이다.

세이프 카말 하티브라는 이름을 듣자마자 무슬림 여성들에게 히잡을 쓰도록 강하게 권유하는 그의 연설 테이프를 들었던 일이 떠올랐다. '이슬람 운동'의 영향력이 강한 마을이나 도시에서는 1년에 한 번 '히잡 주간'이 정해져 있다. 알고 보니 히잡을 쓴 조그만 소녀의 사진에 "히잡은 당신의 왕관", "히잡은 당신의 아름다움을 돋보이게 한다"는

"히잡은 당신의 아름다움"이라고 쓰인 포스터('이슬람 운동' 남부파가 활동하는 사흐닌에서)

세이프 카말 하티브가 히잡을 써야 하는 이유에 대해 말하고 있는 카세트테이프를 싼 종이 포장

문구가 쓰여 있는 포스터가 자주 눈에 띄었다.

문득 정신을 차리고 보니 머리가 욱신거리고 울컥 욕지기가 일었다. 이 혼잡하고 넓은 경기장에서 수많은 사람들이 계속해서 힐끗힐끗 쳐다보고 또 말을 걸어왔기 때문에 스트레스를 받아 피곤했던 것일까? 아무리 그래도 그녀들의 시선은 노골적인 호기심으로 가득 차 있을 뿐 히잡을 쓰지 않은 외국인인 나에게 결코 냉담한 태도를 보인 것은 아니었지만 말이다.

이슬람과 무슬림이 아닌
사람 사이의 거리

이슬람에 대해 이야기하는 것은 결코 쉬운 일이 아니다. 종교와 그다지 인연이 없는 일본 사회에서는 종교에 대한 견해도 극단적으로 나뉘어 있다. 특히 이슬람의 경우, 자칫 여성의 지위를 둘러싼 논의로 넘어가기 십상이다. 그러므로 글을 쓰는 나 자신이 어떤 시각으로 이슬람을 보는지를 먼저 설명하는 것이 좋을 것이다.

나는 갓난아이 때부터 초등학교 5학년까지 "맞벌이부부나 편부모 자녀만 다닐 수 있는" 보육원에 다녔다. 침례교파[9]에 속하는 여성이 제2차 세계대전 후에 열었던 곳으로, 그곳에서는 매일 찬송가를 부르고 식사나 간식을 먹기 전에는 기도를 해야 했다. 따라서 나도 이불속에 들어가 기도를 하고 잠을 자는 습관이 있었다. 성장하고 난 뒤 기독교와는 직접적인 관계를 맺지 않았지만 진지한 종교적 갈등을 거쳐 완전히 결별한 것이 아닌데도 자신을 무신론자로 부르는 것은 좀 창피하고 또 사실은 틀린 것이다. 아직도 기독교 문화에는 어느 정도 친숙하고 정겹다. 이는 누가 뭐래도 내 안의 일부다. 그러므로 제대로 알지도 못하면서 기독교를 무시하는 사람은 어쩐지 마음에 들지 않는다. 그런 나 역시 불교나 그 밖의 종교에 대해서는 상당히 무지하다.

---

9. 프로테스탄트의 한 종파다. 개인 의사 존중, 신도간 평등, 각 교회의 자주성 등을 특징으로 한다. 전쟁 중 그녀가 소속되어 있던 일본 기독교단이 전쟁에 협력했던 역사를 반성하기 위해 '전쟁 협력에 대한 회개'를 내세우고 있다.

대학에 들어가 아랍어를 공부할 기회를 얻고 나서 이슬람에 대해 조금씩 공부하게 되었는데, 처음에는 아무래도 쉽게 마음에 닿지 않았다. 같은 일신교라고는 하지만 하느님의 이미지가 기독교와는 전혀 다르게 느껴졌기 때문이다. 1990년대 중반에는 1년 가까이 시리아의 무슬림 가정에서 하숙을 했는데, 그때 처음으로 책을 통하지 않는 방법으로 이슬람이라는 신앙을 철저하게 맛보았다. 그중에서도 마흔 살 안팎의 하숙집 주부인 라이다로부터 여러 가지를 배웠다. 신앙심이 깊은 무슬림에게 이 세계가 보이는 방식은 우리와 전혀 다르다. 이 세계는 모두 신(알라)의 뜻이 나타난 것이고, 일상생활에서도 끝없이 신을 찬미한다.

잊을 수 없는 광경 한 토막을 살펴보자. 어느 조용한 오후, 어둑한 거실에서 라이다와 이야기를 나누고 있었다. 문득 화제가 끊겨 침묵이 이어졌을 때, 베란다에서 음식 찌꺼기를 쉴 새 없이 쪼아 먹고 있는 비둘기를 아무런 생각 없이 서로 보고 있었다. 그러자 그녀가 이렇게 말했다. "보세요, 저렇게 비둘기도 알라를 향해 감사드리고 있잖아요." 그녀는 먹이를 쪼아 먹던 비둘기가 목을 위로 쭉 들어올리는 모습을 가리켰다. 나는 충격을 받았다. 그녀는 이런 식으로 세계를 보고 있고, 그녀와 나는 이렇게 세계를 보는 방식이 달랐던 것이다. 비둘기가 먹이를 쪼아 먹는 광경은 어렸을 적부터 수없이 봐왔고, 비둘기의 동작을 이렇게 오랫동안 물끄러미 관찰한 적도 있었다. 그러나 비둘기의 움직임 하나하나가 알라와 관계되어 있다는 것은 세계를 보는 완전히 새로운 방식이었다. 이처럼 모든 일상사가 알라와 관계되어 있고 알라가 정한 일이며, 나는 알 수 없어도 알라는 다 알고 있고 알라의 뜻이 나타난 것이다. 존재하는 것은 모두 알라를 찬양하기 위해 존재하는 것이다.[10] 과장해서 말하자면 이 순간 일상의 소소한 모든 일에 알라의 현현을 보고 있는 무슬림의 세계관 한 구석에 나 자신도 섞여든 것 같은 기분이 들었다.

설사 무슬림이 아니어도 주위가 모두 무슬림인 사회에 푹 잠겨 그곳 사람들에게 공감을 갖고 지내다 보면 세계는 그때까지와 전혀 다르게 보이는 법이다. 진심으로 이슬람의 훌륭함을 접했다고 생각한 적도 여러 차례 있었고, 무슬림이 되면 필시 편안하게 살 수 있을 거라고 생각한 적도 있다. 한편 모든 것이 지나치게 알라를 중심으로 구성되어 있어 난감하거나 지겨울 때도 적잖이 있었다. 특히 천국의 존재를 확신하고 천국을 열렬히 꿈꾸는 그 정열에는 도저히 따라갈 수 없었다. 죽으면 그것으로 끝내고 싶은 나는 도저히 그렇게까지 천국을 동경할 수 없었다.

그런데 내가 이슬람에 대해 난감해할 때 그 기분의 어느 정도까지가 내가 여성이라는 것과 관계되었던 것일까? 하숙집 주인인 라이다

---

10. 그 일이 있고 난 뒤 읽은 『카라마조프가의 형제들』에 나오는 기술이 이날의 사건과 겹쳤기 때문에 더 인상 깊었다. 러시아정교회 수도승인 조시마 장로의 일대기(6편)에 나오는 내용인데, 일신교가 저변에서 공유하는 감각을 그린 것이 아닐까 생각한다. "그리스도의 말씀은 모든 것을 위해 존재한다. 하느님이 창조한 모든 것, 모든 생물, 나뭇잎 하나하나가 하느님의 말씀을 지향하고 하느님을 칭송하고 그리스도를 위해 울고 있다. 자신은 깨닫지 못하지만 더러움을 모르는 생활의 비밀에 의해 그것을 행하고 있는 것이다. 숲속에는 무서운 곰이 서성거리고 있을 것이다. 곰은 사납고 무서운 짐승이지만 그것은 특별히 곰의 죄가 아니다."

의 남편은 소매나 길이가 짧은 셔츠나 스커트는 입지 말라고 미리 주의를 주었는데, 그 정도는 이미 알고 있었다. 누가 시킨 게 아니라 스스로 무슬림 가정에서 살기로 했기 때문에 이유를 불문하고 그들에게 불쾌감을 주는 일을 피하는 것은 당연한 태도였다. 그러나 그렇게 생각하지 않는 사람도 있다. 내가 경험한 바에 따라 말하자면, 일본 사회에서 자란 여성은 "로마에 가면 로마법을 따르라"는 식으로 행동하는 편이지만, 관광지 등에서는 소매 없는 옷을 입고 돌아다니는 서구 여성의 모습을 볼 수 있다. 그것에 대해서는 "다른 가치관을 가진 상대를 존중하지 않는 태도이자 오만"이라는 견해도 있고, "어떤 사람을 상대로 하는 경우에도 일관되게 자신의 가치관을 관철하는 것은 훌륭하다"는 견해도 있을 것이다.

나 같은 경우, 처음부터 몸에 걸치는 옷으로 자기를 표현하는 편이 아니기 때문에 상대나 주위에 맞추는 것은 그다지 힘들지 않다. 몸의 굴곡이 겉으로 드러나지 않도록 만들어진 이슬람 옷[12]이든 서구나 일본에서 비교적 평범하게 입는 옷이든 내가 입어 어울리는 옷 같은 것은 어차피 거의 존재하지 않으니 말이다. 그러나 이렇게 말해도 머리를 감추는 히잡 같은 경우는, 살면서 입어본 적이 없었기 때문에 부자연스럽고 긴장하게 된다. 게다가 아무리 머리를 움직여도 떨어지지 않도록 히

---

12. 이슬람 부흥의 조류 속에서 두드러지게 된 것은 복장이다. 여성의 경우는 베일을 써서 손목에서 발목까지 몸을 감추고 곡선이 드러나지 않도록 낙낙한 옷을 입는다. 이뿐 아니라 서구풍의 디자인이나 중성적 디자인도 금기시되고 검은색, 회색, 갈색 등 수수한 색이 더욱 바람직하다는 생각이 강하다.

잡을 단단히 고정하려면 의외로 시간과 공력이 필요하다. 미리 집에서 준비하여 쓰고 가면 그래도 괜찮은 편이지만, 광광지의 모스크에 들어 갈 때가 문제다. 빌린 히잡을 적당히 걸친 채 그것이 점점 미끄러지고 있다는 것에 신경을 쓰면서 돌아다니는 것은 참으로 불편한 일이다. 또 한 모르는 사람들 속에 히잡을 쓰고 들어가는 것은 그래도 괜찮지만, 아는 사람에게 히잡을 쓴 모습을 보여주기는 상당히 꺼려진다.

물론 그런 게 싫다면 히잡이 필요한 장소에 가지 않으면 될 것이다. 그러나 남자라면 이교도라고 해도 문제없이 들어갈 수 있는 장소에 여자가 히잡을 쓰지 않았다고 해서 들어갈 수 없다는 것은 부당하다. 이슬람은 흔히 신앙생활이나 베일을 결코 강제하지 않는 종교라고 말 하지만,[13] 이러한 경우 무엇이 강제이고 무엇이 자발적인 것인지 분명 히 구별하기는 쉽지 않다.

한편 나에게 해를 입히지 않는 한 히잡 착용과 이슬람을 결부시켜 이러쿵저러쿵 말하고 싶지는 않다. 문화상대주의가 절대선은 아니지 만 히잡이나 이슬람 옷이 자유롭지 못하다면 미니스커트나 청바지도 어떤 의미에서는 자유롭지 못하다. 여성만 그런 것이 아니다. 넥타이 나 양복을 예로 들 것도 없이, 사람에 따라 감각의 차이는 있겠지만 남

---

13. 『코란』 「바카라」장 256절은 "종교에는 강요가 없나니 진리는 암흑 속으로부터 구별되니라. 사 탄을 버리고 하나님을 믿는 자 끊기지 않는 단단한 동아줄을 잡았노라. 하나님은 모든 것을 들으시며 모든 것을 알고 계시니라"라고 되어 있는데, 이것은 자주 인용되는 부분이다. 또한 「유누스」장 99절은 예언자 무함마드에 대한 말로서 "주님의 뜻이 있었다면 지상에 있는 그들 모두가 믿음을 가졌을 수도 있으리라. 그대는 강요하여 백성들로 하여금 믿게 하려 하느뇨"라 고 되어 있다.

성도 갑갑함을 느낄 것이다. 다만 다른 선택지가 없어서 체념하고 자유롭지 않게 생활하고 있는 경우와 강제된 부자유는 다르다. 명백한 강제는 절대 싫다.

그런데 무엇이 선택하기 쉽고, 무엇에 저항감을 느끼는지는 문화적인 배경이나 환경에 따라 차이가 클 것이다. 예를 들어 '이슬람 운동'의 2인자인 셰이프 카말은 "히잡은 당신의 아름다움을 돋보이게 한다"고 말하지만 히잡은 결코 내 얼굴을 아름답게 보이게 하지 않는다. 평평한 얼굴을 필요 이상으로 밋밋하게 보이게 할 뿐이다. 역으로 눈이 크고 굴곡이 깊은 얼굴이 많은 서아시아 여성들에게는 확실히 히잡이 잘 어울린다.[14] 따라서 무엇이 강제이고 무엇이 그렇지 않은지의 문제는 여전히 존재하더라도 우선 본인이 마음에 들어 선택한 (것으로 보이는) 것에 대해, 예컨대 '여성 차별적'이라는 꼬리표를 붙여 비난하는 것에 적극적인 의미가 있다고는 도저히 생각되지 않는다.

모든 종교에 철저히 부정적인 공산주의자이며 아랍인과의 대등한 관계를 목표로 운동을 계속하고 있는 비시온주의자 유대인 여성이 있다. 어느 날 그녀가 증오를 담아 셰이프 카말이라는 이름을 입에 담았던 일을 떠올린다. 어쩐지 히잡을 쓴 여성을 깔보는 듯이 이야기하는 느낌이었다. 아랍계 주민이 '이슬람 운동'을 지향하는 것만 선택하도록 강요하는 이스라엘 정부야말로 원초적인 책임이 있다는 것을 바탕에 두고 있기는 하지만, 그것도 히잡 착용을 부정적으로 이해한

---

14. 물론 이렇게 쓰는 것 자체가 어느 정도 서구식 미의 기준에 지배당했다는 지적을 피할 수는 없다.

상태에서 이루어지는 비판이다. 아랍어도 잘하고 아랍 문화에도 정통하며 인품도 훌륭하지만, 이슬람에 대한 증오만큼은 도저히 공유할 수 없었다.

그녀는 모든 종교를 부정하는 사람이므로 그것은 그것대로 명쾌하다. 오히려 어려운 것은 "신앙으로서의 이슬람은 존중하지만 이슬람 부흥 운동은 지지하지 않는다"는 경우다. 이슬람 부흥 운동에 참가하게 된 사람들은 대부분 우연히 무슬림 가정에서 태어났다고 하더라도 의식적으로 깊이 믿게 된 것은 이슬람 부흥 운동을 통해서다. 따라서 그들에게 신앙으로서의 이슬람과 운동으로서의 이슬람 사이에 명확한 구별이 있는 것은 아니다.

여기서 또 생각나는 것은 시리아에 있을 때 "어떤 이슬람 신앙의 형태라고 해도 본인이 진심으로 알라를 믿는 한 이슬람이에요. 알라는 어떤 신앙의 존재 방식이라도 이해해주시거든요"라고 라이다가 거듭 강조했던 일이다. 그녀는 수니파이며 그중에서도 시리아나 팔레스타인에서는 다수파인 하나피 분파Hanafi[15]에 속해 있었는데, 그녀가 다른 종파 사람들을 나쁘게 이야기한 적은 없었다. 그녀의 집에서 지내며 때로는 '난감'한 기분을 맛보았으나 결정적으로 답답해서 견디기 힘들 정도가 아니었던 이유로는, 어떤 이슬람이라도 이슬람이라고 말하는 그 대범함을 절대 빼놓을 수 없을 것이다.

15. 이슬람 수니파의 4대 정통법학파 중의 하나이다. 법학파란 위대한 법학자의 견해가 제자들에게 계승됨으로써 성립한 것으로, 일반 신자는 자신이 태어난 지역이나 가정이 속한 학파에 그대로 소속하는 것이 보통이다.

그러므로 무슬림의 어떤 종파에 속해 있는가, 어떤 운동에 참가하고 있는가 하는 것보다 그 사람 개인이 이슬람의 다양성을 인정하고 있는가 아닌가 하는 것이 나의 판단 기준이다. 자신의 생각을 끈질기게 또는 거칠게 강요하려는 사람인가, 여러 가지 다른 방식으로 이야기를 끌어낼 수 있는 사람인가? 전자와 같은 사람이라면 무슬림이든 아니든, 여자든 남자든 나는 싫다. 물론 개인의 성격이나 의식의 문제만이 아니라 강요가 가능한 정치적·사회적 관계의 비대칭성이나 왜곡이 배경에 있다는 것은 말할 것도 없다. 그리고 그것이야말로 현재의 이슬람 부흥 운동에 따라다니는 문제다.

'이슬람 운동'과 알아크사 인티파다

이제 이스라엘 '이슬람 운동'의 구체적인 모습을 살펴보자. 이미 알고 있다시피 서아시아 각 지역에 존재하는 이슬람 부흥 운동은, 1960년대의 아랍주의가 좌절한 일이나 1967년의 제3차 중동전쟁에서 아랍 세계가 패배한 일 등을 배경으로 1970년대에 생겨나 1980년대 전반부터 서서히 존재감을 드러내왔다. 이스라엘에서 그러한 움직임이 시작된 것도 1980년대 초로, 코프르 카심[16] 출신의 셰이프 압둘라 니무르 다르비슈에 의한 자조自助 조직의 결성이 그 시작이었다. 그러나 점차 이스라엘과 날카롭게 대립하고 무장봉기도 마다하지 않는 방침을 내세우게 되었다고 하는 그들의 운동은 이스라엘 당국의 대대적인 탄압을 받는다. 출옥한 후 셰이프 압둘라 등은 이스라엘을 인정하는 틀 안에서 지방의 이슬람 세력을 확대하는 방향으로 방침을 전환한다.

1996년 셰이프 압둘라 등은 국회(크네세트)에 후보자를 낼 방침을 굳혀 내부 분열을 초래했다. 크네세트 선거에 나간다는 것은 이스라엘이라는 국가를 정식으로 인정하고 그 깃발 아래서 정치 활동을 한다는 것을 의미하기 때문이다. 그렇게 이스라엘을 국가로 인정하는 것에 반대하는 사람들은 셰이프 라이드를 중심으로 '북부파'를 형성한다. 코프르 카심이 남부에 거점을 두었다면 움므루파함 등의 거점은 그곳보다 북부에 위치한 데서 유래하는 호칭인데, 그들 스스로 북부파라 부른 적은 없다.

셰이프 라이드는 앞서 말한 '알아크사가 위험해, 대집회'가 매년 열리고 있는 도시 움므루파함에서 태어나 서안지구의 헤브론 대학교[17]에서 이슬람학을 전공했다. '이슬람 운동'의 창설 멤버나 현재 중요한 지위에 있는 사람들 대부분도 셰이프 라이드처럼 이스라엘 국내에서 고등교육을 받지 않고 서안지구나 예루살렘에서 이슬람학을 공부하고 있다. 그는 1989년 73퍼센트를 득표하여 서른한 살에 움므루파함의 시장이 되었다. 이 도시는 현재 "이스라엘에서 이슬람 운동의 메

---

16. 인구 약 1만 5,000명인 이 마을의 이름을 널리 알린 것은 이스라엘 국방군 국경수비대 병사에 의해 마흔일곱 명의 주민이 학살당한 '코프르 카심 사건'에 의해서다. 제2차 중동전쟁(시나이 전쟁)이 발발하기 직전인 1958년 10월 29일 저녁, 외출금지령이 내려진 것을 모른 채 마을 밖의 일터에서 돌아오던 주민들이 마을 입구 부근에서 차례차례 학살당했다.

17. 1971년 이스라엘의 서안지구 점령으로 위기의식을 느끼는 가운데 교육 기회의 확보나 지역의 발전에 기여할 인재 양성을 이념으로 하여 설립되었다. 이슬람 법학, 인문, 교육, 과학기술, 농업, 재무관리, 간호의 일곱 학부가 있고 현재 학생 수는 약 5,000명이다.

카"로 표현되는 일이 많지만, 무엇보다도 그것은 '이슬람 운동' 계열 사람이 15년간이나 수장의 자리에 있는 아랍계 도시는 이스라엘에서 이곳뿐이기 때문이다(셰이프 라이드는 2001년 시장직에서 물러났지만 후계자도 '이슬람 운동'의 멤버다). 수장만이 아니라 시의원들도 '이슬람 운동'계열이 압도적이다.

움므루파함 시의 모습(시청 홈페이지). 오른쪽 위가 오 마르 빈 알 하타브 모스크, 왼쪽 위가 아부 오베이다 모스크다. 이 두 모스크 사이 에 시청이 있다.

'이슬람 운동'이 등장하기 전에 이 도시에서 우세했던 것은 공산당[18]으로, 수장도 공산당계였다. 그러나 시의 복지는 돌아보지 않고 학교의 건물이나 하수 시설은 방치됐으며 시청 직원의 임금까지 지급하지 못하는 일이 계속되었다고 한다. 그런데 '이슬람 운동'이 시정市政을 장악하자 그런 도시의 풍경은 일변했다. 사람들 사이에 '의욕'이 생겨난 것이다. 젊은 자원봉사자가 조직되어 화단을 만들고 도로도 정비했다. 시 여기저기는 지금도 조성 중에 있다. 앞에서 말한 대집회가 열린 축구 경기장도 물론 새로 지은 것이다.

현재의 움므루파함은 마치 이스라엘 안의 작은 독립공화국 같다. 인

---

18. 현재 이스라엘 공산당의 전신인 팔레스타인 공산당의 설립은 1923년으로 거슬러 올라가는데, 건국 후에는 이스라엘 공산당으로 재출발했다. 유대인 당원과 아랍인 당원 사이의 대립 때문에 몇 번이나 분열을 경험하면서도 유대인과 아랍인의 평등한 권리를 내세우는 정당으로 지금까지 존재해왔다. 핵심 멤버 대부분은 기독교도였지만 나사렛 시장 타우피크 자이야드처럼 엄청난 인기의 무슬림 지도자도 있고 종교·종파의 차이를 뛰어넘은 아랍인의 민족적 권리를 대변하는 정당으로 폭넓은 지지를 모았다. 그러나 페레스트로이카의 추진, 냉전의 붕괴, 페르시아만 전쟁에 의해 구심력을 잃었고, 동시에 이슬람 운동이 약진하고 당을 떠난 전 공산당 멤버를 중심으로 한 '타장모우'(이 장의 주석 26을 참조하라)가 설립되는 바람에 세력이 기울었다.

구는 3만 명이고 모스크가 열다섯 개나 되며, 앞으로도 새로운 모스크가 지어질 것이라고 한다. 산 정상에 우뚝 솟아 황금으로 빛나는 아부 우바이다 모스크[19]는 도시 '이슬람 운동'의 존재를 드높이 상징하는 것은 물론이고 이스라엘로부터 정신적·문화적으로 멀리 떨어져 있다는 해방감과 안도감도 준다. 이 모스크 근처에는 시청이 있고 '이슬람 운동' 계열의 여러 단체 사무실이나 시설도 많이 있다. 예컨대 아랍인 대학생을 지원하기 위한 '이크라아 협회',[20] 무슬림 아이들이나 젊은 이들에게 이슬람에 대한 지식이나 『코란』 암송을 위한 교육을 저렴한 학비로 제공하는 '히라 기금',[21] 가자나 서안지구에서 고아가 된 아이들을 경제적으로 지원하기 위한 수양부모 운동을 하고 있는 '인권위원회 기금', 그리고 '이슬람 운동'이 운영하고 있는 진료소도 있다.

'이슬람 운동'의 견지에서 가정이나 문화, 사회 문제를 다루고 있는 잡지 《이슈라카》[22]의 제목은 '빛남'을 의미하고 부활한 날을 묘사한 "대지는 주님의 빛으로 빛을 발산하니"(『주마르』 69절)라는 데서 유래한다.

19. 아부 우바이다는 8세기부터 9세기에 걸쳐 활약한 이슬람 학자의 이름이다. 바스라에서 태어났으며, 『천일야화』에 자주 등장하는 칼리프 하룬 알 라시드가 바그다드로 불러들였다. 동시대에도 가장 학식 있는 자로 인정받고 존경받았다.
20. '이크라아'란 아랍어 동사 명령형으로 '읽어라'는 의미다. 무함마드가 받은 『코란』의 계시 첫 번째 낱말이었다고 한다. 마찬가지로 《이크라아》라는 정기간행물이 발행되고 있으며, 대학 등에서 무료로 배포되고 있다.
21. 히라란 예언자 무함마드가 최초로 계시를 받았다는 산으로, 메카 교외에 있다. 마흔 살 때 이 산속의 동굴에 틀어박혀 있었을 때 최초의 계시(앞 주석 참조)를 받았다고 한다.
22. 이 제목은 '빛남'을 의미하는데, 부활한 날을 묘사한 "대지는 주님의 빛으로 빛을 발산하니" (『주마르』 69절)라는 데서 유래한다.

편집부도 이곳에 있다. 현지인의 안내를 받았다고는 하지만, 미리 약속도 하지 않고 불쑥 찾아간 나를 편집장 라이라는 기분 좋게 맞아주었다. 다음은 내가 질문한 내용에 대한 답변이라기보다는 그녀의 입에서 자연스럽게 나온 말을 정리한 것이다.

《이슈라카》 2004년 1월호 표지. 주요 기사는 세이프 라이드가 옥중에서 보낸 시, 아랍 사회의 빈곤 실태에 대한 르포, '아이들 앞에서 보여주는 부부관계의 한도는?', '애니메이션이 아이들에게 미치는 영향에 대해' 등이다.

> 서구인들은 이슬람이 여성 억압적인 종교라고 하지만 그건 완전히 오해입니다. 저는 이렇게 일을 하고 있고 충실하게 생활하고 있거든요. 히잡을 쓰는 것은 그렇게 함으로써 저의 존엄성이 지켜질 수 있기 때문이고, 저 자신이 바라서 하는 것입니다.
>
> 서양에서 기원한 페미니즘의 영향을 받은 여성 단체에는 관심이 없고, 그것이 아랍 사회에서 지지를 넓혀가지도 못하겠지요. 하지만 곤혹스러운 것은 이슬람이라는 이름을 들먹이며 자신들은 이슬람의 틀 안에서 페미니즘을 보급하고 있다고 선전하고 있는 단체입니다. 그러나 그 실태를 말하자면 그런 단체는 이슬람을 왜곡하고 있을 뿐이고, 이슬람 안에 조금씩, 조금씩 서구적인 사상을 섞어가며 관련된 사람들을 세뇌시키고 있습니다.

그녀가 지명한 단체 중 하나는 예전에 나도 대표자로부터 이야기를 들은 적이 있는 비정부기구였다. 이슬람을 존중하면서 여성들의 힘을 기르는 것을 목적으로 하는 세미나 등을 기획하고 있었다. 마을 안에 사무소를 두고 있는 조그만 비정부기구 단체에 대한 꼬리표로서는, 단순히 생각해도 과도하다는 기분이 든다.

나는 문득 생각나서 그녀가 좀더 젊었을 때의 일을 물어보았다. 그녀도 움므루파함에서 태어났다고 한다.

> 히잡을 쓰는 사람들은 나이 든 사람들뿐이었어요. 저는 무슬림 가정에서 태어났지만 신앙심이 깊지는 않았지요. 이슬람 같은 건 늙은이들을 위한 케케묵은 종교라고 생각했어요. 이런 저도 당시에는 어깨나 다리를 노출한 옷을 입었거든요. 하지만 이슬람 운동이 생겨나 모든 것이 바뀌었습니다. 저는 다시 태어났지요. 그런 일을 거쳐 지금의 제가 있는 것입니다.

그렇게 이슬람 운동은 새로운 모스크나 반짝이는 건물만이 아니라 거무스름한 이슬람 복장과 히잡을 몸에 걸치고 씩씩하게 일하는 여성들도 만들어낸 것이다. 이슬람 운동은 여성의 복장을 바꾸었고 동시에 그녀들의 고용 기회를 확실히 넓혀주었다. 다만 똑같은 일을 "그녀들에게 일할 장소를 제공하면서 그녀들을 거무스름한 옷 안에 가두어버린 것이다"라고 바꿔 말한다면 뉘앙스는 상당히 달라진다.

'이슬람 운동' 조직의 중추가 어디에 있는지 외부에서는 알기 힘들다. '이슬람 운동'에 속한 협회나 기금, 위원회가 대중에게 열려 있고 각각의 조직이 앞에서 말한 것과 같은 다양한 활동을 하고 있다. 대학생을 지원하기 위한 '이크라아 협회'가 발행하는 핸드북에 '이슬람 운동' 계열로 기재되어 있는 조직의 수는 열세 개고, '이크라아 협회' 자체를 포함하여 열네 개지만 그 밖에 각각의 아랍인 거주 지역 안에서만 활동하는 지역 조직도 있다. 움므루파함이 중심이라 하더라도 '이슬람 운동' 계열의 조직 사무소는 이제 이스라엘의 아랍인 거주 지역 여기저기에 존재한다.

이 조직 중에서 규모가 가장 크고 영향력이 가장 큰 것은 아마 '이슬람 성지를 위한 알아크사 기금'일 것이다. 이 조직이 앞에서 소개한 '알아크사가 위험해, 대집회'에서 중심적인 역할을 했는데, 그것에 그치지 않고 이스라엘 '이슬람 운동'이 대중화하는 데서도 핵심 역할을 했다.

주변 이슬람 나라의 아랍인은 1948년 나크바(대재앙) 이후 1967년까지 동예루살렘에 들어갈 수가 없었고, 당연히 알아크사에 예배하러 갈 수도 없었다. 1967년의 제3차 중동전쟁에서 아랍 측이 패배하고 이스라엘이 동예루살렘을 포함한 서안지구와 그 밖의 지역을 점령함으로써 이스라엘 내부의 무슬림들은 알아크사에 접근할 수 있는 권리를 얻어야 하는 아이러니한 사태가 발생했다. 그러나 이스라엘 국내의 무슬림들이 열심히 예루살렘에 가게 된 것은 역시 1980년대 '이슬람 운동' 이후의 일이다. 현재 무슬림이 사는 이스라엘 안의 마을이나 도시에서는 매일 아침 일찍 예루살렘으로 가는 버스가 출발한다. '이슬람 운동'이 무료로 버스를 운행하고 있는 것이다.

'알아크사 기금'은 1996년부터 그때까지 불충분한 보수·관리밖에 하지 못했던 알아크사 일대의 성지를 청소하고 복구한 뒤 수도나 전기 시설을 개선하고 장래 계획을 세웠다. 전문가도 동원되는데, 실제로 땅을 삽으로 파고 시멘트를 섞고 석판을 끼워 넣는 작업을 한 것은 이스라엘 곳곳에서 모여든 젊은이들이다. 한편 1996년에는 리쿠드당의 우파 베냐민 네타냐후[23]가 수상이 되었는데, 예루살렘의 유대화 정책이 급속도로 진전되어 점령지의 팔레스타인 사람들이 예루살렘에 접근하기가 어려워졌다. 점령지의 팔레스타인 사람들이 예루살렘에서 쫓겨나고, 그것을 대체하듯이 이스라엘 국내의 팔레스타인 사람들이 열심히 예루살렘으로 향하기 시작했다. 예루살렘의 유대화와 동시에 이슬람 운동에 의한 알아크사의 '재이슬람화' 과정을 간파할 수 있다. 다시 말해 알아크사는 당연히 무슬림에게 성지이고, 점령지의 모든 팔레스타인 사람들에게 해방의 염원을 상징하는 곳이다. 그것은 지금도 변함이 없지만 알아크사를 지키자고 호소하고 구체적으로 알아크사를 인적·금전적으로 지원하기 위해 전면에 나선 사람들은 이제 이스라엘의 '이슬람 운동' 지도자들인 것이다.

그러므로 2000년 9월에 아리엘 샤론이 알아크사의 이슬람 성지를 '방문'한 것은 완전히 돌이킬 수 없는 도발 행위였다. 샤론이 방문했을 때는 당연히 이스라엘 국내의 무슬림도 있었고 그 대부분은 뭔가의 형태로 '이슬람 운동'과 관련된 사람들이었을 것이다. 이스라엘은 '이슬람 운동'을 경계하여 나중에 지도자들을 투옥했는데, 일부러 '이슬람 운동'이 성장하고 급진적으로 돌변할 수 있는 일을 했던 것이다.

23. 1949년에 태어나 1996년 이른바 차바르(건국 후의 이스라엘에서 태어난 세대)로서는 처음으로 수상이 되었다. 이스라엘에서는 '비비'라는 별명으로 불리며 대중적인 인기를 얻었다. 수상에 취임한 후인 1996년 9월 예루살렘 구시가지에 관광용 터널 개발 계획을 발표했고, 거기에 항의하는 운동을 일으킨 팔레스타인 사람들 1,000명 이상이 죽임을 당했다.

알아크사 모스크를 수복하기 위해 일하는 자원봉사자들('알아크사 기금'에 의해 간행된 사진집에서)

또한 샤론의 '방문'으로 시작된 제2차 인티파다 때는 이스라엘 국내의 아랍인 열세 명이 이스라엘 경찰에 의해 살해되었다(12장 주석 7을 참조하라). 이스라엘의 아랍인에게 피점령지의 팔레스타인 사람들과의 '연대'나 '공감'을 뛰어넘어 진정한 의미에서 인티파다가 자신들의 문제가 된 것은 바로 이때였다.

외부의 눈, 환영과 경계

'이슬람 운동' 외부에 있는 이스라엘의 아랍인, 특히 무슬림은 '이슬람 운동'을 어떻게 보고 있을까? 몇 사람의 목소리를 들어보자.

알리는 자신이 살고 있는 아랍인 도시에 있는, 유리 제품 공장에서 일하고 있는 젊은이로, '아부나우 루 바라도'(향토의 아들들)[24]라는 이름의 작은 정당에서 활동하고 있다. 그저 소속되어 있는 것이 아니라 상당히 적극적으로 활동하는 멤버다. "이슬람 운동에 대해 어떻게 생각하느냐고요? 좋다고 생각해요. 그들이 이 도시에서 힘을 가지게 되어 대환영이에요. 하지만 저 자신은 아부나우 루 바라도에서 활동하고 있어요." 젊어서인지 그는 다소 포용력이 부족하고 단정적으로 말하는 경향이 있다. 예를 들어 자동차를 타고 거리를 달리다가 젊은 무슬림 여성이 팔을 드러낸 모습을 보면 나에 대한 '교육 효과'를 노린 것인지 "저건 반이슬람적이에요"라며 일일이 투덜댄다. '아부나우 루 바르도'의 지도자들은 종교와는 무관하고, 정확히 말하면 아나키스트적인 입장이다. 이상한 조합이지만 '아부나우 루 바르도'가 젊은 무슬림 층에게 파고들고 있는 것은 사실이다. 그의 예의바른 태도나 성실함, 정치에 대한 열의는 '이슬람 운동'과 '아부나우 루 바르도' 양쪽의 좋은 점을 흡수한 결과인 것 같다.

'이슬람 운동'에 거부감을 보이는 사람은 확실히 여성이 많다. 어떤 기독교도 여성은, 묻지도 않았는데 직접 이런 이야기를 꺼냈다. "여성으로서 이슬람 운동의 고조에는 공포심을 느껴요. 앞으로 무슨 일

24. 1960년대 말부터 1970년대 초에 걸쳐 이스라엘의 아랍인 학생운동을 기반으로 형성된 정치 단체다. 지방의회에서는 일정한 지지를 얻고 있으나 일관되게 이스라엘에 참여하는 것을 거부하고 있기 때문에 크세네트(국회) 선거에는 참가하지 않는다. 1999년 이래 이스라엘의 아랍인 유권자에게 크세네트 선거 거부 운동을 호소하고 있고, 2006년의 선거에는 '크세네트 거부 인민위원회'를 조직했다. 이러한 태도에 대해서는 다른 좌익 정당 사이에서 격렬한 비판의 목소리도 있었다. 2004년 2월 지도자인 무함마드 카나아나 등이 체포되어 '테러리즘방지법'(이 장의 주석 7을 참조할 것) 위반으로 유죄를 선고받아 지금도 감옥에 있다.

이 일어날지……. 정말 이 사회의 미래를 생각하면 끔찍해요." 무슬림이지만 자신은 신앙을 가질 수 없게 되었다는 다른 여성은, 우연히 텔레비전에서 유대교 우파의 집회 모습이 방송되자 이렇게 말했다. "어떤 원리주의에도 반대해요. 이슬람도 유대도 아니예요. 보세요. 종교가 다를 뿐, 저 사람들의 심성mentality은 하마스나 이슬람 운동 사람들과 똑같잖아요. 분명히 말하지만 여성으로서 공포심을 느낄 뿐이에요."

한편 기독교도인 내 룸메이트는 내가 갖고 있는 셰이프 라이드의 비디오를 발견하자 의외로 호의적인 반응을 보였다. "선동자가 아니라 온화한 인간으로서의 셰이프 라이드가 그려져 있어 좋은 비디오인 것 같아요." 이슬람 운동 자체에 대한 이야기는 듣지 못했지만 싫은 것은 분명히 거절하는 그녀치고는 차가운 시선이 아니었다는 점이 인상적이었다.

'이슬람 운동'이라는 말을 듣고 곧바로 분명한 반감을 보이는 사람은 여성에 한하지 않는다. 나사렛[25]에서 만난 예순쯤으로 보이는 남성은 '이슬람 운동'이라는 말을 입에 담을 때면 표정이 변하곤 했다. "이슬람 운동만은 달라요. 절대 사절이지요." 이 말은 "다들 함께하면 좋잖

---

25. 이 책 6쪽의 지도를 참조하라. 마리아가 수태고지를 받고 예수가 어린 시절을 보냈다고 하는 도시로 유명하다. 아랍인의 도시로서는 이스라엘에서 가장 크고, 이스라엘이 건국한 후 국내 아랍인의 정치·문화를 견인해왔다. 현재의 인구는 약 6만 명인데, 그중 무슬림이 약 70퍼센트, 기독교도가 약 30퍼센트다. 1948년 7월 16일, 유대군에 의해 점령된 나사렛은 전투를 벌이지 않고 항복했기 때문에 이 도시에는 나크바(대재앙)의 기억을 생생하게 말해주는 직접적인 흔적은 거의 존재하지 않지만, 주변의 많은 마을은 완전히 파괴되었다.

아요. 같은 아랍이니까요"라는 발언 뒤에 나온 것인 만큼 단호한 의사를 나타낸 것이었다. "옛날에 저는 공산당 동조자였지만 타장모우[26]로 바꾸었습니다. 지금도 공산당 사람들과는 친구니까요." 그리고 옆자리에 앉아 있는 남성을 가리키며 말했다. "이 사람은 공산당이에요. 다들 함께하면 좋지요. 그러나 이슬람 운동만은 ……" 하는 것이었다.

그와 서서 이야기를 나눈 곳은 공산당 본부 근처의 낡은 카페 안이었다. 딱 봐도 공산당 동조자 같은 분위기의 남성들이 아침부터 한가하게 차를 마시며 담소를 나누고 있었다. 그러나 이 도시에도 '이슬람 운동'의 사무소가 생겨 "셰이프 라이드가 나사렛에 왔다!"라는 현수막이 도시를 장식하고 있는 것을 보게 되었다.

새로운 천년을 맞이하는 서기 2000년을 눈앞에 둔 무렵, 이스라엘 정부가 다양한 관광 이벤트를 준비하는 가운데 그리스도의 '탄생고지 교회'가 있는 나사렛은 로마 교황의 방문을 앞두고 있었다. 한편 '이슬람 운동'은 이 교회 근처에 거대한 첨탑이 있는 모스크를 건축할 계획을 세워, 도시 안에서는 단숨에 무슬림과 기독교도 사이의 긴장이 발생했고 한때 대단한 소동이 벌어지기도 했다. 공산당계 기독교도인 시

26. 정식 명칭은 '민족민주주의회의'다. 타장모우는 아랍어로 '덩어리'나 '모임'을 뜻한다. 히브리어의 약칭은 바라도다. 1996년 전前 공산당 활동가인 아즈미 비샤라 등이 설립했다. 이스라엘이 "그곳에 사는 모든 사람의 나라"가 되어야 한다고 호소하고, 사실상 반시온주의면서도 이스라엘의 법에 따라 국회에 의원을 보내는 정당으로, 정교한 논리에 의해 그러한 꼬리표를 피해왔다. 특히 학생이나 지식인의 강력한 지지를 받았지만 아즈미 비샤라 개인의 인기에 기대 성장한 정당이라는 측면도 강하다. 2007년 헤즈볼라에 대한 정보를 제공했다는 의심을 받은 비샤라가 카이로의 이스라엘 대사관에서 국회의원 사임 절차를 밟고 국외에서의 생활을 시작했기 때문에 이 당을 둘러싼 정세는 어려워졌다.

장市長과 이슬람 운동 측의 정치적 협상이 있었던 일과 함께 모스크 건설을 후원한 샤스[27] 등 유대교 우파 정당의 역할도 빼놓을 수 없다. 아랍 측과 이스라엘 측 두 종교 세력은 세속적인 라이벌 정당에 대항한다는 의미에서는 공통된 이익을 가지고 있는 것이다.[28]

'타장모우'의 사무국장 아와드 압둘 파타프와 인터뷰를 했을 때 이슬람 운동에 대해 물어보았다. "모든 이슬람 운동은 딜레마에 빠져 있어요. 그들이 목표로 하는 것은 이슬람 국가의 건설입니다. 그러나 인구는 적어도 그들은 문화적·사회적으로 아랍 사회를 견인해온 기독교도를 무시할 수는 없어요. 이스라엘은 무슬림과 기독교도를 단절시키기 위해 이슬람 운동을 조종하고 있어요. 그래서 교육의 향상이 필요하지요. 이슬람 운동을 지지하는 것은 압도적으로 교육 수준이 낮고 사회적으로 밑바닥에 있는 사람들이거든요."

앞에서 소개한 '알아크사가 위험해, 대집회'에 나를 데려간 라티파의 집을 떠올렸다. 하층에 속한 사람들이 많이 살고 있고 미디어 등에서는 흔히 '버림받은'이라는 형용사가 붙은 채 언급되는, 하이파의 핫

---

27. 이스라엘의 초정통파를 대표하는 정당으로, 정식 명칭은 '토라를 준수하는 세계 세파르디 협회'다. 1984년에 설립되어 1999년 국회 선거에서는 120석 중 열일곱 석을 획득했다. 올메르트 정권 아래서 연립정부에 참여하여 네 개의 각료 자리를 얻었다.
28. 이스라엘 정부가 모스크 건설 허가를 냈고 모스크의 초석을 다지는 단계에 이르렀지만 나사렛 지방재판소는 모스크 건설 예정지가 와크라는 이슬람 운동 측의 주장을 물리치고 모스크 건설을 중지시켰다. 그러나 일반적으로 이러한 사건의 전말에 의해 이슬람 운동은 패배한 것이 아니라 오히려 나사렛에서의 존재감을 강화하고 자신감을 키웠다고 평가되고 있다. Raphael Israeli, *Green Crescent Over Nazareth: The Displacement of Christians by Muslims in the Holy Land*, Frank Cass Publishers, 2002

리사라는 지구에 있었다. 장거리 운전 기사로 일하고 있는, 말수가 적은 라티파의 남편은 '이슬람 운동'에는 무관심했고, 그녀 혼자 많은 아이들을 떠안고 활발하게 활동하고 있었다. 세대가 다른 여성들이 자주 찾아오기도 하고 무관심한 남자들을 거들떠보지도 않은 채 여자들끼리 서로 의지하며 사는 모습이 떠올랐다. 현재 이슬람 운동의 사회적 위치나 지지자의 사회계층은, 일본의 창가학회創價學會(법화교 계통의 신종교다. 1930년 마키구치 쓰네사부로牧口常三郎가 창립한 창가교육학회를 도다 조세이戸田城聖가 1946년에 재조직했다. 이케다 다이사쿠池田大作가 회장이 되고 나서 공명당公明党을 결성했다. 니치렌슈日蓮正宗의 재속신앙 단체로 다이세키사大石寺가 본산이었으나 1993년 니치렌슈와의 관계는 끊어졌다 - 옮긴이)의 그것과 비슷하지 않을까 하는 생각이 든다.

그런데 움므루파함에 있는 '알아크사 기금'의 본부를 방문한 날, 이 도시에서 보이는 '분리장벽'을 보러 갔다. 도시를 벗어난 곳이기는 했지만 이 도시에 속하는 지역이 '분리장벽'이 건설될 예정지였다. 아직 장벽 자체는 건설되지 않았지만 분리선에서 수백 미터 떨어진 곳에서부터 출입이 금지되어 있었다. 안내해준 사람은 고등학교를 졸업한 후에 어린이들을 위한 『코란』교실의 교사로 활동하는 소메이야였다. 이 교실도 '이슬람 운동'에 속하는 '하라 기금'의 활동의 일환으로 운영된다. 조심스레 보고 있으니 멀리서 군용차가 지나는 게 희미하게 보였다. "무서우니까 돌아가죠"라고 소메이야가 재촉했다.

장벽을 건설하고 이스라엘의 아랍인을 서안지구 사람들로부터 분리하려고 하는 한편, 아랍인이 밀집되어 있는 지역을 팔레스타인 측에 주고 서안지구의 유대인 입식지를 포함한 지역을 이스라엘 측으로 편입시킨다는 논의가 이스라엘에서는 계속되고 있다. 국내의 아랍인 인구를 되도록 적게 하고, 가능한 한 넓은 지역을 손에 넣겠다는 배타주의적이고 완전히 자기들 멋대로의 논의다. 그런 논의를 할 때, 팔레스타인 측에 줘버려도 아깝지 않은 장소 중 첫 번째 후보지는 '물론' 움므루파함이었다.

'이슬람 운동'이 무엇을 목표로 하고 아랍 사회에 어떤 미래를 가져오려고 하는 것일까? 그런 논의에서 때로 놓치고 있는 것은, 이스라엘의 현실이 바뀌지 않는다면 어떻게 해도 도리가 없다는 당연한 인식이다. '이슬람 운동'은 이스라엘의 현실이 낳은, 이른바 '부모를 닮지 않은 못된 아이'이며 그 현실에서 성장하고 거듭 궤도를 수정해온 것이다. 당연한 일이지만 그러한 인식 위에서 '이슬람 운동'의 지도자들이 앞으로 선택해나갈 정치적 방침은, 상황이나 배경에서 떼어놓고 그 자체로 평가하지 않으면 안 될 것이다.

그렇다 하더라도 이 사회의 미래는 흐린 유리접시 같아서 닦고 닦아도 선명해지지 않는다. 그러므로 한숨을 쉬면서 가만히 상자에 다시 넣고 봉인한 채 보이지 않는 곳에 내버려두고 싶어진다.

7장

아랍 여성들의 희망은 어디에 있는가

'교육 받은 여성'

파티마는 갑자기 이야기를 시작했다. 집안일을 마치고 놀리듯 손을 닦으며 내가 있는 탁자로 와서 곧바로 말을 건넸다. "일본 여성들의 전통적인 수작업에는 어떤 게 있나요?" 나의 간단한 대답을 잇듯이 그녀가 이야기를 시작했다. 나에게 질문을 한 것은 이야기의 실마리를 끄집어내기 위해서였고, 오히려 그녀 자신에게 이야기하고 싶은 것이 있다는 생각이 들었다. 옛날에 근처에 살던 베두인[1] 가족 이야기인데, 베두인인 고령의 여성이 손이나 얼굴에 새긴 문신에 대해서였다. 어렸을 때 어머니한테서 들은 이야기. 이스라엘 북부 베두인 마을, 자르지르[2]에 있던 그녀의 집 식당에서의 일이었다.

파티마는 떠돌이 생활을 하지 않게 되었고, 그녀의 집은 정주화定住化 정책[3]에 따라 세워진 집과는 달리 신축한 건물이었는데 굉장히 넓고 깨끗했다. 수작업을 좋아하는 그녀의 취미 때문인지 인테리어는 세련되었고 여러 가지 장식품으로 장식되어 있었지만, 온 집안이 침침했기 때문에 그런 것을 확인하기는 어려웠다. 더위를 막기 위해 낮 동안은 창을 모두 내리고 있었던 것이다. 그래도 셔터가 달리지 않은 유리 부분의 빛이 반사되어 식당에도 들어오기 때문에 바깥 햇볕이 얼마나 강한지는 충분히 알 수 있었다. 누구나 밖에 나가지 않고 집안에 틀어박혀 있을 것 같은 한여름의 낮이었지만, 다른 가족은 차를 타고 각자 일을 보러 외출하고 집에는 그녀뿐이었다.

파티마는 1949년, 즉 나크바[4] 다음 해에 태어났다. 당시 쉰 살인 그

---

1. 아랍계의 유목민을 가리키지만 각 집단마다 귀속의식을 갖고 있고 지역에 따라 생활양식도 제각각이다. 현재 이스라엘 국내에는 약 17만 5,000명의 베두인이 살고 있고, 그중에서 이스라엘 북부에 살고 있는 사람은 3만 5,000명 정도다. 4장 주석 25, 이 장 주석 12를 참조하라.
2. 이 책 6쪽의 지도를 참조하라. 갈릴리 지방 베두인의 정착을 촉진하기 위해 만들어진 마을 중의 하나로 1963년에 만들어졌다. 인구는 약 5,500명이다. 북부에 사는 베두인은 원래 시리아 사막에서 이주해온 사람들이라고 한다. 병역 지원율이 높고 이스라엘 정부에 순종적이라고 여겨지고 있는데 그 배경에는 이스라엘의 교묘한 분리 통치가 있다.
3. 근대적 국가의 질서를 유지하기 위한 요청으로 시작된 영역 내 이주민·유목민의 정주화 추진은 기술의 진보에 의한 전통적인 생활 수단의 붕괴에도 힘입어 전 세계의 이주민 수를 격감시켰다. 한편 이스라엘의 '베두인 정주화 정책'을 알려면 건국 후 유목민만이 아니라 영역 내에 남은 모든 아랍인(대다수가 농민)의 토지가 정부에 의해 몰수·이용 제한·재분배의 대상이 되었던 것을 파악할 필요가 있다. 농민처럼 조상으로부터 물려받은 일정한 토지를 갖고 있지 않았던 베두인은 거주를 위한 토지를 받았기 때문에 정부에 대한 복종이 강화되었고, 한편 이스라엘은 더욱 광대한 토지를 무상으로 손에 넣었다. 네게브 사막의 베두인에 대해서는 이 장 주석 12를 참조하라.

녀에게는 열두 살 짜리를 비롯해 네 명의 손자가 있었다. 최근에는 그렇지도 않지만 아랍 사회에서는 일반적으로 여성의 평균적인 결혼 연령과 초산 연령이 이르다. 나크바를 경험하지 않은 세대가 사회적으로는 이미 '할아버지·할머니'가 된 것이다. 일본에서 말하자면 단카이團塊 세대(제2차 세계대전 직후 즉 1947년에서 1949년까지의 베이비붐 시기에 태어난 세대를 말한다. 전후 제1차 베이비붐 세대라고도 한다. 제2차 세계대전 후 일본의 발자취와 인생을 함께 했고 또 그 특이한 인구 구성 때문에 좋든 나쁘든 일본 사회의 형성에 커다란 영향을 끼친 세대다 - 옮긴이), 전공투 세대(1965년부터 1972년까지, 베트남 전쟁과 안보투쟁 시기에 대학 시절을 보낸 세대를 말한다 - 옮긴이)에 해당하는데, 이 세대의 팔레스타인·아랍인과 이야기할 때는 대체로 일본의 이 세대보다 훨씬 연장자를 상대하고 있다고 착각하는 일이 많다. "그러고 보니 당신은 이 마을에서 최초의 여성 교사였네요"라고 떠보았더니 그녀는 기다렸다는 듯이 약간 어조를 가다듬으면서 말을 이었다.

저의 어머니는 아들을 낳지 못했어요. 그래서 아버지는 다른 여성과 결혼하려고 했지요. 다시 말해 어머니와 우리는 집에 남고 아버지는 아들을 낳기 위해 다른 여성과 결혼하려고 한 겁니다. 그래도 어머니는 그 일에 합의해주지 않았어요. 그래서 저는 어렸을 때 늘 어머니

---

4. '파국'이라든가 '재앙'을 의미하는 아랍어다. 팔레스타인 문제의 맥락에서는 1948년 이스라엘이 건국함에 따라 팔레스타인 사람들이 입은 대재앙을 가리킨다. 약 5,000개의 팔레스타인 마을이 파괴되었고 약 1만 명의 팔레스타인 사람들이 살해당했으며 70만 명의 이민이 발생했다.

와 아버지가 나누는 이야기를 들었어요. 때로는 심한 다툼이나 싸움이 벌어지기도 했는데, 그것이 저에게 큰 영향을 미쳤어요. 그래서 저는 스스로 이중의 존재가 되자, 즉 여자아이인 동시에 남자아이가 되자고 결심했지요. 저는 여자아이고, 여자아이는 여러 가지 의미에서 남자아이와 달라요. 하지만 남자아이처럼 됨으로써 아버지가 남자아이가 없다는 것을 느끼지 못하게 하자고 생각했던 겁니다. 물론 어머니한테도 말이에요. 어머니는 아주 강력하게 남자아이를 원했어요. 하지만 저와 여동생밖에 생기지 않았어요.

어떻게 그렇게 하느냐고요? 열심히 공부해서 우등생이 되고, 교육을 받아 다들 '이 아이는 남자아이보다 낫다'는 말을 듣기로 결심한 거지요. 그 당시에는 여자아이만이 아니라 남자아이들도 거의 교육을 받지 않았으니까요. 초등학교·중학교는 우등으로 마쳤어요. 선생님들은 다들 제가 뛰어나다면서 격려해주었어요. 그러나 만약 좀 더 공부를 하고 싶다고 해도 이 지역은 교통도 불편해서 큰일이라고만 할 뿐 어떤 희망도 주지 못했어요. 그래서 부모님께 좀 더 교육을 받고 싶다, 나사렛[5]으로 통학하고 싶은데 어떻게 생각하느냐고 물어보았지요. 열네 살 난 딸이 혼자 나사렛까지 통학한다는 건 무리라고 했어요. 그런 반응은 각오하고 있었어요.

저는 나사렛으로 가서 학교를 찾아봤어요. 이미 학생 모집 기간이 다 끝나갈 무렵이었어요. 잘 알려진 공립학교로 찾아갔는데 벌써 모집

---

5. 6장 주석 25를 참조하라.

이 끝난 뒤였지요. 기독교계 학교인 '테라 산타'에 가보았지만 그곳도 이미 끝났더라고요. 우리 집안과 친한 사람 중에 나사렛에 대해 잘 아는 사람 있어서 그녀에게 상담하자 '프란시스칸'이라는 기독교 계열의 학교가 있다고 가르쳐주었어요.[6] 그녀가 학교 사람과 이야기를 해줘서 저는 제 이름을 등록하고 일주일 후에 시험을 볼 수 있었어요. 그리고 그 일주일 후에 합격했다는 통지를 받았지요.

'난 이 세상에서 가장 행복한 사람이다! 나사렛에 가서 공부를 하게 되다니.' 말하자면 이건 박사학위를 받은 것과 같은 정도의 일이라고 느꼈어요. 엄청난 일이었지요. 어쨌든 저는 옷과 책을 사러 갔습니다. 나사렛의 학교에는 아는 사람이 아무도 없었어요. 저는 학교의 경영자한테 가서 "저에게는 아는 사람이 한 명도 없습니다. 저는 베두인 사회에서 왔는데 거기에는 아직 (고등학교 수준의) 교육을 받은 사람이 아무도 없습니다. 제가 처음입니다"라고 말했어요. 그들은 저를 격려하면서 교실로 안내해주었지요. 그리고 교실의 다른 학생들한테 "이 아이는 예의바르고 의욕적인 학생입니다"라고 소개해주었어요.

처음에 저는 친구가 한 사람도 생기지 않았어요. 그런 것은 신경 쓰지 않았지요. '열심히 공부해서 우등생이 되자, 그러면 그들이 다가올 거다.' 그런데 말 그대로 되었어요. 다들 제 이름이나 제가 어디에서 왔는지를 물었거든요. 나사렛의 주민은 베두인 사회를 전혀 몰랐어요. 그들은 우리가 텐트 생활을 하고 낙타를 기른다고 믿고 있었어요. '아

---

6. 가톨릭 수도회 중의 하나인 프란시스코회다. 기독교 순례자가 많이 오는 도시인 만큼 나사렛에는 미션계 학교가 많고 무슬림의 자녀도 다니고 있다.

니다, 그렇지 않다, 나는 당신들과 같은 평범한 집에서 살고 있다'고 말해주었지요. 자르지르와 나사렛은 같은 지역이에요. 그런데도 우리에 대해 아무도 모르는 거예요. 하지만 조금 있으니 학교 친구들이 저희 집으로 놀러 오게 되었고 저도 그들의 집에 놀러 가게 되었어요.

깜박하고 말을 못했는데, 저희 집에서 (마을 바깥으로 연결되는) 주요 도로의 버스 정류장까지는 걸어서 한 시간쯤 걸렸어요. 버스를 타고 나사렛까지는 30분쯤 걸렸고요. 매일 왕복 세 시간이 걸린 셈이지요. 게다가 마을에는 아직 전기가 들어오지 않았어요. 저희 집에 있던 것은 가스램프뿐이었어요(그녀는 그 램프를 꺼내 와서 보여주었다). 이걸 옆에 놓고 숙제를 했지요. 밤 7시부터 12시쯤까지요. 아침 5시에 일어나 아버지와 함께 집을 나섰어요. 아버지는 (키르야트) 티본[7]에서 일했으니까요. 아버지는 티본 방향으로 가는 버스를 타고, 저는 반대로 나사렛으로 가는 버스를 탔지요. 아버지가 더 일찍 돌아왔어요. 1964년의 일이에요.

아버지는 돈이 없었어요. 당시 화폐 단위는 세켈이 아니라 리라[8]였는데, 아버지는 매일 일을 해서 2리라를 벌었고, 저에게 반 리라를 주었어요. 나사렛의 소녀들은 부자예요. 매일 가게에 가서 먹을 것이나

---

7. (히브리어의 정확한 발음으로는 티부온) 자르지르에서 약 11킬로미터쯤 떨어져 있는데, 자르지르와 하이파 중간에 있는 유대인 도시. 그 북쪽에는 바스마트티본(티본의 미소)이라는 베두인 마을이 있다.

8. 이스라엘의 통화는 1980년에 리라에서 세켈(=100아고라)로 바뀌었다. 영국 위임통치 하의 팔레스타인에서는 파운드(아랍어로는 주나이하, 히브리어로는 리라)가 사용되었는데 이스라엘이 건국한 후에는 성서에 나오는 고대의 통화 단위인 세켈과 아고라가 사용되었다.

단 것들을 샀거든요. 저는 호브즈[9] 안에 아무것도 넣지 않고 그것만 먹는 일도 많았어요. 아버지가 저에게 교육을 허락해준 것만으로도 충분했거든요. 아버지가 어떻게 일하는지 알고 있었으니까요. 그래서 하루 용돈인 반 리라로 사흘을 지낸 적도 많았어요. 다음 날 아버지는 또 주려고 했지만 저는 있다면서 받지 않았어요.

아버지도 어머니도 제가 나사렛에서 교육을 받게 되자 굉장히 만족해했어요. 저는 그들이 가지지 못한 것을 채워줄 수 있었지요. 다른 여성과 결혼해서 남자아이를 낳겠다는 생각은 아버지 머릿속에서 사라져버렸어요. 그 4년 후에 여동생이 (나사렛에서) 교육을 받게 되었고, 그 2년 후에 다른 집 여자아이가 역시 나사렛으로 가게 되었어요.

고등학교를 마쳤을 때는 제 주변의 모든 사람들이 기뻐해주었지요. 저는 대통령이라도 된 기분이었어요. 이 마을의 학교 선생님은 다들 마을 밖에서 온 사람들이었어요. 그래서 다들 제가 교사가 되는 일에 협력해주었지요. 왜냐하면 저라는 존재가 다른 여자아이들을 분발하게 하니까요. 제가 다른 여자아이들이 교육을 받을 수 있는 길을 개척한 셈이지요. 알라의 자비심 덕분이지요.

파티마의 어조에는 물론 자랑스러움이 묻어 있었지만 '알 하무드 릴라'[10]라는 말이 몇 번이나 끼어들기도 해서 자랑으로 들리지 않았다.

---

9. 아랍어로 빵의 총칭이다. '피타'로 알려져 있는 납작한 빵이 일반적이다. 안이 텅 비어 있기 때문에 그 사이에 혼모스(4장 주석 11을 참조하라)나 치즈를 바르거나 끼워서 도시락을 만드는데, 밖에 나갈 때 자주 가지고 다닌다.

그녀가 마을의 여자아이들에게 열어준 것은 교육을 받는 것만이 아니었다. 당시에는 결혼이라고 하면 사촌과 하는 것이 일반적이었는데, 그녀는 같은 자르지르 출신이기는 해도 다른 집안의 남성과 결혼했다. 역시 나사렛에서 공부한 남성으로, 서로 알고 지내던 사이였다. "저는 제가 속한 사회를 바꿔나가려고 결심했어요. 사촌과의 결혼을 거부했을 때는 저희 집안을 거스르는 일이라는 말을 들었어요. 하지만 (사촌과의 결혼은) 아이의 건강에도 좋지 않고 다른 가족과 결혼함으로써 다양한 변화가 생겨나는 것은 중요한 일이에요. 결혼 후에도 매일 부모를 찾아갔고, 아이가 태어나고 나서는 집안에 아이들이 있다는 것을 늘 느끼도록 했어요."

그러고 나서 그녀가 "제가 개척한 세 번째 일"이라고 한 것은 운전이었다. "그 당시에는 여성이 자동차를 몬다는 건 생각할 수도 없었어요. 아에브a'yb[11]라는 말을 들었거든요. 하지만 지금은 거의 모든 여성이 운전을 해요. 실제로 생활에서 빼놓을 수 없게 되었죠. 하지만 마을 여성들 중에서는 제가 제1호였어요." 그녀는 32년간 초등학교와 유치원에서 아이들을 가르쳤는데, 50세 때 퇴직하고 지금은 손이 많이 가는 가정 요리나 수예 등 수작업을 하면서 생활하고 있다.

---

10. 직역하면 '신에게 찬미'라는 뜻이다. '알라의 자비심 덕분에 이렇게 되었습니다'라는 정도의 말로, 잘 지내는지를 묻는 인사에 대한 대답이나 자신의 처지를 설명할 때 자주 사용되는 말이다. 좋은 일만이 아니라 때로는 비극적인 상황에도 사용된다.

11. 치욕이나 불명예를 가리키는 아랍어. 명예를 중시하는 서아시아 사회에서 소유물을 빼앗기거나 일족이 누군가에게 죽음을 당하는 것은 치욕이다. 가벼운 뜻으로 일상회화에서도 많이 사용되고 아이들이 신중하지 못한 행동을 하면 "아에브!(부끄러운 줄 알아야지!)"라고 꾸중을 하기도 한다.

이스라엘에는 약 17만 명의 베두인이 있다고 한다. 그중 대부분(약 11만 명)이 남부의 네게브 사막에서 살고 있는데, 이스라엘의 차별적인 정책 탓에 이스라엘의 아랍인 중에서도 특히 어려운 문제를 안고 있다.[12] 한편 파티마가 사는 이곳 자르지르 등 북부 베두인 마을의 상황은 얼핏 보기에 다른 아랍 마을과 큰 차이를 보이지 않는다. 주요 도로에서 한참 들어가야 집이 하나둘 흩어져 있는, 인구 5,000명이 조금 넘는 작은 마을이다. 사람들이 모이는 문화·상업 센터나 오락 시설 같은 곳은 전혀 없고, 랜드마크라고 할 수 있는 것은 모스크뿐이지만 각각의 집은 크고 훌륭하다.

알다시피 원래 베두인은 텐트 생활을 하면서 이동을 반복해온 사람들이다. 다만 일반적인 이미지처럼 여기저기에 닥치는 대로 이동하는 것이 아니라 어느 지역 전체를 생활권으로 하면서 계절의 변화에 따라 움직였던 것인데, 농민과는 또 다른 방식으로 일정한 범위의 지역에서 밀접한 관계를 만들어나갔다. 농민처럼 일정하게 토지를 구획하여 소유하지는 않지만 오스만제국 치하에서는 베두인에 속하는 토지는 인정받고 있었다고 한다. 그러나 이스라엘이 세워진 뒤 군사정부

12. 1948년 이스라엘이 건국함으로써 네게브 지방에 있던 약 7만 명의 베두인 대부분이 쫓겨났다. 약 1만 명 가까이까지 감소했던 베두인은 베에르세바의 한 지역으로 이주당해 1966년까지는 군사정부의 지배를 받았다. 1967년 이후 정부의 계획 아래 주택이 건설되고 마을 만들기가 진행되었으나 베두인의 생활양식이나 공동체 질서가 무시된 일방적인 것이었기 때문에 실패했다. 현재 네게브 사막에 사는 베두인의 절반 남짓은 정부가 지정한 일곱 개의 거주지에서 살지만 나머지 베두인들이 사는 마흔다섯 마을은 '무허가촌'으로 행정 시책의 대상에서 제외되어 있다. 불충분한 교육이나 높은 질병률, 이스라엘 정부에 의한 가옥 파괴 등 여러 가지 문제는 무허가촌은 물론이고 공식적으로 지정된 거주지에서도 심각하다.

는 베두인의 이동을 금지했고, 북부 갈릴리 지방의 베두인에 대해서는 1963년 법적으로 정주를 강요했다. 1949년생인 파티마 씨도 텐트 생활은 모르고, 어렸을 때는 바라크에서 살았다고 한다. 현재 그녀의 집 주변에는 나이 든 여성이 혼자 사는 바라크가 한 채 남아 있을 뿐이고, 어디를 봐도 새롭고 깨끗한 집만 눈에 들어온다. 그러나 단순한 향수가 아니라 이동을 반복하는 생활이 얼마나 편리하고 안성맞춤이었는지, 그녀는 부모나 조부모들로부터 계속해서 그런 이야기를 들어왔다고 한다.

"돌로 튼튼히 지어진 집에서는 사람이 속박되어 형편이 좋지 못해도 어디로 이동할 수가 없어요. 이건 불합리해요. 옛날 같으면 이웃과 말다툼이라도 일어나면 짐을 정리해서 가축과 함께 몇 킬로미터만 이동하면 되었거든요." 지금도 집 뒤뜰에서 가축을 기르는 집은 많지만 이동할 수 없기 때문에 냄새나 울음소리로 인한 다툼에도 대처할 수가 없는 모양이다.

그들에게 고정된 벽이나 지붕은 안락함을 주지 않는다. 원하기만 하면 언제든 이동할 수 있는 상태야말로 자유와 안식을 보증해주었던 것이다. 확실히 몇 세대에 걸쳐 이동하는 것을 당연시하며 살아온 사람들을 좁은 토지와 교환하는 조건으로 그곳에 붙들어두는 것이 얼마나 가혹한 정책이었겠는가. 농민이 경작해온 토지를 빼앗는 것과는 다른 방식으로 이스라엘은 베두인이 독자적으로 갖고 있던, 그들이 토지와 맺고 있는 관계의 총체, 나아가서는 그들의 신체성이나 생활양식, 문화를 빼앗던 것이다.

혼돈의 시대를 사는
이슬람의 딸들

파티마를 안 것은 그녀의 딸 라드와를 통해서였다. 그녀는 어머니와 마찬가지로 마을의 초등학교에서 교사로 일하고 있는데, 그곳에서 독자적인 교육 프로그램을 실천함으로써 주목을 받고 있다. 그녀는 교육학 분야에서 석사학위를 취득했고, 현재 진행하고 있는 교육 방법을 근거로 박사학위 논문을 집필하고 있는 중이기도 하다. 또한 학교 교사 외에 하이파의 사범대학에서 강사로 일하고 있다. 신념에 가득 찬 노력파로, 무척 바쁠 텐데도 자기 방식대로 대범하게 살아가는 모습에 나는 친밀감을 느꼈다.

이 어머니와 딸은 좋은 친구 사이로 보이지만, 세대 차이에 따른 사고방식의 차이는 당연하다. 어머니 파티마는 자신을 비롯한 수많은 여성들의 노력이 있었기에 베두인 사회가 변했다고 언급하는 한편, 베두인의 독자적인 문화가 상실된 것을 한탄한다. 딸인 라드와는 반대로 베두인임을 알 수 있게 하는 것을 몸에 걸치거나 '베두인다움'을 지적받는 것을 굉장히 싫어한다.

그녀들의 집에 머물렀던 어느 날 밤, 조명을 낮춘 라드와의 방에서 무슨 계기에서였는지 결혼 이야기를 하게 되었다. 그녀는 무척 결혼을 하고 싶어 했는데 적당한 상대가 나타나지 않는다는 것이었다.

"저는 올해 서른 살이 돼요. 다들 저에게는 고학력인 박사라든가 변호사가 어울린다고 생각해요. 저는 그런 것에는 하나도 신경 쓰지 않는데 말이에요. 하지만 남자들은 그런 것에 신경을 쓰는 것 같아요. 지금까지 남자와 친한 관계를 맺어본 적이 한 번도 없었어요. 그래도 남성이라는 존재 없이 평생을 살아가야 한다는 건 생각도 할 수 없어요."

심각한 표정으로 호소하는 그녀에게 무슨 말을 해야 좋을지 몰라 나는 당혹스러웠다. "남성이라는 존재 없이 평생을 살아가야 한다는 건 생각도 할 수 없어요"라는 말은 남성과의 연애가 필요하다는 게 아니라 어울리는 남자와 만나 결혼하고 그녀의 부모처럼 아이를 낳고 가정을 꾸려나가는 것이며, 그것을 이룰 수 없는 인생이란 상상할 수 없다는 의미인 것 같았다.

보수적인 아랍 사회, 특히 베두인 사회에서 고학력인 그녀가 어울리는 결혼 상대를 만나지 못하고 서른이 되어버렸다는 사정은 충분히 짐작할 수 있었다. 여자의 '젊음'에 가치를 두는 경향은 일본 사회보다 더 심하다.

게다가 그녀는 부모의 집을 떠나 생활해본 적이 없다. 하이파의 대학까지 매일 직접 운전하며 다녔던 것이다. 아랍 사회 일반에도 해당하는 이야기인데, 이스라엘의 아랍 여성은 특히 부모의 곁을 떠나 살고 있는지 그렇지 않은지가 성적 경험이 있는지 아닌지의 암묵적인 지표가 되어 있다. "그런 건 아무 상관 없는 것 아닌가요?"라고 말하고 싶지만, 여성의 성에 과도한 의미를 부여하는 사회여서 누구나 그것에 지나치게 집착하는 것 같다.

남성과 만날 수 있는 기회가 적은 것은 그녀가 부모의 집에 살고 있고 마을 안에서 일을 하고 있는 탓도 있으므로 큰맘 먹고 이렇게 물어보았다. "부모님 곁을 떠나 살고 싶다는 생각은 해본 적 없어요?" 금세 이런 대답이 돌아왔다. "그런 거요! 그런 사람은 그런 종류의 여자예요. 남자들도 그런 눈으로 보거든요. 게다가 혼자 살면 사람은 변하기 마련이에요. 제 여자 친구들 중에도 혼자 살기 시작한 사람들과는 관계가 끊어져버렸어요. 성격이 강해져서 자기 주장만 내세우게 되니까 결혼을 해도 상대와 잘 되지 않는 일이 많아요." 할 수 없이 나는, 일본에서도 결혼하지 않는 여성이 늘고 있다는 이야기를 했다. 그러나 일본 여성의 경우, 혼외의 성적 관계에 대해서는 일단 자신이 선택할 수 있는 상황이므로 비교한다고 해도 아무 의미가 없다. 그녀는 아이들을 무척 좋아했는데, 이 사회에서는 예컨대 결혼하지 않은 미혼모라는 존재는 생각도 할 수 없다. "결혼 같은 건 하든 안 하든 괜찮은 것 아닌가요?"라고 간단히 말할 수는 없는 것이다.

어느 여름 라드와가 네덜란드에서 일을 하고 있는 오빠 부부를 찾아가기 위해 처음으로 혼자 외국에 가게 되었다는 이야기를 들었다. 아버지가 항공권을 사와 일정을 설명하면서 본인에게 건넸다. 직업적으로 자신만의 영역에서 확실한 연구를 하고 있는 그녀 역시 '다 큰 딸'이라는 데 조금 놀라고 말았다. 그렇다고 해서 내가 그녀보다 정신적으로 '해방'된 처지에 있다고 생각되지도 않는다. 깊은 고민을 안은 채 성실하게 살아가는 그녀의 모습에, 쌓아온 경험이 전혀 다르면서도 왠지 남의 일이라고는 할 수 없는 공감을 느끼고 마는 것이다. 그녀는 이스라엘의 아랍 사회가 급속한 변화를 거치는 가운데 고생을 하면서도 새로운 길을 곧장 개척하기만 하면 되었던 어머니 세대와는 다른 문제를 안고 있는 것 같았다.

라드와가 사는 마을에서 하이파까지는 불과 30킬로미터다. 조그만 나라이므로 아무리 '변경'에 있는 마을에서도 자동차로 달리면 채 두 시간이 안 되어 큰 도시까지 나갈 수 있다.

베두인 마을만이 아니라 이스라엘 국내의 아랍 마을과 하이파의 문화적 차이에 나는 아직도 익숙해지지 않는다. 아주 좁은 지리적 범위 안에서 나타나는 이 극단적인 문화적·정신적 차이는 무엇이란 말인가? 견딜 수 없는 분노 같은 것이 느껴진다.

하이파에서 내가 사는 곳은 아랍인 지구와 가까운 유대인 지구인데, 방을 빌려 살고 있는 아랍인 학생이나 혼자 사는 젊은이가 비교적 많은 편이다. 바로 라드와가 "그런 종류의 여성들"이라고 경멸한 여성들이 자유롭고 제멋대로 살고 있는 곳이다. 텔아비브에 비하면 하이파는 아주 작은 '시골'이나 마찬가지다. 그리고 텔아비브는 아랍의 도시 야파와 가까워서 아랍인 공동체의 존재가 확실히 보이는 반면, 하이파의 아랍인 공동체는 규모가 무척 작다. 상점이나 레스토랑도 히브리어로 손님을 맞기 때문에 그곳이 아랍인 지역이라는 것을 알아채지 못하는 외국인 관광객도 있다. 북부의 아랍인 마을에서 아주 가까운 소도시인데도 하이파는 아랍 젊은이들에게 자신이 태어난 마을과는 정신적·문화적으로 격리된 별세계인 것이다.

하이파의 거리에서 아파트를 빌려 두세 명이 방을 함께 쓰며 살고 있는 아랍인 학생은 나름대로 경제력도 있고, 종교적인 분위기도 강하지 않은 가정 출신인 듯하다. 종교적으로 보수적인 가정의 경우는 특히 여자가 혼자 사는 것을 허락해주지 않아 기숙사에 들어가거나 대학 근처의 아랍 마을[13]에 있는, 가족이 경영하는 하숙집에서 생활하게 된다. 아파트에서 사는 여성도 졸업하여 학업이라는 구실을 댈 수 없게 되면 부모가 있는 집으로 돌아오라는 압력이 강해지는 것이 보통인 듯하다. 그래도 돌아가지 않게 되면 그런 모습에 눈살을 찌푸리는 사람들로부터 점점 '그런 종류'라는 말을 듣는 생활이 되는 것이다.

어디까지나 내 경험에 지나지 않는 이야기지만, 학교를 졸업한 후에도 계속해서 아파트에서 생활하는 여성들의 섹스에 대한 관심이나 그 욕망을 긍정하는 자세는 보통이 아니다. 한때 나와 방을 같이 썼던 여성은 섹스가 좋아서 미치겠다고 나에게 말했다. 그녀의 사생활에는 관심을 두지 않기로 마음먹고 있었는데, 밤마다 남자 손님이 찾아오는 것이 아무래도 마음에 걸렸고 방에 틀어박혀 귀를 막고 있어도 참을 수 없는 일이 벌어졌으므로 몇 번인가 이야기를 해보았다. 감정적으로 되지 않으려고 신중하게 말을 고르고 있는 나에게 그녀는 눈을 반짝이면서 숨도 쉬지 않고 떠들어댔다. "섹스는 인생을 채색해주는 즐거움이고 달콤한 과자나 아랍 커피 같아(손으로 키스를 보낸다). 지금까지

---

13. 이스피야와 다리야트 카르멜이라는 두 곳의 드루즈 마을이다. 이스라엘이 건국된 후 하이파에 남은 아랍 마을은 이 두 곳뿐이다.

의 룸메이트? 서로 자기 남자 친구를 데리고 와서 섹스를 하든 뭘 하든 아무 문제없었어. 넌 일본 사람이고, 사우디아라비아에서 온 것도 아니니까 전혀 문제가 안 될 거라고 생각했거든. 유학 중에 한 번도 섹스를 하지 않고도 아무렇지 않다면 너야말로 어떻게 된 거 아냐?! 너, 남자 친구 진짜 사랑하는 거야? 사랑의 굉장함을 알고는 있는 거야?"

대꾸할 말이 없었다. 자신의 욕망을 내버려두지 않겠다고 앞뒤 안 가리고 달려드는 사람의 기세는 이길 방법이 없다. 나 역시 부모를 떠나 살게 된 젊은 여성의 해방감이나 가지고 싶은 것은 반드시 손에 넣고 말겠다는 절박함의 기억이 있다. 게다가 그런 '절대적 자기 긍정' 안의 막다른 느낌, 특히 여성이 느끼는 그 함정 같은 것에 대한 감각은 일본에서 같은 세대의 여성과 이야기할 때도 대체로 통한다. 그녀는 나보다 다섯 살이나 어리기 때문에 나이 차이에서 오는 감각의 차이도 당연히 있을 것이다. 그러나 이것이 일본에서 다섯 살 어린 여성과 이야기하는 경우라면 이쪽 입장에도 일단 이해를 표하는 시늉이라도 해줄 것이다. 게다가 쓸데없는 참견이긴 하지만, 그렇게 욕망에 빠져 있는 그녀의 생활은 아무리 봐도 충실하다거나 즐거워 보이지 않았다.

그녀는 아랍 여성을 대상으로 한 민간단체에서 일을 한 적도 있고 "페미니스트로서 말하자면"이라는 표현도 자주 쓴다. 그녀뿐 아니라 스스로 페미니스트라고 말하는 여성들과 해온 논의를 통해 하이파라는 도시의 분위기 안에서 젊은 아랍 여성들의 모습을 나름대로 이해하게 되었다. 문득 생각나는 것은 일본의 거품경제기에 보였던 사회 분위기와 여성들의 지향이다. 기시감과 함께 뭔가 진부하다는 인상을 받았다. 결코 무시하는 게 아니다. 나를 포함한 동세대 여성들의 실패나 과오를 겹쳐놓고 본 탓인지 딱하다는 느낌이 들었다. 라드와에게서 느끼는 '공감'과는 다른 의미에서 남의 일 같지 않다고 느껴졌다. 물론 그녀가 나의 일방적인 '짝사랑' 같은 마음을 이해하는 일은 결코 없을 것이다.

아랍의 젊은 여성들이 자신의 욕망을 절대적으로 긍정하는 말을 할 때면 위화감이 느껴지기도 한다. 급속한 경제 성장 아래서 소비생활에 몰두해 있는 이스라엘 사람들의 모습이 강하게 각인되어 있는 나에게는 성적 욕망도 물욕과 마찬가지일지도 모르겠다는 생각이 들었다. 예컨대 애정이나 성욕을 추구하는 것이 자본주의의 추동을 받고 있다는 측면 등이 그녀들 사이에서 화제가 되고 있는 것 같지도 않고, 머릿속에서 자본주의를 비판하는 사람은 있어도 흘러넘치는 물건이나 정보에 의존하지 않고 '자기 선택 능력'을 키우겠다는 사람이나 자신의 욕망을 재검토하겠다고 하는 사람도 거의 없는 것 같다.

부모를 떠나 하이파에서 사는 여성에 대해 이해를 표하면서도 냉정한 말을 해주는 사람은 역시 나이 든 여성이다. "그것이 아랍 아가씨들의 문제예요." 나고 자란 보수적인 아랍 사회의 한편에 이례적으로 자유롭게 보이는 세속적인 유대인 사회가 있고, 그것이 아랍 사회를 지배적으로 뒤덮고 있다. 나고 자란 사회의 억압이 강한 만큼 거기에서 한 발짝 나갔을 때의 '해방감'이 표출되는 것이다. 비종교적인 유대인의 경우, 아이와 개방적인 관계를 바라는 부모가 많고 10대 때부터 아이가 자신의 여자 친구를 데려와 소개한다거나 집에서 자고 가는 일도 흔히 있다. 여기서 갈등이 어느 정도 해소되기 때문에 성적 욕망을 둘러싼 담론이 과열되지는 않는다. 한편 아랍 사회의 경우, 성에 대한 억압이 강한 만큼 관심이 급속히 늘어나 성을 둘러싼 행동이 '극단적이고 또 부자연'스러워진다. 예컨대 부모를 떠나 살며 '자유롭게' 사는 젊은이는 집으로 돌아오자마자 빌려온 고양이처럼 '다른 인격'으로 행동하기도 한다. 그렇지 않으면 아랍 사회에 남아 그 사회의 규칙에 따른 생활방식을 지키게 된다. 사실 그런 부자연스러운 양자택일이 이상하기는 하지만 사회 전체가 일정한 선긋기를 하고 있기 때문에 그렇게 되어버리는 것이다.

결혼 상대가 생기지 않아 고민하는 라드와와 하이파의 내 룸메이트는 같은 세대다. 그 두 사람으로부터 자신의 생활방식과는 다른 선택을 하는 여성을 경멸하는 말을 들을 때도 있다. 어느 쪽이든 상당히 극단적이라고 생각하지만, 그렇다고 해서 그 두 사람의 '중간'이 존재하는 것은 아니다. 좀더 나은 사회가 있겠지만 자신도 주체하지 못하는 자아를 안은 각각의 여성들이, 다른 사회라면 더욱 만족스럽게 살아갈 수 있을지 없을지는 아무도 모른다. 적어도 일본인인 나에게, 일본에서 사는 것을 부러워하는 여성이 있다면 나는 서둘러 부정할 수밖에 없다. 결국 여성이 자유롭게 살 수 있는 사회란 상상 속의 세계일 뿐이며, 개개인이 받는 불행한 느낌은 어느 사회나 다르지 않다. 물론 이것이 여성에만 한정된 이야기는 아닐 것이다.

그건 그렇다 해도 자신감에 충만해 이야기하는 파티마 씨의 모습을 떠올리면 딸들 세대의 혼란스러운 모습에 양가적인 감정을 느낄 수밖에 없다. 동시에 그것은 현재의 일본 사회에서도 짐작해볼 수 있는 상황이다.

도시와 농촌, 다양성과 단절

다른 아랍 사회와 마찬가지로 이스라엘의 아랍 사회에서도 결혼식은 중요한 사교의 장이자 오락의 장이다. 아랍 사회를 잘 알고 있는 사람이라면 누구나 일상생활에서 결혼식이 차지하는 위치가 얼마나 크고 중요한지 알 것이다. 어쨌든 여름이 되면 정말 여기저기에서 결혼식이 열린다. 청춘의 계절이다.

슬슬 결혼식에 철도 끝나가는 무렵, 전에 알게 된 작가 S로부터 조카의 결혼식 초대를 받았다. 그는 옛날부터 마지달클룸[14]이라는 마을에 살고 있는 집안 출신으로, 마을의 생활이나 나크바의 경험을 담은 소설을 다수 발표했다. 작가로서는 그다지 유명하지 않고, 신문기자 일로 생계를 꾸리고 있다. 마지달클룸은 3장에서 다룬 유대인 도시 '카르미엘'을 건설할 때 수용된 마을 가운데 하나다. 이 마을에서는 산 위의 카르미엘이 멀리 올려다 보인다.

결혼식은 이제 지겨워져서 웬만하면 피하고 있다. 그러나 이번 초대를 받아들인 것은, 결혼식이 전통적인 방식으로 진행되리라는 것을 예

---

14. 이 책 7쪽의 지도를 참조하라. 현재의 인구는 약 1만 3,000명이다. 나크바 때는 인구의 약 3분의 1이 마을을 떠나 이주민이 되었는데, 마을 자체는 파괴되지 않고 주민도 남았기 때문에 비교적 옛 전통이 많이 남아 있다.

상할 수 있기 때문이었다. 마지달클룸 마을의 주민은 대부분 나크바 이전부터 이 마을에서 살아왔기에 좋든 나쁘든 전통을 온전히 보존하고 있을 것이다. 한편 나크바로 인해 살고 있던 땅에서 쫓겨난 난민들이 새로 세운 마을은, 관계가 부자연스러울 것이다. 이런 차이가 마을 사람들의 관계에도 미묘하게 영향을 미치고 있다.

보통 결혼식은 일주일 동안 계속된다. 매일 밤 신랑이나 신부의 집에 손님이 초대되어 잔치가 계속되는 것이다. 나는 마지막 날에 참석했다. 낮에는 신랑 쪽 친척들이 기쁨에 넘치는 소리를 지르면서 신부의 집으로 가서 신부를 신랑의 집으로 데려오는 의식이 있다. 오후에는 야외의 연회장에서 성직자가 『코란』의 구절을 낭송하는 의식이 한 시간쯤 진행된 후 손님들이 모두 식사를 한다. 저녁 7시쯤부터는 야외 연회장에서 춤을 추기 시작하는데 새벽 1시쯤까지 이어진다.

식사를 하기 위해 야외 연회장으로 가니 『코란』을 낭송하는 소리가 들렸다. 앞쪽 무대에서 네 명 정도의 노인이 마이크를 잡고 교대로 낭송하고 있었다. 그 바로 앞에 의자가 쭉 놓여 있는데 그곳은 남성의 자리다. 그 뒤로는 텐트가 펼쳐져 있고, 뒤에는 식사를 하기 위한 탁자가 준비되어 있다. 텐트 양 옆과 뒤에도 의자가 놓여 있는데, 이곳은 여성의 자리다. 족히 쉰 명은 편하게 있을 수 있다.

여성 자리 뒤쪽에 앉으니 주위 사람들이 신기하다는 듯한 표정으로 나를 엿본다. 몇 사람과는 이야기를 나누었는데, 그중 한 사람이 레일라라는 중년 여성이었다. 하이파에서 정신과 의사로 있는 여성이다. "원래 하이파 출신이에요. 죽은 남편이 여기 출신이고요. 남편의 친척들과 연이 끊어지지 않도록 기회가 있을 때마다 아이들을 데리고 여기 오죠. 하지만 젊었을 때는 이런 교제가 싫어서 무시했지요." 너무나 도회적인 패션으로 몸을 치장한 멋진 여성이었다. 연회장 전체의 분위기에서 거리를 두면서도 나름대로 여유롭게 즐기고 있는 듯했다. '이런 교제'라고 말하면서 턱으로 연회장의 중심을 가리키는 그녀의 동작이 "이렇게 남자들이 앞쪽에 앉고 여자 자리가 옆쪽이나 뒤쪽에 배치되어 있는 자리에서의 교제"를 의미한다는 것은 분명해보였다. 내가 작가 S의 초대로 왔다는 것을 알자 그녀는, "S는 죽은 남편의 형인데, 그는 나 같은 사람을 싫어하니까 나와 알게 되었다는 건 말하지 마세요"라고 말했다.

잠시 후 갑자기 분위기가 바뀌더니 식사 시간으로 이어졌다. 그런데 내 주위 사람들은 움직이지 않고 그대로 앉아 있었다. 이상한 생각이 들어 중앙의 탁자를 보자 남성들만 자리에 앉아 게걸스럽게 음식을 먹기 시작했다. 주위에 앉아 있는 여성들은 그것을 바라보고만 있었다. '뭐야 이건? 남자들만 식사를 하고 그 주위에 앉은 여자들은 그걸 보고만 있는 거야?' 참으로 기묘한 광경이었다. 지금까지의 결혼식에서도 남녀가 따로 앉아 식사를 하는 것은 일반적이었지만 말이다.

남자들은 상상 이상으로 빨리 식사를 마쳤다. 그러자 앞쪽 자리에 앉아 있던 여성들이 차례로 비어 있는 탁자로 안내되었다. 한가운데에 있던 커다란 접시는 그대로고, 각자의 요리 접시만을 잽싸게 바꾸는 것이었는데, 한참 동안 남자들이 다 먹은 접시를 앞에 두고 기다리는 꼴이었다. 말하자면 여자들은 남자들이 먹고 남은 것을 먹는 셈이다.

내 주위 사람들도 드디어 탁자로 안내되었다. 역시 결혼식 요리는 특별히 맛있었다. 새로운 요리 접시를 서둘러 가져오려는 배려는 했지만 왠지 개운치 않은 기분이었다. 우연히 레일라와 그녀의 딸들이 가까운 자리에 있었다. 식사를 마치고 함께 레일라의 큰딸과 화장실에 가게 되었는데, 그녀는 웃으면서 말했다. "어떻게 생각해요? 이곳 사람들의 정서." 그녀는 전위적인 패션 감각의 소유자로 텔아비브에서 사진을 공부하고 있다고 했다. 화장실에서는 윙크를 하면서 담배에 불을 붙이고는 "이곳 사람들 앞에서 젊은 여자가 담배를 피울 수는 없으니까요" 하면서 굳이 토를 달았다. 다만 자신이 생각한 대로 말했을 뿐 이 마을 사람들을 무시하는 것은 아니라는 느낌은 들었다. 활달하고 순진한 분위기에 호감이 생겼다. 그녀에 따르면, 작가 S(그녀에게는 큰아버지)가 그녀들을 싫어하는 것은 어머니 레일라가 남편과 사별한 후 재혼하고 다시 이혼했기 때문이라고 한다.

일단 집으로 돌아가 밤의 '댄스 타임'을 위해 몸치장을 한다. 가수와 악단을 불러 노래와 연주를 하는 것이 종래의 방식이었지만 너무 돈이 많이 들기 때문에 요즘에는 DJ가 연출하는 경우가 많다. 지금도 그렇다. 곡에 따라 나이 든 사람들만 추는 춤과 젊은 사람들이 추는 춤이 있는데, 늘 수십 명이 참가했다. 조금 전까지와는 달리 춤을 출 때는 남녀가 나뉘지 않았고, 상당히 개방적인 분위기가 조성되었다. 춤에 눈살을 찌푸리는 종교적인 사람들은 처음부터 참가하지 않았다. 여성은 세대를 불문하고 춤을 추지만 나이 든 남자들은 거의 없었다. 나는 춤을 못 추기 때문에 구경만 하려고 했는데, 결국 강제로 끌려 나갔다. 손을 움직이면 발이 멈추고, 발을 움직이면 손이 멈춰버린다.

레일라 아이들의 화려한 춤동작으로 분위기가 고조되었다. 아랍식 춤은 아니었다. 텔아비브에서 익힌 듯한 디스코 같은 춤이었다. 조금 전 S 이야기를 떠올리고 그녀들에게 눈살을 찌푸리는 사람이 없을까 하고 주위를 둘러보았지만 다들 즐거워할 뿐이었다. 기대할 것 없는 나의 춤이 답답했는지 레일라의 큰딸은 내 손을 놓아주었다. 우연히 만난 레일라 일행과 S의 전통에 대한 태도에는 차이가 있었다. 뿐만 아니라 이곳에서 춤을 추고 있는 사람들 모두 각자 다른 사회적 배경을 가지고 다양한 방식으로 생활하고 있을 것이다. 평소에는 접점이 없는 사람들이 이런 자리에 모이면 자기 주장을 굽히지 않으면서도 서로를 배려한다. 각자 집에 돌아가면 흉을 볼지도 모르지만 관계가 존재하고 있다는 것 자체가 중요하다. 문득 하이파의 페미니스트들과 나눈 이야기에서 느껴졌던 불만이 바로 이런 것이었다는 생각이 들었다. 도시의 대학이나 비정부기구에 모이는 페미니스트들은 사상적 성향이 같은 사람들로 보인다. 각자의 차이를 인정하면서 살 수 있는 사회를 둘러싼 논의는 오랫동안 반복되었지만, 문제가 되는 것은 구체적인 생활 속에서 얼마나 타인과 접할 수 있는가일 것이다.

이튿날 집으로 돌아와 룸메이트에게 결혼식에 관한 질문을 하자 그녀는 무시당했다는 듯이 나를 올려다보며, 예상하지 못한 감정적인 말투로 퍼부었다. "결혼식 같은 건 관심 없어. 몇 년 전부터 결혼식 같은 데는 안 갔어! 그런 건 나한테 물어봐야 소용없어!"

8장

다시 시온주의란 무엇인가?

거리를 둔 이웃

하이파의 서민 동네 하다르 지구[1]에 가보자. 시장이 있고 일용잡화도 싸기 때문에 일주일에 한 번은 산 위의 대학에서 일부러 이곳까지 버스를 타고 내려와 쇼핑을 하고 나서 다시 산 중턱에 있는 집으로 돌아간다. 가게 문을 닫을 시간에 주

---

1. 히브리어로 '광채'라는 뜻으로 하이파에서 가장 먼저 생긴 유대인 지구다. 국제연합의 팔레스타인 분할결의(10장 주석 5를 참조하라)가 성립된 후인 1947년 말부터 1948년에 걸쳐 이 지구에서 아랍인 지구에 대한 공격이 잇따랐다. 이스라엘이 건국한 후 1970년대까지는 하이파의 중심 상업지구로서 번영했지만, 그 후 경제의 중심은 새롭고 고급한 느낌의 고지대 지구로 옮겨갔다. 현재 이곳에서 러시아계 이민자들이 싸구려 장사를 시작하는 한편, 가난한 초정통파 유대인 지구와도 인접해 있기 때문에 다소 적막한 인상을 주는 도시로 남아 있다. 이 지구의 동부에서는 아랍계 유대인의 폭동이 일어난 일로도 알려져 있는 와디 살리브 지구가 있고, 서부에는 현재도 아랍 인구가 집중되어 있는 와디 니스나스Wadi Nisnas 지구가 있다.

의하면서 빠른 걸음으로 걷는 거리에는 러시아어 간판이 걸려 있거나 러시아어 텔레비전 프로그램을 보고 있는 가게가 많다.

이곳 하다르에서는 어디를 가도 러시아어가 눈에 띄는데, 주요 거리에서 약간 벗어난 변두리 쪽으로 가면 가게가 드물기 때문에 오히려 더 눈에 띈다. 휴대전화를 취급하는 가게, 러시아 서점, 러시아 비디오 대여점, 인터넷 대리점. 한편 주요 도로인 '헤르츨가'[2]는 그다지 세련되지 않고 저렴한 옷가게가 쭉 늘어서 있는데, 자세히 보면 최근에는 이곳에서도 러시아인이 연 가게가 늘었다. 여기서 눈에 띄는 것은 '뭐든지 5세켈'(한화 약 1,500원)이라는 저렴한 가게다. 그리고 여기에서 시장으로 가보자. 채소나 과일, 생선이나 고기 등은 기존의 가게가 세력을 떨치고 있지만, 가공식품을 취급하는 러시아계 가게가 상당히 늘었다. 이것은 나에게 가장 고마운 일이다. 맛있어 보이는 소시지나 살라미, 치즈나 훈제된 생선이 쭉 놓여 있다. 잘 먹지는 못하지만 이크라(연어나 송어의 알을 소금물에 절인 음식 – 옮긴이)나 캐비어도 진열대를 장식하고 있다. 카샤룻이라는 유대교의 세세한 규정(4장 주석 22를 참조하라)에 따른 식품이 아니라 러시아인의 입맛에 맞는 물품이 자랑스럽게 늘어서 있다.

그래도 그저 구매욕을 채우고 만족한 마음으로 귀가하는 것은 아니다. 저물녘이라서 그러는 것도 있지만 러시아어로 뒤덮인 거리를 걷다

2. 이스라엘 도시의 거리 이름은 대부분 이스라엘 건국이나 유대교와 관련된 인물의 이름을 따서 지어졌다. 시온주의의 창시자인 테오도르 헤르츨의 이름을 붙인 거리는 하이파 외에 텔아비브나 서예루살렘을 비롯해 대부분의 유대인 도시에 존재한다.

보면 쓸쓸하다 못해 심정이 복잡해
진다.

첫째 이유는, 내가 러시아어를 모
르기 때문이고, 동아시아 사람 따위
는 그들의 관심 밖일 것이라고 생각
되기 때문이다. 둘째로 그들은 이민
자여서 이 거리에 많은 아시아계·

하이파의 주택가에 개업한 식료품점 '푸틴'

동유럽계의 외국인 노동자와는 다르다. 구소련 국가 출신의 유대인 이
민자로서 이스라엘로 '귀환'한 사람들이다.[3] 이것 때문에 마음이 복잡
해진다. 한편 러시아어 간판이나 유대교에서는 인정하지 않는 식품이
진열되어 있는 것에서 볼 수 있듯이, 그들은 유대계 이민자이면서도
이스라엘 사회에 쉽게 동화되려고 하지 않고 원래 가지고 있던 문화
를 이스라엘 사회 안으로 가지고 들어왔다. 나중에 말하겠지만 '진짜'
유대인이 아닌 이민자도 적지 않을 뿐 아니라 유대인으로서 이주해왔
지만 그것은 법적인 이야기일 뿐이고, 정체성까지 변하지는 않았기 때
문이다. 그러한 이중성 때문에 그들을 바라보는 내 시선이 복잡해진
다. 결국 각 개인을 어떻게 볼 것인가 하는 문제겠지만, 구매자와 판매
자의 관계에서 개인의 모습은 좀처럼 보이지 않는다.

어느 날 어떤 곳에서 사람들은 선택의 여지도 없이 난민이 된다. 난
민은 난민이 된 사실에 아무런 책임도 없다. 위험하다는 것을 사전에

---

3. 이른바 귀환법이다. 여전히 본문에서는 '이민', '이주', '찾아왔다'는 표현을 쓰고 있지만 유대인
   이 이스라엘로 이민한 것을 히브리어로는 '아리야'라고 한다. 즉 '올라간다'는 의미다.

종류가 다양한 살라미나 베이컨. 유대교에서는 금지되어
있는 돼지고기도 있다.

알아채고 자발적으로 도피하는 사람은 경제적으로 풍요로웠거나 외국에 연줄이 있었거나 아니면 운이 아주 좋은 사람들인데, 그런 사람들이 있다고 해서 난민이 된 사람들이 그 책임을 추궁당해서는 안 된다.

그렇다면 '이민자'는 어떨까? 그들이 이동하는 것은 난민과 달리 위험을 각오한 '자발적 선택'의 결과라고 생각되곤 한다. 그리고 선택한 이상 그에 따라 일어난 일에 대해서도 '자기 책임'을 강요받기 십상이다. 그러나 '선택'이라는 것은 그렇게 명확한 것이 아니다. 다른 선택지가 없어서 어쩔 수 없는 경우도 있고, 자기가 선택했다고 생각하지만 주변의 분위기에 휩쓸린 경우도 있다. 의도하지 않은 결과가 나왔다면 자기도 속았다며 위안을 할 것이고, 다행히 순조롭게 진행되었다면 인생이 처음부터 이렇게 정해져 있었다고 생각할 것이다. 누구에게나 미래는 불확실하고, 스스로 선택했든 아니든 그 결과가 모두 자기 책임인 것도 아니다. 애초에 이민자라는 선택지를 만들어낸 것은 많든 적든 정치의 힘이 아니겠는가.

유대인 이민자를 되도록 많이 받으려는 시온주의와 출신국 측의 사정이 겹쳐 대량으로 건너온 러시아인 중 어느 정도가 시온주의자이고 어느 정도가 아닌 걸까? 이 나라로 찾아온 것을 지금은 대체 어떻게 생각하고 있을까? 무관한 타인이라 해도 행복해하는 것보다 더 좋은 건 없지만 이 나라에서 그들의 행복은, 원래 있었던 팔레스타인 사람들에게 무엇을 의미하는 걸까? 거리에 내걸린 러시아어 간판 하나하나를 볼 때마다 그런 생각이 떠올라 더욱 피곤해졌다.

좀 더 긍정적으로 '러시아의 힘'을 느낀 적도 있다. 아침에 대학교로 가는 버스 뒷자리에 앉아 있다가 문득 정신을 차리고 보면, 왠지 서로 알고 있는 러시아인 여성들로 버스 전체에 온화한 분위기가 감도는 경우가 있다. 우연히 같은 시간대, 같은 방향으로 출근하며 친분이 쌓인 사람들일 것이다. 대학 주변에서 만나는 러시아인은, 상인과 손님의 관계와 달리 좀 더 스스럼없이 말을 걸어주기 때문에 그들에 대한 인상도 상당히 달라진다. 버스 안에서 이야기를 하고 연락처를 가르쳐준 러시아인 여성은 "러시아에 있었을 때보다 수입은 훨씬 좋아요"라며 만족한 듯 말하면서 명함을 내밀었다. 대학 서점의 종업원이라던 여성은 무슨 계기로 이야기를 했는지 모르지만, 늘 상냥한 미소를 띠고 있어 안심하게 된다. 내가 속한 연구실에 얼굴을 내밀고 있는 러시아인 학생은 묘하게 붙임성이 있어서 신기했다. 모두 그렇다고 말할 수는 없겠지만 다들 친절하고 부드럽다는 인상을 받는다. 이스라엘의 세속적인 젊은이는 일반적으로 남녀를 불문하고 남성성이 지나치게 강한데, 나도 어지간히 긴장하지 않으면 무시당한다는 기분이 들 때가 많다. 그런 분위기에 질렸던 경험에서 보면 러시아인의 태도는 굉장히 신선하게 느껴진다. 대체로 천천히 공손하게 이야기를 들어주고 조용한 미소를 잃지 않는다.

러시아인에게서 느끼는 상냥함은 이스라엘에서 그들의 속성으로 규정되어 있는 측면이 강한 것 같다. 다시 말해 그들이 '이민자'라는 것, 기존의 주류 사회에 자신들이 맞추고 들어가지 않으면 안 된다는 사정이 작동하고 있다는 것이다. 주류 사회에 대한 당혹감이나 놀라움, 조심스러움, 외부인이라는 의식, 그리고 상대의 기색을 살피면서 조금씩 대담해지고 자신감을 얻어가는 과정. 그것은 나 자신도 짐작할 수 있는 감각이므로 일방적으로 친밀감을 느끼는 일도 많다. 그런 만큼 파는 사람도 사는 사람도 모두 러시아인뿐인 가게에 들어가면 전혀 상대를 해주지 않을 것 같아 쓸쓸한 것이다.

이스라엘은 유대교의 나라라는 것이 표면상의 원칙이므로 크리스마스를 축하하지는 않는다. 크리스마스를 축하하는 나라에서 그 습관을 받아들이고 있던 유대인은 이민 후에도 이스라엘에서 크리스마스를 축하하려고 하지만 공공연하게 할 수는 없다.[4] 이 문제는 매년 논의되고 있다. 그러나 러시아인 가게가 모여 있는 한구석에서는 크리스마스가 다가오면 축하용 와인이나 위스키, 과자 등이 당당하게 진열되고 쇼핑객들로 북적인다. 집단의 수가 많으면 주류 국가의 반응 같은 것은 두려워하지 않아도 된다는 느낌이다.

크리스마스이브에 마침 알고 지내던 러시아인의 집에 갔더니 음식

---

4. 이스라엘에서 크리스마스는 단지 '이교'의 표상이라는 것을 넘어선, 복잡한 위치에 있다. 이스라엘의 아랍인 중 기독교도는 10퍼센트 남짓에 불과하지만 이스라엘의 기독교도라고 하면 우선 아랍인이 떠오른다. 한편 이민자의 경험이 있는 유대인에게 기독교는 출신국과의 문화적 연결 고리일 뿐 아니라 소수자인 유대교도에 비해서는 지배적인 종교다. 기독교도 아랍인의 서구 기독교 문화에 대한 질투나 양가감정도 간파할 수 있다.

을 잔뜩 준비해놓은 채 축하하는 분위기였다. 크리스마스에 대한 이스라엘 유대인의 쌀쌀한 시선을 생각하면 굉장히 신기한 광경이다. 나는 개인적으로 크리스마스를 무척 좋아했고, 무엇이든 유대교가 지배적인 도시의 분위기에 숨 쉴 틈을 내는 일이라면 대환영이다(다만 일본인은 크리스마스와 무관하다고 단정하고 있어서인지 빈말이라도 축하연에 불러주지 않은 것은 유감이었다).

이스라엘에서는 유대교의 안식일이나 축일을 엄격하게 지킨다. 그날은 가게들이 문을 닫을 뿐만 아니라 버스나 기차 등도 운행하지 않는다.[5] 매주 금요일 저녁부터 토요일 내내 상점이 닫혀 있기 때문에 상당히 불편하다. 그러므로 유대교와 관계없는 아랍인 가게는 금요일과 토요일이 대목인 셈인데, 여기에 장사의 적으로 등장한 것이 러시아인 상점이다. 아랍인에게는 장사의 적이지만 금요일 밤이나 토요일에도 문을 여는 가게가 늘어난 것은 무척이나 고마운 일이다. 아울러 새롭게 장사를 시작한다는 냉엄함 현실 때문이기도 하겠지만 24시간 영업을 하는 경우도 많다. 욤키푸[6] 때도 문을 닫는가 싶었는데, 거리와

---

5. 일몰에서 다음 일몰까지를 하루의 단위로 생각하기 때문에 금요일 일몰 전부터 토요일 일몰까지가 안식일(샤바트)이다. 대형 상점 같은 곳은 토요일 저녁부터 문을 열지만 일반 상점은 토요일 내내 문을 닫는 일이 많아 경제에도 좋지 않다는 것을 부인할 수 없다. 샤바트 때 상점 문을 열지에 대한 논의가 있는 한편 내각에 종교 정당이 가담하느냐 그렇지 않느냐에 따라 샤바트 준수의 정도가 달라진다. 샤바트 준수를 호소하는 사람들은 이스라엘의 정체성을 유지하는 데 반드시 필요하다고 생각한다.
6. 대속죄일이라고 번역되는데 9월 말부터 10월 중순에 해당한다. 이날 유대교도는 음식 외에 입욕이나 화장 등을 포함한 모든 노동이 금지되어 있다. 그리고 이스라엘에서는 공항도 닫히는 등 모든 경제 활동이 멈춰선다.

히브리어와 러시아어가 뒤섞인 게시판

면한 바깥쪽은 닫고 뒤에서 영업을 계속하고 있었다. 장사의 논리가 유대교 국가의 표면상의 원칙보다 우월하다는 것을 보는 것은 어쩐지 통쾌하다.

적어도 이민자 1세대로서 병역 연령이 지난 뒤 이민 온 사람들은 군대에 가지 않기 때문에 이스라엘의 대 팔레스타인 정책의 직접적인 수행자는 아니다.[7] 이스라엘 사람의 일상적인 행동방식에 군대의 영향이 있다고들 지적하는데, 러시아 이민자의 행동에서 부드러움을 느끼는 것은 그런 차이가 드러난 것인지도 모른다. 한편 러시아인 전체의 정치적 성향은 우파적이고, 이츠하크 라빈Yitzhak Rabin(1922~1995) 이후 역대 이스라엘 수상의 탄생에도 그들의 표가 큰 영향을 끼쳤다는 것은 간과할 수 없다. 아랍-이스라엘인의 국외 추방을 태연하게 입에 담는 아비그도르 리에베르만[8]도 1978년에 이민을 온 러시아인이다.

7. 다만 이것은 남성의 경우 30세를 넘은 이민자에게 한정되며, 이민 당시 연령이 19세 이상이라면 정해진 기간(3년) 병역을 마쳐야 한다. 또한 기간은 점점 줄어들기는 하지만 이민을 왔을 때의 연령이 25세 이하라면 군대에 가야 한다. 이스라엘에서는 남녀 모두 병역의 의무가 있지만 여성의 경우는 17세 미만에 이민 온 경우는 1년 9개월 병역을 마쳐야 하고, 17세 이상이라면 면제된다. 4장에서 말한 것처럼 2002년 이후 이민자의 병역 부담은 경감되었지만 이민자도 병역 대상이라는 사실은 변하지 않았다.

왜 왔습니까?

러시아인이라고 썼지만, 앞에서 말한 대로 그들은 이스라엘의 '귀환법'에 따라 이스라엘로 찾아온 '유대인'이다. 구소련권 출신의 유대계 이민자이므로, 민족성의 측면에서 보면 '러시아인'보다는 우크라이나 출신자의 비율이 더 높다. 그러나 일반적으로는 편의상 '러시아인'이라 불리고 있다. 거기에 포함되어 있는 뉘앙스는 다양하겠지만 기존의 유대인과는 구별하고 싶다는 정서가 있다는 것은 확실하다. 그에 대해 자신들은 유대 인구의 일원이므로 '러시아인'으로 부르지 말아달라고 호소하는 투서를 본 적이 있다. 그러나 모두 이 호칭을 싫어한다고 할 수도 없을 것이다. 러시아어만으로 생활할 수 있을 정도로 큰 커뮤니티가 있기 때문에 그들은 이스라엘에서 자유롭게 살기를 바라면서도 히브리 문화에 완전히 통합되고 싶어 하지는 않는다. 세대가 바뀌어 통합이 더욱 진척되면 '러시아인'이라는 호칭이 더욱 적극적인 의미로 사용될지도 모른다.

구소련이 붕괴된 후 그 지역에서 이스라엘로 많은 유대계 이민자가 흘러들어 왔다는 이야기는 잘 알려져 있다. 아랍계 인구의 증가율이 워낙 높기 때문에 유대인이 다수파가 되지 않으면 안 된다고 생각하는 이스라엘 지배층에게 전 세계 유대인의 이민을 촉진하는 것은 항

---

8. 1958년 구소비에트연방의 몰도바공화국에서 태어났다. 1978년 이스라엘로 이주했고 병역을 마친 후 히브리 대학교를 졸업했다. 1995년에 '우리집 이스라엘'을 설립하고 국회의원에 선출된다. 2001년 사회기반장관, 2003년 통산장관을 지냈고, 2004년 이래 이스라엘 국내의 아랍인 지역을 이스라엘에서 분리해야 한다고 반복해서 주장하고 있다. 이스라엘의 아랍인들과 대화를 하다 보면 그의 이름은 종종 인종차별주의자의 대명사로 거론된다.

상 중요한 과제였다. 이 인구 문제에 대해 아랍인의 높은 출산율을 위험시하는 연구자들은 대체로 다음과 같이 말한다. "건국 당시의 인구는 아랍인 15만 명, 유대인 60만 명이었다.[9] 항상 유대인 이민자의 유입이 있고, 특히 1990년대 이후 예상도 하지 않았던 러시아인 이민자 100만 명이 들어왔는데도 아랍인과 유대인의 비율은 지금도 거의 변하지 않았고, 아랍 인구는 18퍼센트에서 20퍼센트를 차지하고 있다." 즉 구소련 권에서 뜻밖의 이민자 100만 명이 온 덕분에 어떻게든 동일한 인구 비율을 유지할 수 있었지만, 그렇지 않았다면 인구 비율은 좀 더 비슷해졌을 것이라는 위기감을 표명한 것이다. 이스라엘 중앙통계국의 보고에 따르면 2006년 유대인 인구는 5,393,400명, 아랍인 인구는 1,413,300명이라고 한다.

이스라엘에서는 아랍인의 인구 증가에 대항하기 위해 이민을 촉진한다는 등의 담론이 아주 흔하게 나돌고 있다. 그것이 인종차별적 정책임은 당연하고, 인구 정책에 의해 사람을 이동시킨다는 것 자체가 겉보기에는 그들의 '주체적인 의사'의 결과라고 해도 그로테스크한 이야기임에 틀림없다. 구소련권에서의 이민은 소련의 출국 제한 완화에 의해 1970년대부터 조금씩 시작되어 고르바초프 시대에 급증한다. 1989년부터 1990년대 중반까지 이스라엘은 90만 명의 이민자를 흡수했다.[10] 구소련 붕괴 전후 혼란스러운 사회 분위기의 영향을 받아

---

9. 건국 당시의 아랍 인구가 15만 명이라는 것은 이스라엘 건국에 의해 수많은 아랍(팔레스타인) 사람들이 난민이 되었기 때문이다. 이스라엘 건국 전의 아랍(팔레스타인) 인구는 약 133만 명이었다.

이민이 급증했고, 1998년 러시아 경제위기 직후에도 이민이 급증했다고 한다. 1990년대 이스라엘의 호황에 힘입어 경제적 상승을 기대하고 이스라엘 행을 목표로 한 이민이 많았다고 하는데, 이 호황 자체가 구소련권에서 먼저 이민해온 기술자에 의해 떠받쳐진 측면이 있다.

이러한 경제적 사정이 없었다면 이만큼 대량의 이민은 없었을 것이다. 그러므로 이스라엘의 미디어는 그들을 오랫동안 빈정거리는 눈으로 보아왔다. 시온주의를 신봉하지 않는 수상한 사람들이라는 것이다. 또한 그들의 절반은 유대인과 결혼한 비유대인이나 그 가족, 또는 유대인의 '피'를 물려받기는 했지만 '어머니가 유대인인 사람'을 유대인이라고 하는 규정에서 벗어난 경우도 있다. 그리고 '유대인'으로 신청한 사람에게도 '의혹'이 있다. 부모나 조부모 때 이미 기독교로 개종한 사람이 포함되어 있거나 가계도를 '조작한' 경우도 있다고 한다. 그 때문에 이스라엘의 유대교 정당은 그들의 이민을 제한하도록 요구했다. 그래도 현재까지 구소련권의 유대인 이민자는 이스라엘 인구의 대략 6분의 1을 차지할 정도로 증가했다. 바꿔 말하면 1990년대 이후 이스라엘의 인구 전체가 러시아인 이민자의 유입으로 급증한 것이다.

'누가 유대인인가'를 둘러싼 논의는 이스라엘이 건국한 이래 지금도 반복되고 있다. 유대인인가 그렇지 않은가 하는 선을 긋는 것은 정치적 판단이다. 거기에서는 각자의 역사나 아이덴티티가 벗겨지고 만

10. 이 무렵 이민의 특징은 미국을 비롯한 제3국으로 가는 것을 목적으로 하고 일단 이스라엘을 일시적 출국처로 택하는 경우가 많다는 것이다. 일정 기간 과세의 감면 대상이 되는 등의 특전이 있기 때문에 그 기간 동안 앞으로 어떻게 할지를 검토하는 것이다.

다. 예전에 알게 된 러시아 출신 유학생은 이렇게 말했다. "우리 엄마는 기독교도, 아빠는 유대인이죠. 저는 유대 커뮤니티 안에서 나고 자랐기 때문에 러시아에서는 유대인이에요. 하지만 이스라엘에서 저는 유대인이 아니에요."

그는 개인적으로 유대교에서 멀고 카샤롯 등의 계율도 지키지 않는다고 한다. 그러나 자신이 나고 자란 커뮤니티는 '유대 커뮤니티'라고 할 수밖에 없다. 이런 사람은 아주 많다. 여기서 시온주의의 모순을 지적하는 것은 손쉬울 것이다. 그러나 애초에 인종차별적인 '귀환법'의 적용을 요구하고 있는 그들의 처지에만 집중하면 논점에서 빗나가버린다. '진정한' 유대인이 아닌 사람이 이민자에 포함되어 있다는 지적에 대해서도 마찬가지다. 그렇다면 '진정한' 유대인을 선별하라는 것이 아니라 유대인성을 '피의 논리'에 결부시키는 시온주의야말로 문제시되어야 할 것이다.

그때까지 이스라엘이라는 나라와 거의 인연이 없었음은 물론이고, 소련이 붕괴되지 않았다거나 이스라엘의 경제 상황이 그들의 모국보다 낫지 않았다면, 또는 미국이나 유럽의 여러 나라가 그들을 좀더 쉽게 받아들여주었다면 이스라엘에 올 일이 없었을 구소련권의 유대인에게는 이스라엘 국민이 될 권리가 있다. 반면 팔레스타인의 토지를 경작하고 이 땅에서 삶의 뿌리를 내리고 있던 팔레스타인 아랍인에게는 아무런 권리도 없다. 이런 끔찍한 불균형과 인종차별이야말로 문제인 것이다.

여기서 좀더 구체적으로 러시아 이민자의 모습을 소개하고자 한다.

하이파의 주택 지구에서 식료품점을 하고 있는 알베르트는 굉장히 개방적이고 활달한 사람이다. 가게 안에서 그에게 거침없이 인터뷰를 시도했다. 그는 1995년 2월, 서른한 살 때 카프카스의 날치크Nal'chik에서 왔다고 한다.[11] 그의 부모와 아내, 두 아이, 형의 일가 등 총 열두 명이 건너왔다. "카프카스는 가족의 유대가 굉장히 강한 곳으로, 가족 중누구 한 사람만 이민을 간다는 것은 생각할 수도 없었습니다. 처음에는 형이 이스라엘로 왔고 그러고 나서 다같이 온 거죠."

처음에는 한 시간에 약 1달러밖에 못 받는 오렌지 따는 일을 세 달반쯤 했고, 그 후 몇 달은 건설 현장, 그리고 공장에서 기계 수리공으로 일했으며, 이스라엘에 온 지 4년이 된 1999년에 이 가게를 차렸다고 한다. 원래 카프카스의 대학에서 의학을 배웠고 졸업한 후에는 외과의사로 일했다고 한다.

"카프카스에서의 생활은 어땠나요? 경제적인 이유에서 이스라엘에온 건가요?" "전혀 아니에요. 경제적으로는 아무런 문제가 없었어요. 집안의 경제 상황은 최상층은 아니라고 해도 상류층은 되었을 겁니다. 하지만 이스라엘에 와서 환경이 그다지 좋지만은 않다는 것을 알고, 형의 가족 여섯 명은 전부 돌아갔어요." 본국으로 돌아가는 러시아 이민자가 많다고는 들었으나 웬걸, 그렇다면 유대가 깊은 가족도 뿔뿔이 흩어져버린 셈이다. 게다가 카프카스로는 돌아가지 않고 모스크바에

---

11. 카프카스 출신의 이민자는 구소련권 출신자 가운데 약 5퍼센트를 차지한다. 날치크는 인구 약 30만 명으로 카프카스에 있는 카바르디노발카르Kabardino-Balkariya 공화국의 수도이기도 하다. 1990년대에는 수많은 체첸 난민이 유입되었다.

살고 있다고 한다.

　일반적으로 구소련권에서 온 이민자는 세속적이라고 하는데, 반면에 카프카스 출신 유대인은 유대교에 대해 경건하다고 그는 말한다. "지금은 신앙의 대상을 신에서 달러로 바꾸었지만 말이에요." 농담 반 진담 반 웃으면서 이런 말을 하는 그는 이스라엘로 오고 나서 줄곧 일만 했다고 한다. "도착한 다음 날부터 일했기 때문에 울판Ulpan¹² 같은 곳에 간다는 건 생각도 못했어요. 히브리어는 일하면서 배웠는데 4년쯤 되니까 일상 회화라면 충분히 통하게 되었고, 10년쯤 된 지금도 완벽하지는 않아요." 마지막으로 과감하게 조금 전에 했던 질문을 이어서 했다. "그럼 왜 이스라엘에 온 건가요?" 그는 깜짝 놀란 표정을 지어 익살을 부리면서 "모르겠어요"라고 대답했다. 이민이라는, 나머지 인생에 결정적인 영향을 미치는 대사건에 대해 그 이유를 '모른다'고밖에 표현할 수 없다는 것은 참으로 애절한 이야기가 아닐까 싶다. "어쨌든 유대인은 다들 이스라엘로 가야 한다고 온가족이 그렇게 생각했어요. 가족이 모두 시온주의자였으니까요."

　가게 안에서 나눈 대화였으므로 깊숙이 있는 이야기는 물을 수 없었다. 개방적인 사람이라고 해서 다 털어놓고 이야기해준 것도 아닐 것이다. 그러나 그의 이야기만 듣고는 이스라엘로 오지 않으면 안 되었

---

12. 이스라엘 건국 후 이민에게 단기간에 히브리어를 가르치기 위해 생긴 시설이다. 울판이라는 말은 히브리어로는 원래 훈련한다거나 훈육한다는 의미의 동사에서 파생된 말이다. 그 이름대로 초심자에게도 직접 구두로 언어를 전수하고 원리보다 생활 회어를 중시하는 교육법을 특징으로 한다. 유대 기관이나 지방정부, 키부츠, 대학 등에 의해 운영되고 있다. 이민자는 통상 첫 열여덟 달 동안 무료로 울판의 수업을 들을 수 있다.

을 필연성은 전혀 이해할 수 없었다. 경제적으로 어려웠다 해도 오랫동안 살며 익숙한 땅을 떠난다는 것은 상당한 각오가 필요할 것이다. 하물며 그의 일가는 경제적으로도 문제가 전혀 없었다고 단언한다. 그런 그들을 방문해본 적도 없는 미지의 이스라엘로 끌어당기는 시온주의란 대체 무엇일까? 어쩌면 그 자신은 사실 확신에 찬 시온주의자가 아니었다고 해도 좋다. 그래도 "시온주의자라서 온 거에요"라고 단언

인터뷰에 응해준 알베르트[그의 가게 '유카브(별)'에서]

하게 하는 시온주의의 그 힘은 대체 어디서 온 거란 말인가?

누구의 책임인가

이스라엘의 미디어에는 '러시아인'에 대한 이야기가 흘러넘친다. 러시아 이민이 이스라엘의 문화와 문학의 빈곤함에 실망하고 있다는 이야기를 들으면, 실망하고 있는 사람들에게는 안됐지만 시온주의에 한 방 먹인 기분이 든다.[13] 그도 그럴 것이, 위대한 러시아문학이 태어난 대지에서 온 사람들에게 이스라엘의 문학 따위는 불면 날아갈 만한 것으로밖에 비치지 않았을 것이

---

13. 예컨대 《다른 국가》 19호에 대한 서평 「우리는 성서 이외에 무엇을 써왔을까?」, 《하아레츠》, 2004년 4월 26일.

다. 시온주의의 이데올로기 자체가 그렇다는 것을 알게 되면 빛이 바래지 않을까? '대문학'의 권위나 흡인력에 기대는 것이 아니라 소수자나 변경의 문학, 예를 들어 이디시어Yiddish language(중부 및 동부 유럽 출신 유대인이 사용하는 언어-옮긴이) 문학운동이나 카프카 문학의 매력과 비교해봐도 자생력이 없는 시온주의의 토양에서 나온 문학은 빈약할 수밖에 없다.

러시아어로 서른다섯 권의 저작을 펴낸 저명한 작가였다는 펠릭스 크리빈Felix Krivin이라는 사람이 있다. 예전에는 왕성한 집필 활동을 했다는 그는 6년 전에 이스라엘로 온 이후 몹시 울적한 생활을 하고 있는 듯하다. 왜냐하면 그는 히브리어를 하지 못하는데 적극적으로 배울 마음도 없고 이스라엘에서의 생활은 전혀 성미에 맞지 않기 때문이다. 그는 러시아어 세계야말로 자신의 고향이며 '이스라엘의 유대인 작가'는 결코 될 수 없다고 단언한다. 그리고 또 자신이 이스라엘에 온 이유에 대해 이렇게 말했다. "저는 이곳에 시온주의자로서 온 게 아닙니다. 저는 여기에 딸과 손자인 알렉스와 함께 살기 위해 온 겁니다. 당시 손자는 군인이었어요. 우리(자신과 아내)는 그저 그런 식으로 떨어져 살 수 없었어요. 우리는 가족과 함께 있고 싶었던 겁니다."[14] 딸 일가가 먼저 이스라엘로 떠났다. 그리고 손자가 군대에 갈 나이가 되었고, 온 가족이 그의 신상을 걱정했다. 그런 때에 노부부만이 손자의 몸을 걱정하면서도 곧바로 정보를 얻을 수 없는, 멀리 떨어진 러시아에

14. 《하아레츠》 2004년 7월 23일.

남아 있는 것을 견딜 수 없었다는 것이다.

이 부분을 읽었을 때 구소련권에서 새롭게 온 100만 명 가운데 과연 얼마나 많은 사람들이 '유대인이라는 것'이나 시온주의와 관계없이, 그저 가족과 떨어질 수 없다는 이유에서 이 땅으로 온 것일까 하는 생각을 했다. 단순히 생각하면 미성년이나 고령자는 그럴 가능성이 크다. 부부 중 한 쪽(대개 남편일 것이다)이 이스라엘로 가겠다고 하

신문에 실린 펠릭스 크리빈의 사진

면 나머지 한 사람은 따라가지 않을 수 없었을 것이다. 가족중심주의가 낳는 다양한 문제가 있다고 해도, 정체를 알 수 없는 '시온주의자 100만 명'보다는 심정적으로 이해할 수 있는 이야기일 것이다.

다만 여기서도 생각할 것이 하나 더 있다. 본인의 주체적인 선택이 아니라, 경우에 따라서는 전적으로 타의로 이스라엘로 이주한 것이었다고 해도, 그들은 유대인에게만 적용되는 '귀환법'의 적용을 받았거나 그 가족의 일원이다. 한편 팔레스타인 난민은 역사적으로 정당한 권리를 가질 뿐만 아니라 아무리 본인이 원하더라도 이스라엘로 '귀환'할 수 없다. 아무리 '강요된' 이주였다고 해도 유대인 이민자는 이것을 자각해야 할 것이다.

여기서 떠오르는 또 다른 이야기는 사미 미하엘[15]의 『와디의 트럼펫』이라는 소설이다.[16] 소설의 화자는 아랍인 여성으로, 혼기를 놓친 독서를 좋아하는 큰딸 호다다. 그녀는 자기 집 옥상의 가건물에 세 들어 살고 있는 러시아인 이민자 알렉스와 사랑에 빠진다. 테크니온(1장

주석 10을 참조할 것)에 다니고, 트럼펫을 부는 취미가 있는 키가 작은 청년이다. 소련이 붕괴되기 전인 1987년의 작품이지만, 작가 사미 미하엘은 공산당원이었기 때문에 이러한 설정을 택했을 것이다.

여기서도 알렉스는 시온주의자로서 이스라엘에 온 것이 아니라는 설정이다(만약 시온주의자로 온 것이라면 아랍인인 호다와 과연 사랑에 빠질 수 있었을까). 소련의 관료기구 안에서 상당히 출세한 알렉스의 어머니는 남편의 사소한 실수를 감쌌다는 이유로 청소부로 '전락'한다. 거의 실성한 상태의 부모가 기사회생의 기회로 삼은 땅이 이스라엘이고, 효자인 아들은 부모를 따라 이스라엘에 왔을 뿐이다. 이러저러한 장애를 극복하고 드디어 호다와 알렉스의 결혼이 정해지자마자 레바논과의 전쟁이 시작되고, 그는 어쩔 수 없이 징병된다. 소설은 뱃속에 아이를 가진 호다가 그의 부고를 듣는 것으로 끝난다.[17]

15. 이라크 출신의 유대인 작가다. 1926년 바그다드에서 태어나 10대에 공산당 지하 활동에 가담하지만 1948년에 발각되어 이란으로 망명하고, 그대로 이스라엘로 향했다. 이스라엘에서 잠시 아랍어 일간지의 출판 활동에 관여하지만 그 후 히브리어로 집필 활동을 하며 1974년에 첫 소설을 간행했다. 이후 왕성한 집필 활동을 계속하고 있다.

16. 와디라는 것은 건기의 '물 없는 강'을 뜻하지만 여기서는 하이파의 아랍인 지구인 '와디니스나스'를 가리킨다. 소설의 주요 무대인데, 필자인 사미 미하엘 자신이 이 구역에 살고 있다. 기독교도의 비율이 높고 아랍인과 유대인의 공존을 주장하는 이벤트가 매년 열리는 등 하이파의 유대인이 '안심하고' 아랍인적인 분위기를 접할 수 있는 곳이다. 매주 토요일 안식일 때문에 문을 닫는 유대인 가게와 달리 이곳은 수많은 쇼핑객들로 붐빈다.

17. 『와디의 트럼펫』은 2001년에 영화화되었고, 하이파의 국제영화제에서 최우수상을 수상했다. 필자는 이스라엘의 텔레비전에서 방영된 그 영화를 우연히 보았는데, 작품의 무대가 제2차 인티파다가 시작된 후로 설정되어 있었고, 알렉스가 죽는 것은 서안지구로 되어 있었다. 설정이 그렇게 변경된 데서 오는 부자연스러움이 역겹게 느껴졌다.

그런 대로 재미있게 읽어나갈 수 있었는데, 왠지 뒷맛이 개운치 않았다. 화자는 알렉스를 죽이고 '비극'으로 끝내버리는 것이 아니라 아랍인인 호다와, 바로 아랍인을 상대로 한 전쟁에 나간 알렉스 사이에 가로놓인 모순을 좀더 파고들었어야 하지 않았을까(그것이 뛰어난 '문학'인가와는 별도로)? 알렉스는 여러 국면에서 애국자처럼 그려져 있는데, 적어

사미 미하엘의 소설
『와디의 트럼펫』

도 연인 호다를 통해 이스라엘의 아랍인 문제나 팔레스타인 난민 문제를 얼마나 의식하게 되었는지는 수수께끼다.

사미 미하엘은 아랍어로 작품을 쓴 적이 있고, 아랍에 정통한 사람으로서 이스라엘의 대 아랍 정책에 늘 비판적이었다. 한편 이스라엘이 유대인을 위한 국가여야 한다는 이념은 그에게 분명한 것 같다. 인터넷에 올라와 있는 그의 몇몇 발언을 보기로 하자. "이스라엘은 유대국가여야 한다. 만약 유대국가를 잃는다면 우리는 무엇을 위해 희생해온 것이란 말인가? 무엇을 위해 3만 명이나 되는 청년들이 죽었겠는가?" "서아시아는 소수자에게 안전한 곳이 아니다. 나는 이제 다시는 소수자가 되고 싶지 않다." 사미 미하엘에게서 느껴지는 것은 이스라엘에서 구현되고 있는 시온주의가 아니라 모든 유대인이 완전히 평등해진, 이상적이고 올바른 시온주의에 대한 희구다.

유대교도와 무슬림과 기독교도가 공존하는 바그다드의 한 구석에서 태어났고, 젊었을 때 공산당원이 되어 이란으로 망명하여 결국 이스라엘로 온 사미 미하엘의 인생 역정을 나는 공유할 수 없다. 하지만 동의할 수 없다고 해도 그의 이런 인생이 이스라엘에 대한 그의 시각을 만

들어내기까지의 과정을 조금이라도 '이해'할 수 있다면 좋겠다. 시온 주의자인가 시온주의자가 아닌가 하는 것이 작가를 분류하는 리트머스 시험지가 되어버린 감은 있다. 하지만 작품 세계는 작가의 의사나 발언을 넘어 독자적으로 퍼져나가는 것이다. 그런데 나는 솔직히 잘 모르겠다. 유대 사회와 아랍 사회를 그 내부에서 생생하게 그리는 그의 필력, 그리고 인터넷에서 그렇게 요약되고 마는 발언 사이에 어떤 균형이 성립하고 있는 것일까?

이 장을 쓸 때 나는 처음에 "러시아 이민자들은 이스라엘 사회를 어떻게 바꾸어가는가"라는 이야기를 하려고 했다. 그러나 생각할수록 이스라엘이야말로 그들의 인생에 책임이 있으며, 그들의 존재를 얻은 이스라엘 사회가 시온주의를 버리지 않은 채 다문화주의적으로 풍부해졌다고 해서 그것이 무슨 의미가 있다는 것일까? 그들의 인생에 책임이 있다는 것은 이스라엘을 더 이상 위험한 나라로 만들지 않는다는 것, 팔레스타인 사람들을 계속해서 죽임으로써 증오의 대상이 되는 정책을 포기한다는 것일 것이다. 이민자들을 '실망'시킬 뿐이라면 그래도 돌이킬 수 있다. '트럼펫 연주자'인 알렉스가 그랬던 것처럼 이미 그들이 죽이고 죽는 입장에 놓여 있다는 것은 대체 누구의 책임인가?

3부

**문화와
공간의 수탈**

9장

부엌에서 보는 이스라엘

기독교 아랍인
룸메이트의 일상

이곳에 와서 의외로 '가정적'인
내 성격을 얼마나 원망했던가!

나는 '유학'을 온 것이지 다른 사람의 접시나 닦으러 멀고 먼 이스라엘 구석까지 온 것이 아니다. 내가 먹는 것은 그다지 손이 가지 않고 그릇도 더럽히지 않으며 또한 값싸고 영양가 있는 음식이다. 그런 범위에서 가능하면 맛있는 것을 만들려고 매일 머리를 짜내고 있다. 물론 그것은 내 취미니까 다른 사람에게 강요할 수는 없다. 원래 친구였던 것도 아닌 룸메이트[1]가 무엇을 먹든 나는 알 바 없는 것이다.

그러나 부엌을 함께 쓴다면 이야기가 달라진다. 그 기막힘이란! 되도록 그릇을 더럽히지 않으려고 한다거나 부지런히 씻고 조리하는 것은 절대 하지 않기 때문에 더러워진 그릇이 산더미처럼 쌓인다. 기름기가 많은 찌꺼기가 들러붙어 있는 그릇이 그대로 싱크대에 쌓이는 것이다. 그뿐만이 아니다. 친구들이 찾아와서 같이 먹고 식기와 남은 음식을 그대로 탁자에 놓은 채 잠깐 나갔거니 했는데 그대로 이틀이고 사흘이고 돌아오지 않는다니, 대체 무슨 생각인 것일까? 냉장고에 다시 넣어두기만 하면 나중에 먹을 수 있는 음식이 점점 먹을 수 없는 것으로 변해가는 모습을 볼 때마다 신경이 곤두서고 짜증이 나는데, 모르는 사람이 본다면 마치 내가 그런 꼴을 해놓았다고 오해할 것도 불쾌하다. 무엇보다 나는 조리를 할 수도 없고 탁자를 사용할 수도 없다. 하지만 이번만은 절대로 정리해주지 않을 것이다.

이런 생각을 하면서, 한가한 휴일에 혼자 집에 처박혀 있으면 지저분한 부엌이 몹시 신경이 쓰인다. 어쩔 수 없이, 내가 쓰고 싶은 식기만은 씻기로 하자. 하지만 그것뿐이다. 그런데 시간이 지날수록 눈에 거슬린다. 이 집은 하이파의 카르멜산[2] 중턱에 있고, 부엌은 푸른 하늘과 지중해가 건너다보이는 베란다를 향해 있는데, 그 사이에 산더미처럼 쌓인 지저분한 접시나 먹다 남은 빵부스러기가 그대로 드러나 있어 기분까지 망치고 만다. 지나다닐 때마다 일일이 신경 쓰이지 않아도 되

---

1. 이스라엘의 학생들은 보통 큰 아파트를 빌려 두세 명이 함께 산다. 아는 사람들끼리 사는 경우도 있지만 대학 게시판 등에서 조건이 맞는 동거인을 찾는 경우도 많다. 아랍인들의 경우, 남녀의 구별이 엄격하지만 유대인들의 경우는 남녀가 같이 사는 경우도 흔한데, 단순한 동거인으로서 완전히 독립적인 관계가 유지된다. 타인과의 접촉을 두려워하지 않는 습관은 키부츠나 청소년 운동, 병역 경험 등 다양한 요인의 영향을 받았기 때문일 것이다.

도록 싱크대에 넘쳐나는 것들만 설거지할 생각이었는데, 어중간하게 치운다면 동거인들도 전혀 눈치 채지 못할 거라는 생각에 결국 다 치우고 만다. 결코 좋아서 하는 게 아닌데도 이제 멈출 수가 없다.

부엌도 깨끗해졌고 이제 내 방으로 돌아가 한숨 돌릴 때면 그녀가 친구들을 데려오는 일이 징크스처럼 반복된다. 높은 웃음소리, 신경을 거슬리게 하는 하이힐 소리가 울려퍼진다. 귀 기울여 듣지 않아도, 듣기 싫어도 그 소리는 들려온다. 일행이 부엌을 지나쳤을 텐데 전혀 놀라는 기색이 없다. 모습이 싹 변한 부엌에 대해 한마디 말도 없단 말이야? 눈치채지 못했나? 그럴 리 없지. 그럼 뭐야?! 애써 치워놓고 이제 막 기분 좋아졌는데, 이번에는 또 다른 이유로 신경질이 나고 짜증이 난다. 한참 지나자 다시 부엌에서 뭔가를 시작한 모양이다! 또 다시 신경이 쓰여 참을 수가 없다.

이런 일이 늘 반복되고 있다. 그녀는 나사렛 출신으로 기독교도 아랍인이다. 담배를 많이 피우고 초콜릿을 엄청나게 먹어대는 마른 체형의 도회적인 풍모의 여성이다. 가끔 그녀가 설거지를 할 때는 아랍 음악 CD를 옆에 두고 거의 도취한 채 즐겁게 따라 부른다. 그렇게 짜증

---

2. 지중해를 향해 튀어나와 있으며 얼마 안 되는 평지와 산허리로 구성된 하이파의 지형을 이루고 있는 산이다. 하이파 시가는 카르멜산의 일부에 지나지 않고 산맥은 동남쪽의 산들로 이어져 있다. 일반적으로 카르멜산 기슭에는 아랍인이나 새로운 이민자 등 사회 계층이 낮은 사람이 살고, 높은 곳으로 갈수록 중상류층이 많이 산다. 산 정상에는 높은 연구탑이 있는 하이파대학교가 있다. 옛 이야기에서는 『구약성서』의 「열왕기상」에 엘리야와 바알의 예언자 450명이 엘리야가 믿는 여호와의 신과 우상신 바알 중 누가 진짜 신인지 결정하기 위해 카르멜산에서 싸웠다고 기술되어 있다. 현재 카르멜산 중턱에는 엘리야가 틀어박혔다는 동굴이나 '카르멜 수도원'이 있다. 엘리야는 『코란』에 '이리야스'라는 사도의 한 사람으로 등장한다.

이 나 있던 내가 오히려 바보가 된 느낌이다. 좋든 나쁘든 몸을 움직이는 방식이 전혀 다르다는 것을 통감한다.

이것은 시작에 불과하다. 그녀가 설거지를 해도 사실은 조금도 마음이 편하지 않다. 노래하면서 또는 휴대전화를 어깨에 끼고 이야기하면서 물을 마구 틀어놓는다. 그릇에 들러붙은 찌꺼기를 녹이기 위해 표백제도 아끼지 않고 써댄다. 조금만 씻으면 간단히 씻길 텐데도! 마루를 청소할 때도 표백제를 듬뿍 사용하니 방 안에 온통 염소 냄새가 진동하여 머리가 멍할 정도다. 여기저기에 탈취제나 향수 스프레이를 쓰는 것도 내 취향과는 맞지 않는다. 그리고 내 마음에 들지 않는 것은 먹을 것을 금방 버리는 일이다. 빵이든 뭐든 주저 없이 남기고 결국 버린다. 커다란 냄비로 끓이는 요리를 할 때도 남은 것을 그대로 방치해두었다가 며칠 후에는 쓰레기통으로 들어간다. 남은 음식이 든 냄비나 용기를 그대로 냉장고에 넣어두는 경우는 그래도 나은 편이지만, 손도안 댄 채 며칠 후 쓰레기통으로 가는 것은 마찬가지다. 버리지 않아도 되는 음식의 보존 방법을 생각하지 않고, 상하기 전에 다 먹으려고 생각하지도 않는 것 같다. 버리는 방법은 말 그대로 '그대로'다. 예를 들어 페트병에 든 코카콜라를 마시다가 절반쯤 남은 상태인데도 쓰레기통에 버리기도 한다. 유통기한이 다된 1리터짜리 우유팩 두 개를 뜯지도 않은 채 그대로 쓰레기통에 버린 일도 있다.

처음 만났을 무렵과 비교하면 그래도 그녀에게 제법 불평할 수 있게 되었지만, 그나마도 매번 말했다가는 오히려 내가 '이상한 사람' 취급을 당할 것이다. 말할 타이밍이나 표현 방법을 선택하는 것은 무척 어려운 문제다. 그렇지만 결국 아무 말도 하지 않고 만다면 오히려 내가 나쁘다. 아무리 거기에 이유가 있다고 생각되어도 잠자코 있다면 그저 독선일 뿐이다. 특히 이 사회에서는 자기 주장을 하지 않으면 아무것도 되지 않는다는 것을 알고 있지 않은가! 그러나 분명하게 주장하는 것은 나부터 주저된다. 일본의 '쓰레기 버리는 규칙'을 내가 얼마나 신체화하고 있는지 자각하는 것은 그다지 기분 좋은 일이 아니다. 자신의 속 좁음에도 싫증이 나면, 문제는 그녀가 아니라 나 자신이라고 생각하게 된다.

그러던 중 그녀의 월급날이 왔다. 몹시 들뜬 그녀는 냉동식품이나 일용 잡화를 잔뜩 사왔다. "요즘 너만 청소해서 미안!"이라고 말하는 통에 기분이 상당히 누그러졌는데, 얼마 뒤 부엌을 보고 아연실색했다. 내가 얼마 전에 깨끗이 빨아둔 행주가 없어졌다. 아직 사용할 수 있는 스펀지가 새로운 스펀지로 바뀌어 있다. 멀쩡한 숟가락도 어찌된 일인지 몽땅 새것으로 바뀌었다. 쓰레기통에 모두 버려져 있다. 오래된 잼이나 마가린도 병이나 케이스 통째로 버려져 있다.

나의 동거인은 너무나 극단적인 예일 뿐 사람마다 차이가 있다. 물건을 소중히 다루는 사람도 있는가 하면 나의 동거인 같은 사람도 있다. 그것은 아랍인이나 유대인이나 상관 없는 일이다. 그러나 동거인이 만약 아랍인이 아니라 똑같은 타입의 유대인이었다면 어땠을까? 역시 말하고 싶은 것은 같아도, 그다지 복잡한 기분이 들 것 같지는 않다. 미안하지만 경멸하는 마음으로 먼산을 바라보며 딱 잘라 결론짓고 끝내버렸을 것이다. 그러나 아랍인인 동거인의 행동에 어떻게든 여러 가지로 생각에 빠질 수밖에 없는 것은 "이스라엘의 소비경제, 쓰고 버리는 문화에 푹 잠긴 아랍(팔레스타인) 사람들"이라는 존재를 내가 심리적으로 다 받아들일 수 없기 때문이다. 물론 이것은 제삼자가 가치 판단을 내려봤자 어쩔 수 없는 '이런 현실'의 한 가지 사례에 지나지 않겠지만 말이다.

시리아에서 아랍어를 배우고 지금까지 팔레스타인 피점령지, 요르단, 이집트, 이라크 등을 종종 방문해온 내 경험은 풍부한 산유국에 사는 아랍인의 생활상을 힐끗 들여다본 사람들과는 상당히 다를 것이다. 내가 만나온 아랍인은 경제적으로 풍요롭지 않은 사람들이 압도적으로 많았지만, 반면에 그들 생활의 질적인 풍요로움이나 자족하는 삶의 모습에서 배운 점도 많았다. 그런 탓인지 물질적인 풍요에서만큼은 일본에 필적하는 생활을 하고 있는 이스라엘 아랍인들의 생활에 나는 아직도 익숙해지지 않는다.

예컨대 시리아에서 하숙을 했던, 팔레스타인 난민 일가의 생활을 떠올리지 않을 수 없다. 먼저 깜짝 놀랄 정도로 쓰레기가 나오지 않았다. 우유나 치즈를 사러 갈 때도 병이나 바구니를 들고 가고, 고기나 훈모스(4장 주석 11을 참조하라)도 식기나 접시에 담아 오며, 요구르트는 집에서 발효시켜 먹는 일이 많았다. 그러한 엄청난 집안일을 모두 여성이 처리했는데, 나로서는 배울 것들뿐이었다. 요리의 재미를 알게 되었고 그 지역 특유의 먹는 방식에 흥미를 가지게 되었으며, 먹는 것이 문화 자체라고 인식하게 된 것도 시리아에서의 생활 덕분이었다.[3] 물론 그들의 환경의식이 특별히 강했던 것도, 그들에게 물욕이 없었던 것도 아니다. 사회 전체가 그렇게 돌아가고 있을 뿐이었다. 내가 물질적으로 풍족한 '일본'의 흔적을 가지고 들어갔기 때문에 그들의 물욕을 함부로 자극하여 말썽이 난 적도 있다. 물론 다행인지 불행인지 가난한 학생에 지나지 않았던 나는 결국 큰 말썽을 일으키지는 않았다.

한편 이스라엘은 1980년대 후반부터 급속한 경제 성장으로 인한 소비 활동의 증대로, 물질적이고 낭비적인 문화가 퍼졌다. 1990년대 후반부터 '케니온'[4]이라 불리는 쇼핑몰이 텔아비브나 하이파 등의 도시에 건설되기 시작했고, 지금은 중간 규모의 도시에도 케니온이 있는지 없는지에 따라 도시의 등급이 매겨질 정도다. 쇼핑만을 하기 위한 장소가 아니라 가족 단위로 찾아가서 아이스크림을 먹거나 공연을 보거나 볼링을 하거나 그냥 유리창 너머로 상품을 구경하면서 시간을 보낼 수 있는 오락시설을 이스라엘 사람들은 처음 접한 것이다. 지금 그들은 소비의 기쁨에 몰두해 있다. 제2차 인티파다[5]의 영향에 의한 불황도 이 경향을 물리치지는 못했다. 오히려 일본과 비슷하게 아주 저렴한 가게가 난립하고 값싼 중국산 의류나 잡화가 나돌아 조금만 나빠지면 금방 버리는 풍조가 확산되는 등 점점 더 물건과의 관계가 희

---

3. 여기서 오리엔탈리즘의 낌새를 차리는 독자가 있을 것이다. 생활의 풍요로움이 숫자상의 경제력으로 측정되는 일반적인 경향 안에서 서아시아 제일의 경제력을 자랑하는 이스라엘의 천박함과 빈곤함을 맛보았기 때문에 시리아에서의 생활 안에 있는 풍요로움이나 충족감에 대해 굳이 언급하고 싶은 것이다.
4. '사다'라는 뜻의 동사 카나에서 파생된 히브리어로, 대형 쇼핑몰을 가리킨다. 영화관, 스포츠클럽, 볼링장 등도 딸려 있다. 하이파에는 '그랜드캐니언'을 비튼 것 같은 '그랜드케니온'이 있다.

박해지고 무책임해진 것처럼 보인다.

이 무게의 80퍼센트는 룸메이트의 것이라고 짜증을 내면서, 쌓인 쓰레기를 들고 밖으로 나간다. 저주를 퍼부어야 할 것은 그녀가 아니라 이스라엘 경제라 생각하고 냉정해지려고 한다. 여기서는 쓰레기 분리 수거일 같은 개념이 없다. 텔아비브는 페트병을 분리수거하고 있고 초중등학교에서도 건전지를 따로 회수하는 등 부분적인 환경보호 캠페인을 하고 있다. 그러나 유감스럽게도 이곳 하이파 시내에서는 24시간 언제든 도로에 설치되어 있는 컨테이너를 열고 던져 넣기만 하면 쓰레기는 안녕이다. 이렇게 헌옷이나 채소 찌꺼기, 다 쓴 건전지, 헌 신문이 같은 봉지에 넣어져 컨테이너에 던져진다. 어떤 데이터에 따르면 이스라엘에서는 고체 쓰레기의 95퍼센트가 땅에 묻힌다고 한다.

나 역시 재활용이나 환경보호 자체에 관심이 많은 편이 아니다. 다만 자신이 소비한 것을 아무렇지도 않게 쓰레기통에 던져 넣고, 누가 어떻게 처리해주는지, 그 쓰레기가 어떻게 되는지 완전히 무관심한 편의주의나 무책임에 혐오감을 느낄 뿐이다. 단순한 '위로부터의 지시'나 줄지어 에너지 절약을 실행하고 쓰레기 분리수거를 철저히 하기 위해 지역에 따라서는 주민들끼리 서로 감시하는 경우도 있다는 일본

---

5. 2000년 9월 29일 아리엘 샤론이 국방장관으로 있던 시절 약 1,000명의 무장한 호위병과 함께 알아크사에 들어간 것을 계기로 시작되었다. 1993년 오슬로협정에 따르면 예루살렘의 지위는 그 후 교섭 내용에 따라 정해질 것이었는데, 팔레스타인 사람들의 예루살렘 방문 금지나 예루살렘에 있는 아랍인의 토지 사용 제한 등의 수단에 의해 이스라엘은 예루살렘의 유대화를 진행했다. 그러한 흐름 속에서 나온 샤론의 행동에 대해 팔레스타인 사람들은 격렬하게 반발하며 항의 데모를 벌였다.

사회를 떠올리면 어디가 더 낫다거나 나쁘다는 이야기가 아니라는 것을 알 수 있다. 타인의 눈 따위는 신경도 안 쓰는, 철저하게 개인주의적으로 보이는 이곳 이스라엘의 쓰레기 배출 방법은, 한순간의 악취미 같지만 통쾌한 기분을 느끼게 해주기도 한다. 이 쓰레기가 어떻게 되는지에는 다들 무관심한 것일까? 아니, 이런 생활은 싫다고 하면서 어쩔 수 없이 무관심하기로 작정하고 그저 참고 있는 것일까?

환경 파괴와 시온주의

부엌일을 하며 투덜대는 나도 이 나라에서 살고 있는 이상은 결국 똑같은 일을 하지 않을 수 없다. 모든 쓰레기가 함께 회수되고 있으므로 분리해서 버린다고 해도 아무 소용이 없다. 그렇다고 해도 내가 좋아하는 방식대로 산다면 쓰레기가 줄어들 것이다. 팩에 든 식품을 되도록 사지 않으려고 하는 것은, 무엇보다 그것이 비싸기 때문이다. 무게를 달아서 파는 시장에 가면 맛있는 것을 값싸게 살 수 있으며, 채소 가게를 운영하는 아랍인 아저씨와 친하게 지낼 수 있어 즐겁다. 용기에 들어 있는 샴푸나 여러 종류의 세제를 가능하면 사지 않고 비누나 가루비누 한 종류로 해결하려는 것은, 돈 문제 외에도 역시 되도록 이스라엘에서 소비를 하고 싶지 않기 때문이다. 이스라엘에 살고 있는 이상 쓸데없는 일인지도 모르지만, 실제로 상품을 손에 들고 두꺼운 포장이나 히브리어로 쓰인 상품설명서를 보면, 점령을 계속하고 있는 이 나라의 경제에 가능한 한 공헌하고 싶지 않다.

이스라엘은 국가적으로 '환경보호'에 협력할 의사가 없다. 하지만 이 나라는 이 땅에 살고 있는 팔레스타인 사람들을 쫓아내고 생긴 나라다. 내가 살고 있는 하이파만 해도 원래 살고 있던 주민을 대부분 쫓아내고 세워진 곳이다. 자신들의 일방적인 '역사적 권리'에 근거하여 다른 사람으로부터 빼앗은 땅에 살면서 그 땅을 파괴하고 있다는 것은 터무니없는 이야기가 아닐 수 없다. 룸메이트는 아랍인이지만 사는 모습을 보면 이스라엘의 소비자에 지나지 않는다. 물론 가장 화가 나는 대상은 룸메이트 같은 사람이 아니라 이스라엘의 경제 담당자이자 환경 정책의 원흉인 이스라엘 대기업과 기업에서 걷는 세금으로 이익을 얻고 있는 이스라엘이라는 국가다.

환경문제가 성가신 것은 파괴나 오염에 책임이 있는 사람이 아니라 아무런 책임도 없는 사람에게 피해를 주기 때문이다. 환경 파괴는 이스라엘이라는 한 나라의 문제에 그치지 않는다. 이스라엘이 주변 지역의 오염원이 되고 있기 때문에 곤란한 것이다.

예를 들어 하이파에 살고 있는 나에게 가까운 것은 하이파만 연안의 공업지대를 흐르는 키숀강[6]의 오염 문제다. 1990년대 후반, 이곳에서 군사훈련을 한 해병의 암 발생률이 높아지자 조사가 시작되었다. 이어서 암에 걸린 어민이나 유족들이 '하이파화학'[7] 등의 화학제품을 생산하는 기업을 상대로 소송을 제기했다. 2004년에 나온 정부 위탁조사

---

6. 하이파항으로 흘러드는 길이 58킬로미터의 강이다. 이 지명은 『구약성서』에도 나오는데(「열왕기 상」 18장 40절) 오랫동안 아랍어로 무카타강 또는 하이파강으로 불렸다. 현재는 이스라엘에서 가장 오염된 강이라는 형용사가 붙어 있다.

기관의 결론은, 키숀강의 오염에 대해 인정하고 기업의 책임도 인정했지만 암의 발생과 오염의 직접적인 관계는 인정할 수 없다는 것이었다. 마찬가지로 1990년대 후반에는 이스라엘이 지중해 오염의 주범이라는 것을 국제연합이 보고서로 경고하기 시작했다. 3장에서 언급한 것처럼 텔아비브 야르콘강의 오염 문제도 있다.

이스라엘에 환경부가 설립된 것은 1988년인데, 세계에서 126번째라고 한다.[8] 1960년대에서 1970년대 초에 걸쳐 서구나 일본에서는 심각한 환경 문제 때문에, 늦었지만 대책을 세우기 시작하고 환경 관련 부서도 만들었다. 그러나 이스라엘은 이 시기에 이러한 흐름을 놓치고 말았다. 이 무렵 많은 이민자를 흡수하고 '국가 안전상의 문제'에만 매달려 있었기 때문이라고 변명했다. 왜냐하면 시온주의의 비전에 따르면 이 시기는 애초에 보호해야 할 환경·자연을 포함한 지역을 군사적으로 확보하는 과정에 해당했기 때문이다. 1967년 제3차 중동전쟁의 결과 이스라엘은 골란고원에 있는 요르단강의 수원이나 요르단강 서안지구의 대수층을 손에 넣었다. 팔레스타인 사회의 자립 가능성을 억누르면서 유대인을 다수자로 삼는 사회만의 발전과 성숙이라는 방향성은 여기서 결정적인 영향을 미쳤다.

---

7. 이스라엘은 석유화학공업, 화학비료, 제약, 식물방역화학 등의 화학공업이 번창하고, 화학공업의 생산량이 전체 공업 생산량의 15퍼센트를 차지한다. 하이파화학은 1967년에 창업하여 화학비료나 식품첨가물 등을 제조해왔다. 1996년 키숀강에 연간 150만 톤의 유해 폐수를 흘려보낸 일로 고소당했다.
8. 이스라엘의 환경보호운동사, 환경정책사는 이하를 참조하라. Alon Tal, *Pollution in a Promised Land: An Environmental History of Israel*, University of California Press, 2002.

처음부터 유대인의 우위를 전제로 하고 타자와의 공생을 거절한 상태에서 이루어지는 '환경보호' 운동이라면 팔레스타인에서는 시온주의 운동 초기부터 존재했다. 시온주의와 "이스라엘의 아름다운 국토를 지킵시다"를 취지로 내건 모든 단체는 지금도 커다란 힘을 발휘하고 있다. 유명한 것으로는 1953년 홀라호Lake Hulah[9]의 관개사업을 계기로 설립된 '이스라엘 자연보호협회',[10] 정부기관으로서는 '이스라엘 자연보호국'[11]이 있다. 미국 유대인 단체의 풍부한 재정적 지원 아래 하이킹을 통해 자연보호에 대한 의식을 고양시키는 일이나 야생의 꽃을 따지 말도록 호소하는 계몽운동 또는 희귀생물의 보호 운동 등을 적극적으로 펼쳐왔다. 대부분의 주변국에 동물보호법이 없어서 가젤[12]이나 산양, 하이에나 등이 멸종 위기에 처해 있다면, 이스라엘은 멸종위기동물의 피난처가 되고 있다. 이스라엘은 시온주의와 자연보호운동을 훌륭하게 결부시켜 상호 보완하는 관계를 구축해온 것이다.

9. 이스라엘 북부 갈릴리호수의 북쪽에 있다. 호수lake라고 번역되지만 늪이나 못에 가깝다. 면적은 가장 클 때가 14제곱킬로미터, 깊이는 3미터다. 1951년부터 1958년에 걸쳐 유대민족기금은 이곳을 농업지로 개발하기 위해 간척사업을 시작했지만 실패로 끝났다.
10. 1953년 당시 학생이었던 아자리아 아론과 조류관찰 가이드였던 아모츠 자하비Amotz Zahavi가 주도하여 설립되었다. 이스라엘 자연보호협회의 설립이 유대민족기금에 의한 홀라호의 관개 계획에 반대하는 움직임을 계기로 한 것은 잘 알려져 있다. 인구 600만 명의 이스라엘에서 현재 10만 명이 회원으로 가입되어 있다.
11. 이스라엘 자연보호협회에 의한 로비 활동의 성과로 1964년 농업부 산하에 설립되었다. '국립공원국'과 통합하는 문제에 대한 논쟁을 거친 후 '자연보호국'과 '국립공원국'은 별도의 조직으로 성립되었다. 그러나 두 조직은 1998년에 합쳐져 '자연·국립공원보호국'이 되었다.
12. 사막지대에 서식하는 영양 같은 동물이다. 이 동물의 눈이나 뿔의 아름다움은 수많은 아랍 시의 제재로 쓰였다.

멸종위기동물을 보호하는 것이 중요하지 않다고 말하는 것은 아니다. 그러나 점령지의 환경을 파괴하면서 팔레스타인 사람들의 생활과 문화를 압살하고 있는 나라의 멸종위기동물 보호라는 것이 대체 뭐란 말인가? 그런데 이러한 단체의 활동 그리고 이스라엘의 자연에 대한 사랑과 애국심의 결부에 관한 담론을 분석해본 결과 시온주의가 환경 보호에 기여하고 있다는 생각은 오래전부터 깊이 박혀 있다. 여기서 말하는 '아름다운 자연'이 그곳에서 오랫동안 살아온 사람들을 배제하고 그들의 생활을 파괴함으로써 성립하고 있다는 사실은 전혀 고려되지 않는다.

그러나 간과할 수 없는 것은, 정도의 차이는 있겠지만 시온주의가 환경 파괴를 뒷받침하는 이데올로기라는 것이 이스라엘 내부에서도 자주 지적되고 있다는 사실이다. 우선 시온주의는 인구라는 면에서 단기간에 대량의 이민을 필요로 하고 극히 부자연스러운 사회 발전을 실현하기 위해 자연을 극복해야 할 대상으로 삼아왔다는 이데올로기 상의 문제가 있다. 그리고 시온주의에 근거하여 만들어져온 입식지가 형태상 필연적으로 얼마나 환경을 파괴하는가 하는 것도 구체적인 데이터에 기초해 논해지고 있다. 입식지는 애초에 유대인이 없는 곳에 유대인을 살게 하는 데서 시작되었기 때문에 사람들은 넓은 토지에 점점이 흩어져 산다. 따라서 하수도의 정비 등이 늦어져 입식지 바깥으로 오수가 방출된다. 더욱이 의도적으로 유해 물질을 배출한다 해도 국가의 규제가 없어 막을 도리가 없다. 입식자들은 자신들의 토지라고 주장하는 그 토지의 지속 가능한 발전 따위는 생각하지 않는다. 물론 입식지 자체도 팔레스타인의 토지를 빼앗아, 파괴된 팔레스타인 사람들의 올리브 밭이나 과수원 위에 세워진 것이다.

점령지에서 이스라엘군이 의도적으로 환경을 파괴하고 있다는 것도 여러 차례 지적되었다. 로이터통신에 따르면 전 팔레스타인 환경장관 유세프 아부 사피흐는 다음과 같이 말했다. "이스라엘은 팔레스타인 자치구에 공업 폐기물을 버리고 있고, 우리는 그런 곳을 249군데 확인했습니다. 이스라엘군은 팔레스타인의 농토에 오수를 흘려보내 1,745 헥타르의 경작지를 파괴하고 30만 그루의 올리브 나무와 대추야자 나무를 뽑아냈습니다."[13]

골란고원에서도 시리아계 주민들은 이스라엘이 핵폐기물을 파묻기 위한 거대한 터널을 파고 있다고 주장하며 국제연합 사무총장에게 보내기 위한 서명 운동을 벌이고 있다.[14]

이스라엘의 아랍인에 의한 자발적 환경보호

환경보호에 대한 관심은 자연스럽게 깨달을 수 있는 것이 아니다. 거기에 국가나 대기업에 의한 주민의 환경권이나 생활권의 무시, 그것에 대한 주민의 의식이나 시민운동의 고양 등 정치가 어느 정도 개입하고 있다는 것은, 일본에 살고 있다

---

13. 2001년 10월 8일, 로이터통신.
14. 2005년 제60회 국제연합 총회 제2위원회(경제개발 문제를 다루는 위원회)의 제13회 및 제14회 회합에서 이집트의 대표자가 이 문제를 거론했다.

면 잘 알고 있을 것이다. 역으로 국가에는 주민에게 환경에 대한 정보나 지식을 널리 알릴 의무가 있다. 나는 앞에서 이스라엘 국내의 아랍인이 소비경제, 쓰고 버리는 문화에 푹 빠져 있다는 것을, 가치판단을 내릴 수 없는 '현실'에 지나지 않는다고 썼다. 그러나 그렇다고만 단언할 수 없는 것은, 국가로서 이스라엘의 의무나 책임이 관련되어 있기 때문이다.

이스라엘에서는 환경보호에 대해 다음과 같은 표현을 듣는 일이 있다. "유대인의 환경에 대한 의식은 높지만 아랍인은 낮다. 유대인이어도 아랍권 출신의 경우는 의식이 낮다." 아랍인에 대한 멸시와 안이한 문화론으로 연결된다. '환경에 대한 의식'이라는 것이 앞에서 다룬 고산식물이나 멸종위기동물에 대한 사랑뿐이라면 무시하는 편이 나을 것이다. 그러나 가령 이러한 주장에 의미가 있다면, 그것은 이스라엘이 소수자인 아랍인 주민에게 해야 할 환경 교육이나 정보 제공을 게을리 하고 있다는 문제를 지적한다는 점에서일 것이다.

하이파에서 20킬로미터쯤 떨어진 샤파아무르[15]라는 아랍인 도시에 '갈릴리협회'라는 비정부기구 본부가 있다.[16] 이스라엘의 아랍인은 이스라엘 국적을 갖고 있다고 하더라도 다양한 차별을 받는 주류로부터

---

15. 하이파와 나사렛의 중간쯤(각각에서 대충 20킬로미터)에 위치한 아랍인 도시다. 이스라엘 국내의 아랍인 도시로서는 가장 규모가 큰데, 국내의 아랍인을 위한 비정부기구 등이 많고 사무실도 있다. 이 도시의 독특한 이름은 옛날에 오마르라는 사람이 이곳을 방문하여 마을의 우물물을 마셨더니 병이 나았다(샤파)는 전설에 기초하고 있다고 하는데, 이 도시의 좋은 환경이나 환대歡待를 상징하는 것으로 언급된다.

16. '갈릴리협회'의 웹사이트. http://www.gal-soc.org/

배제된다. 국영기업에는 고용될 수 없고, 관청의 고위직 공무원의 경우에도 아랍인 관할 등 극히 제한된 분야에만 허락된다. 서구 지향적인 유대인의 요구만 중시되고 사회 조직의 총체가 아랍인의 요구에 맞지 않거나 아랍인은 그것에 맞추기 위해 무리할 수밖에 없다는 것도 커다란 문제다. 군대에 가지 않기 때문에 병역을 마친 후에 받게 되는 각종 복지 혜택의 주체도 될 수 없고, 이들의 높은 실업률은 다양한 사회적 스트레스를 낳고 있다. 그런데도 아랍인 심리치료 전문가는 절대적으로 부족한 형편이다. 이런 문제는 아랍 세계에 정통한 아랍인 전문가가 아니면 할 수 없는 일이라는 것은 분명해 보인다. 결국 이스라엘 정부에 기대지 않고 아랍인 자신이 자신들의 사회 문제를 해결해나갈 수밖에 없겠지만 그것을 위한 인재가 부족하고 또 그런 인재를 키울 사회적 자원이 부족하다는 악순환이 반복되고 있다.

그러므로 이스라엘에 많이 있는 아랍계 비정부기구는 중요한 역할을 맡고 있다.[17] '갈릴리협회'는 1981년에 건강관리 전문가들이 설립한, 아랍 사회의 보건·환경을 향상시키는 것을 목적으로 하는 비정부

17. 이스라엘 사회는 좋든 나쁘든 비정부 조직이나 시민 활동의 전개에 눈뜬 사회라는 것이 특징이다. 이스라엘의 팔레스타인계 비정부기구도 1981년의 '단체법' 제정 후 급속히 증가하여 2001년까지 등록된 단체만 해도 1,613개나 된다고 한다. 실제로 필자가 보고 들은 단체도 많을 뿐 아니라, 그 상근 직원이 되어 생계를 꾸려나가는 사람이 많은 것도 굉장히 인상적이었다. 물론 그 규모나 생활상은 다양한데, 이스라엘 내 팔레스타인 사람들의 인권을 옹호하기 위해 실제적으로 기능하고 있는 비정부기구는 세 개밖에 없다는 이야기를 자주 듣는다. 또한 유럽의 기금 등으로부터 풍부한 활동 자금을 받고 있는 단체의 부패나 임원의 사치가 보도되는 일도 있다. 한편 이스라엘 정부의 정책을 정면으로 비판하거나 이스라엘 건국의 역사를 비판적으로 바라보는 역사 교육을 하려는 단체는 후원자를 얻을 수 없어서 소수의 자원봉사 활동에 의존하고 있는 경우도 있다.

기구다. 이름은 바로 이스라엘 북부의 갈릴리 지방에서 유래하는데, 네게브사막에서 베두인의 의료복지나 교육에도 관여하고 있고, 아랍계 비정부기구로서는 규모가 가장 크다.

내가 방문한 곳은, 코프르칸나[18]라는 작은 마을에서 갈릴리협회가 운영하는 교육시설 '알마이삼'이었다. 마치 흙과 지렁이를 친구로 삼고 있는 듯이 보이는 야쿠부 박사가 차로 안내해주었다.

도착한 곳은 일본의 지역 관광지에 있는 전시관처럼 생겼는데, 근사한 온실이 있는 식물원이었다. 안내해준 사람은 아사드라는 주근깨투성이 젊은이였다. 그의 설명에 따르면 아랍 지역의 약초, 다시 말해 이른바 '아랍 의학'에서 사용되는 약초를 모은, 서아시아에서 가장 빼어난 식물원이라는 것이었다. 그 맞은편에는 농원도 있었다. 닭장이 있고 칠면조나 공작도 키우고 있고, 양봉도 하고 있었다. 또한 훌륭한 실험실도 있었다. 방문 전에는 이 시설에서 아이들에게 교육을 하고 있다는 정도밖에 몰랐는데, 이곳에서의 연수를 자유 과목의 일부로 채택하고 있는 아랍의 초등학교나 중학교도 많으며, 주제를 정해 일주일에 한 번씩 12주를 한 단위로 이곳에서 지도를 받으면서 연구를 정리한다고 한다.

전체적으로 이곳에서는 아랍 아이들에게 환경에 대한 관심을 불러

---

18. 아랍 마을의 이름에는 '코프르'가 붙은 것이 많은데 '마을'이라는 뜻이다. '칸나'는 『신약성서』 「요한복음」 제2장에 나오는 '가나'라고 한다. 가나에서 열린 혼인 잔치에서 포도주가 다 떨어지자 예수는 항아리에 물을 채우라 일렀고, 그것을 잔치 맡은 이에게 가져가자 물이 좋은 포도주로 변해 있었다고 한다. 코프르칸나는 현재 이 기적을 기념하는 교회에 의해 관광객을 모으는 한편 6장에서 소개한 이슬람 운동의 영향력이 강한 곳이기도 하다.

식물원을 안내해준 아사드

일으킬 수 있는, 이스라엘 교육청이 정한 정식 과목에서는 배울 수 없는 분야에 대한 교육을 제공하고 있다. 이 프로젝트가 시작된 지는 아직 채 2년이 안 되었다고 한다. 나는 그곳에 동거인을 꼭 데려가고 싶었다. 그녀는 심지어 '올챙이'가 어떻게 생겼는지도 모른다. 베란다에 방치해둔 쥐의 시체에 구더기가 들끓어 베란다만이 아니라 부엌까지 구더기 천지가 되었을 때도 "이 벌레는 어디서 왔을까? 냄새를 맡고 온 걸까?" 하는 말을 스스럼없이 해댔던 것이다(내가 다 치웠다는 것은 말할 것도 없다!!).

내가 감격한 것은 퇴비를 사용하여 기름을 짜낸 올리브 열매와 씨의 찌꺼기를 분해하는 실험을 했던 일이다. 공장에서 압착한 올리브 찌꺼기는 아랍어로 '지흐트'라고 하는데, 화학물질이 풍부한 수분과 섬유질 덩어리로, 그대로 묻어버리면 토양에 악영향을 미치기 때문에 금지되어 있다. 지금은 해결 방법이 없어 나일론으로 덮어 유해물질이 흘러가지 않도록 하는 수밖에 없다(실제로 올리브 오일 공장에서는 고온에서 건조시켜 부피를 줄인 다음 컨테이너에 넣어 매립하는 듯하다). 물론 퇴비를 사용한 유기물 분해와 비료 생산 자체는 전 세계에서 하고 있지만 올리브 찌꺼기 자체는 박테리아가 부식 활동을 하기 위한 미생물이 부족하여 아직 실험 단계에 있다. 그래서 여기서는 미생물이 풍부한 소나 닭 등 가축의 배설물을 이용하여 올리브 찌꺼기 분해 실험을 하고 있

는 것이다. 가축의 배설물도 그
대로는 버릴 수 없으므로 성공한
다면 아주 유용하다고 한다.[19]

그들이 하고 있는 일은 소박해
보이지만, 내가 기뻤던 것은 "환
경보호 의식이 부족하다"는 말
을 들으며 무시당하고 있는 아랍

올리브 찌꺼기의 분해 상태를 점검하고 있다('알 마이삼'에서)

사회에서도 일본이나 서구의 시민운동 단체가 시도하고 있는 일을 행
하고 있기 때문이다. 또 팔레스타인의 상징이기도 한 올리브는 꿈이나
망상을 불러일으킨다.[20] 야쿠부 박사에게 일본에서도 퇴비를 이용해
쓰레기를 줄이려는 시민 활동이 있다고 말하자, 그는 "거봐요, 우리만
하고 있는 게 아니잖소" 하고 파트너에게 말했다.

이곳 외에도 대학과 제휴하여 외부로부터 위탁받은 연구를 진행하
고 있는 전문 연구시설도 있다. 연구 주제는 모두 지역에 뿌리박은, 지
역의 환경 보전에 도움이 되는 주제라고 한다. 그곳에도 방문했는데

19. 올리브를 짜내고 남은 찌꺼기 '지흐트'의 유용한 활용법에 대해서는 여기저기서 여러 가지 시
도를 하고 있는 듯하다. 그러나 아이디어가 공유되고 있지는 않는 것 같다. 연료로도 사용되고
있다.
20. 이스라엘 건국 이전에 팔레스타인 땅에 있던 사람들의 대부분은 농민이었으며 올리브는 옛날
부터 이 지역에서 활발히 재배되었다. 난민이 되어 좁은 캠프에 밀어 넣어진 수많은 팔레스타
인 사람들은 돈벌이를 하러 주변의 도시나 키부츠로 가야 하는 노동자가 된 후에는 특히 땅과
의 관련성을 의식하고 표현하게 되었다. 옛날 올리브 수확기에는 아이들도 학교에 가지 않고
노동에 내몰렸지만 오늘날에는 수확기에 학교나 비정부기구 조직이 아이들에게 올리브의 효
용, 이용법, 식물지, 올리브에 관한 설화 등에 대해 가르치고 있다.

내가 지금까지 알아왔던 작은 비정부기구나 정치조직에 비해 너무나도 규모가 크고 전문성도 높아서 압도당하고 말았다. 박사학위를 가진 사람 몇 명이 이곳에서 월급을 받으며 생계를 꾸려가고 있었다. 당연히 이스라엘 환경부나 과학기술부, 교육부 등에서도 지원금이 나오는데, 이 때문에 이스라엘의 존재 방식을 바꿔가는 것이 아니라 그것을 보완하는 역할밖에 하지 않는다는 비판이 나올지도 모른다. 그러나 무엇보다 이스라엘의 현실이라는 다양한 제약 속에서 아랍인들이 정열적으로 몰두하고 있는 활동을 알아야 한다고 생각했다. 아직도 모르는 것투성이기 때문이다.

10장

관광지에서 드러나는 '이스라엘다움'

하나의 마을, 두 개의 세계

아카라는 도시를 아는 사람이 있을까? 이스라엘 북부에 있는데, 지도를 보면 알겠지만 하이파와는 만을 끼고 서로 마주보고 있다.[1] 바다를 낀 두 도시의 직선 거리는 12킬로미터쯤 된다. 보통 자동차로 이동할 때는 빙 돌아서 가기 때문에 40분쯤 걸린다. 두 도시의 규모와 관계에서 보면 아카는 하이파의 동생뻘인 곳이다. 그러나 역사적으로는 아카가 더 격이 높다. 어쨌든 내가 아주 좋아하는 도시다. '내가'라고 쓰고 보니 내가 그 기분을 점유하고

---

1. 아랍어 표기로 아카는 '아카아', 하이파는 '하이파아'다. 그러나 장음 표기에 따른 혼란을 줄이기 위해 '아카', '하이파'로 했다. 히브리어로는 '아코오', '헤이파아'로 장음으로 표시된 '아' 부분에 악센트가 온다.

있는 것 같아 송구스럽다. 한 번 가보면 누구나 좋아하게 되는 도시다.

히브리어로 '아코'라는 이 도시는 성서에도 나오는 지명이다. "아셀 지파는 아코와 시돈 주민을 몰아내지 못하였다. 또 아흘랍, 악집, 헬바, 아빅, 르홉도 차지하지 못하였다. 그래서 아셀 지파는 그 땅 주민인 가나안족과 섞여 살았다. 그들을 몰아내지 못했기 때문이었다."[2]

놀라운 이야기다. 성서에 대한 얄팍한 지식밖에 없는 내가 읽기에도 고대 이스라엘의 백성은 아카를 점령하지 못했다고 쓰여 있다! 그런데 하필 이 도시에 공격을 가해 이곳에 살고 있던 아랍 주민의 대부분을 쫓아내거나 죽이고 이스라엘 국가 안으로 편입시킨 것은 현대의 시온주의자들이다. 그곳에 살고 있는 사람을 쫓아내는 것을 정당화하기 위해 시온주의자가 항상 이용해온 성경에서조차 "아코와 시돈 주민"과 고대 이스라엘 백성이 공존했다고 기술하고 있는데도 말이다.

물론 여기서 성서 논쟁을 시작할 생각은 없다. 성서에 적힌 내용을 역사적 사실이라고 보기도 힘들지만, 성서에 어떻게 쓰여 있든 현실에 살고 있는 사람의 삶을 힘으로 침탈하는 것이 정당화될 것이라고 생각하다니, 시온주의자는 정말로 제정신이 아닌지도 모를 일이다.

2. 『구약성서』, 「판관기」 제1장 31~32절. 아셀지파는 고대 이스라엘 12부족의 하나다.

이런 생각을 하며 메슥거리는 기분으로 지금 나는 하이파에서 택시를 타고 아카로 가고 있다. 앞쪽에는 '알자자르 모스크'[3]의 녹색 돔이 눈에 들어와 아카가 가까워졌다는 걸 알았지만 택시는 내가 가려고 하는 구시가 부근은 거치지 않고 신시가의 대로를 지나 그대로 북부로 향한다. 결국 적당한 곳에서 택시에서 내려 살풍경한 신시가를 한참 걸어야 했다. 신시가의 광경은 어느 나라에나 있을 법한 교외의 도심과 같았다. 여기에는 주로 유대인이 살고 있다. 덥다. 그늘이 있을 만한 곳은 어디에도 없고, 도망갈 곳 없는 길이 계속된다. 드디어 성벽이 보이고 구시가로 들어선다.

이 구시가는 바다와 면한 도시 전체가 다양한 시대에 만들어진 성벽(요새)으로 둘러싸여 있다. 도시 자체는 기원전 20세기부터 있었다고 하는데, 지금 남아 있는 벽의 상당 부분은 십자군[4]이 이곳을 지배했을 때 만들어진 것이다. 정사각형으로 보고 대충 계산하면 사방 700미터쯤 된다. 좁은 지역이지만 돌로 둘러싸인 복잡한 골목으로 들어가면 순식간에 방향을 잃게 된다. 길을 잘못 들어 허둥대다가 같은 곳을 빙

3. 아카 구시가 입구에 위치한 모스크다. 1781년부터 1782년까지 당시 오스만제국 총독으로서 아카를 지배하고 있던 아흐마드 자자르Ahmad Jazzar가 건설했다. 자자르란 도살자라는 뜻으로, 그 냉혹함으로 인해 두려움의 대상이었다. 그의 통치기에 아카는 전무후무한 번영을 구가했고, 1799년에는 나폴레옹의 침략으로부터 아카를 지켜냈다.

4. 서유럽의 여러 나라가 11세기말부터 13세기말까지 동지중해 지역에 대해 단속적으로 지속한 원정 활동이다. 예루살렘으로 가는 순례로를 확보하기 위한다는 구실이었지만 당시 지중해 동쪽 지역의 주민에게는 다른 세계로부터의 야만적인 침략자였을 뿐이다. 12세기 후반에는 십자군의 세력이 약해져 아카가 최후의 보루가 되었는데, 1291년에 카이로를 수도로 하는 맘루크 왕조가 탈환했다. 9·11 이후 조지 부시 전 미국 대통령이 '대테러전쟁'을 '십자군'이라 불러 아랍 세계를 비롯한 전 세계로부터 비판을 받은 적이 있다.

아카 신시가의 모습

빙 돌지도 모른다.

아이들이 신기한 듯한 얼굴로 쳐다본다. 이 구시가야말로 아랍의 도시다. 나에게는 정겨운 분위기로 충만한 곳이다.

그렇다. 이 도시의 매력은 좁은 지역에 아랍인이 한데 모여 살고 있어 친밀한 공동체를 형성하고 있다는 점이다. 그리고 바다. 요새 위로 올라가거나 파수대 같은 데서 내려다보면, 거친 파도가 계절이나 시간대에 따라 다양한 표정을 보인다. 위에서 내려다보고 있으면 빨아 당길 듯한 모습에 시간 가는 줄 모른다. 물론 항구에는 수많은 소형 어선이 정박해 있다. 어선이라고 하면 생선!! 그렇다. 이 도시에서는 맛있는 생선을 먹을 수 있다. 날이 저물 무렵, 바다와 면한 레스토랑에서 생선을 먹으면 무척 사치스러운 기분을 맛볼 수 있다. 그리고 이 도시에 아는 사람이 있다면 어김없이 초대를 받아 생선 튀김을 배가 터질 정도로 대접받을 것이다. 지중해의 생선은 살이 단단하지 않다는 말을 하는 사람이 있지만, 이곳 사람들 앞에서 그런 말은 실례일 뿐이다.

배부르고 행복하다. 이것으로 끝내고 싶지만 그렇게 되지 않는 게 유감스러울 따름이다. 어쨌든 이곳도 이스라엘 안에 존재하는 아랍인 도시다. 이 작고 아름다운 도시에 이스라엘이라는 나라의 기괴함이 집약되어 있다. 이 도시에만 한정된 이야기는 아니지만 관광지여서 진부

하기까지 한 '이스라엘다움'으로 충
만해 있다고도 할 수 있다.

아카의 구시가를 둘러싼 성벽

아랍인의 도시라고 썼지만 행정
단위로는 유대인이 다수를 차지하
고 있는 신시가와 합쳐 '아카'라는
하나의 시를 이루고 있다. 구시가의
아랍인 주민은 대략 1만 명 정도다.

그러나 구시가는 좁고 건물을 새로 지을 수 없으므로 결혼한 아랍인
부부 등은 신시가로 이사한다. 그 수는 대체로 5,000명에서 6,000명
정도다. 한편 유대인은 약 3만 5,000명 정도가 살고 있다. 유대인 주민
이 다수를 차지하고 있기 때문에 당연히 시장은 유대인이고, 시의 계
획 전체가 유대인 중심으로 맞춰 있다. 그것이 아랍인의 마을이나 도
시로서 하나의 지방정부를 이루며 아랍인 수장이 있는 많은 아랍인
밀집 지역과 다른 점이다. 성벽으로 둘러싸인 구시가는 명확하게 구
별되기 때문에 아랍인 지역과 유대인 지역의 차이가 뚜렷하게 드러나
있다. 이것이 하이파처럼 아랍인과 유대인이 혼재된 도시와 다른 점이
다. 구시가의 특징은 석조로 된 미로 같은 골목과 시장, 모스크, 교회,
항구, 생선이다. 좁고 인구밀도가 높지만 도시 전체가 지중해를 향해
돌출된 곳이기 때문인지 개방감이 있다. 한편 신시가에서는 생기 없는
공원이나 교차로의 오브제가 광대한 시를 오히려 갑갑하게 만든다.

유대인 주민은 이주민이다. 게다가 유대군이 전에 살던 주민을 힘으
로 평정한 후에 들어온 사람들이다. 이 지역과의 현실적인 관련성이

작지만 정오 전후에는 쇼핑객들로 붐비는
아카의 시장

전혀 없는 그들은 이스라엘 정부의 정책에 따라 이곳에서 살며 숫자로 압도하고 있다. 그리고 그들이 사는 신시가는 행정상 도시의 중심이다. 새로운 도시이므로 역사를 느낄 수 없어서 시시할 뿐만 아니라 안정감 없이 기묘하고 거북하다. 왜 이런 느낌이 드는 것일까? 어떻게 이 도시에서 태연한 얼굴로 살 수 있는 것일까? 유대인 주민의 모습을 볼 때마다 나는 질리지도 않고 이런 생각을 한다.

아랍인이 사는 구시가에는 수많은 유대인들이 관광이나 쇼핑을 하러 찾아온다. 특히 유대인의 휴일인 토요일은, 유대인 도시에서는 가게나 대부분의 오락시설이 문을 닫기 때문에 차를 타고 이 도시로 찾아온다. 시장은 생선이나 채소나 향신료를 한꺼번에 사는 유대인 손님들로 북적인다. 그 모습은 아직도 식민지의 광경을 떠올리게 한다. 가만히 보고 있기에 불편한 모습이다. 아랍인이 히브리어를 쓰며 유대인을 상대로 물건을 파는 광경을 당연하다는 듯이 받아들이는 유대인의 모습은 하이파에서 생활하며 익숙해진 풍경이지만, 그래도 역시 위화감이 드는 것은 어쩔 수가 없다.

물론 현실적으로 유대인 손님이 찾아오지 않으면 아카의 가게 주인들은 곤란한 상황에 처할 것이다. 제2차 인티파다의 영향으로 외국인 관광객도 줄었다고 한다. 문제는 아카의 유대화와 유대인에 맞추는 방식으로밖에 아랍인이 존재할 수 없게 되었다는 점이다.

여름에는 유대인 학교에서 소풍을 오는 등 단체손님이 많다. 8월의 어느 오후, 항구로 나가보니 유대교 정통파 복장을 한 소녀들이 눈에 들어온다. 모처럼 좋은 기분을 망치는 것은, 이런 그룹에 반드시 소총을 어깨에 멘 호위병이 붙어 있다는 것이다. 순진한 얼굴을 한 소녀들 한 사람 한 사람에게 무슨 죄가 있겠냐는 생각을 하면서 아이들을 등지고 바다를 보면서 침략으로 점철된 아카의 역사를 생각한다. 이 땅에 시온주의자가 들어오지 않고 아랍의 일부인 팔레스타인 사람들이 왔다면 지금 이곳은 어떤 모습이었을까? 멀리 보이는 하이파에서 수많은 사람들이 난민이 되어 건너온 날을 상상하자 머리에 피가 솟구친다. 부끄러워하지도 않고 잘도 관광하러 오는군! 이 나라에는 역시 현실을 잊고 오롯이 즐길 수 있는 장소 같은 건 존재하지 않는다.

하이파와 아카에서 일어난 일

날이 저물어 어두워지고 관광객의 모습도 보이지 않게 되자 아랍인만의 세계로 돌아온다. 이 시간이 되면 점차 마음이 진정된다. 여름밤은 길다. 아랍인들은 밤중까지 지인의 집을 방문하거나 바람을 쐬러 해안을 정처 없이 걷기도 하기 때문에 도시는 언제까지고 고요해질 줄을 모른다.

나는 어부였던 할리드의 집에 신세를 졌다. 대학원생인 하리파를 맏이로 여자아이가 셋, 남자아이가 셋인 집이다. 생선을 배가 터지도록 대접받는 곳도 바로 이 집이다.

할리드는 1944년생이니까 나이가 꽤 들었다. 숨을 헐떡이면서 계단을 오르고 불룩한 배를 쓰다듬으면서 갑자기 큰 소리로 이야기를 꺼낸다. 그는 하이파 출신이다. 1948년 4월, 하이파는 유대인에게 점령되어 가족이 겨우 목숨만 부지한 채 이곳 아카까지 도망쳐 왔다. 하이파가 함락되기 며칠 전에 할아버지가 이스라엘인에게 살해당해 피투성이가 된 채 땅바닥에 쓰러져 있는 것을 아버지가 안아 올렸다. 할리드 씨는 그때 네 살이었을 텐데, 지금도 그 광경을 잊지 못했다.

할리드의 가문은 하이파의 대지주였다고 한다. "하이파의 절반은 우리 것이었어요." 유감스럽게도 상당히 과장된 이야기라고 생각되지만 큰 저택이 여러 채 있었다는 것은 사실인 듯하다. 그에 비해 아카에 있는 그의 집은 여덟 명이 살기에 확실히 비좁다. 할리드의 집만이 아니라 아카 구시가의 가정은 모두 집 문제로 골머리를 썩고 있다.

할리드에 따르면 적어도 큰딸을 낳을 때인 23년 전까지만 해도 거주 구역에 따라 아이의 출산 장소를 지정하는 괴상한 법이 있었다. 그래서 아카의 아랍인은 하이파의 병원에서 출산하지 못하고 북부의 나하리야Nahariya 병원에서 낳도록 지정되었다고 한다. 그런데 하이파 사람이라는 집착을 버릴 생각이 없는 그는 억지로 아이의 출생지를 하이파로 하기 위해 끝까지 노력했다. 그는 의사가 알려준 출산예정일이 다가오자 만삭의 아내를 차에 태우고 매일 하이파로 가서 가능하면 오랫동안 차 안에서 시간을 보냈다고 한다. "갑자기 아이가 나오려고" 해서 데려간 임산부를 하이파의 병원이 지정된 병원이 아니라는 이유로 거부하는 일은 역시 없었다. 그는 "우리 아이들의 신분증명서

모스크와 교회가 보이는 아카 구시가의 항구

에는 모두 출생지가 하이파로 적혀 있어요"라고 자랑스럽게 말한다.
그런데도 평소에는 하이파에 가면 여러 가지 것들이 생각나는 게 싫
어서 볼일이 있어도 피한다고 한다.

지금 할리드는 매일 거래처에 다녀온 뒤면 식사도 하기 힘들 정도로
고혈압이 심하다. 그러나 눈빛만은 총총해서 젊은 시절의 투지까지 사
라지지는 않은 것 같다. 존재감이 대단한 인물이다. 예전에는 어부였
다. 반평생을 바다를 상대로 살아온 정도가 아니라 아카의 고등학교를
졸업한 후 혈혈단신 네덜란드로 가서 일을 했고 그곳에서 결혼했다.
아카에는 이혼한 뒤에 돌아왔고, 재혼을 했을 때는 이미 젊지 않았다.
자신의 힘만으로 여섯 명의 아이들을 키울 재산을 모았으므로 고생담
은 부족하지 않다. 이 사람과의 기묘한 우정을 의식하기 시작한 이래,

바로 지금 이야기를 들어두지 않으면 안 된다는 초조함 비슷한 것을 느끼기 시작했다. 이곳 사람들은 일본인에 비해 수명이 훨씬 짧기 때문이다.

여기서 하이파와 아카의 주민들이 1947년 말부터 1948년에 걸쳐 어떤 경험을 했는지, 내가 갖고 있는 자료를 통해 돌아보기로 하자.

1947년 11월 29일 미국의 공작으로 국제연합의 팔레스타인 분할결의[5]가 가결되었다. 하이파는 유대국가로 편입되었다. 당연히 아랍 주민은 충격에 빠졌다. 유대 측과의 충돌이나 소규모 전투가 서서히 시작되어 12월경부터는 여성이나 아이들을 중심으로 레바논 등으로 피하는 사람들이 늘어나기 시작했다. 가게는 문을 닫았고 교통은 마비되었다. 물가는 급등했으며 먹을거리나 물자가 부족했고 공격에 의한 사상자도 늘어갔다.

결국 하이파는 유대인의 손에 넘어갔다. 이듬해인 1948년 4월 21일부터 5월 초까지 많은 사람이 피난을 떠났다. 21일 새벽 아랍인 지구

---

5. 팔레스타인을 아랍인 지역과 유대인 지역으로 분할하고 예루살렘을 국제 관리 아래 두기로 하는 내용의 국제연합 결의 181호다. 팔레스타인의 범위는 제1차 세계대전 후 영국이 이 지역을 위임통치한 것을 기초로 책정되었고, 국제연합이 승인했다. 영국이 통치할 당시 팔레스타인은 유대인 이민을 적극적으로 받아들였기 때문에 원래 인구의 70퍼센트를 차지하고 있던 아랍 농민 대부분이 토지를 잃었고 팔레스타인 사회는 큰 혼란에 빠졌다. 애를 먹고 있던 영국은 문제를 국제연합에 위임했고, 1947년 11월 25일 팔레스타인의 분할 결의가 성립했다(찬성 33, 반대 13, 기권 10). 이미 미국에서는 시온주의자의 로비가 힘을 발휘하여 트루먼 대통령은 미국의 국제연합 대표단에 소국에 대한 원조 정지 압력을 이용하여 표를 모으는 공작을 하도록 지시했다. 인구의 30퍼센트 정도 되는 유대인에게 팔레스타인 토지의 56.47퍼센트를 준다는 시온주의자의 주장에 따른 내용이었고, 아랍 측은 반대했다.

에 대한 공격이 시작되어 밤부터 이튿날 이른 아침까지 혼란에 빠진 초조한 사람들이 항구로 밀려들었다. 유대 측을 지원하는 영국군이 배로 아랍인을 '이송'했다. 그 무렵의 일은 가산 카나파니의 소설 『하이파로 돌아와서Aid ila Haifa』(1970)가 그 분위기를 잘 전해주고 있다.[6] 주인공인 아랍인 부부가 맨 처음 피난을 떠난 곳도 아카였다. 전쟁이 시작되기 전에는 대략 6만 5,000명이었던 하이파의 아랍 주민은 고작 4,000명으로 줄었다. 그리고 남은 주민들은 치안 관리를 위해 와디살리브와 와디니스나스[7]라는 두 지역으로 강제 이주를 당했다. 오늘날에도 하이파의 아랍인들이 모여 살고 있는 것은 그 때문이다.

하이파의 주민이 아카로 도망쳐온 이유는 별것 없다. 적이 뒤에서

---

6. 이 작품이 일본에 처음 번역되어 간행된 것은 『신일본문학新日本文學』 1973년 6월호에서였다. 그 후 『현대 아랍문학선現代アラブ文學選』(創樹社, 1974), 『현대아랍문학전집現代アラブ文學全集』(河出書房新社, 1978)에 수록되었다. 오카 마리岡眞理가 새롭게 번역한 『하이파로 돌아와서ハイファに戻って』는 계간 《전야前夜》(影書房) 제9호부터 제12호까지 연재되었다. 한편 가산 카나파니는 1936년에 태어났고 생가는 현지의 일부 사람들에게밖에 알려져 있지 않은데 지금도 남아 있다. 카나파니 일가는 1948년 4월 29일 아카를 탈출했다.

7. 하이파의 바다와 가까이 있는 빈촌으로, 오랫동안 무슬림과 기독교도가 살고 있었다. 20세기에 들어 하이파에 유대인이 이민해오자 두 지구 사이에 유대인 거주 지구가 만들어졌고, 두 곳은 유대인의 공격 대상이 되었다. 이스라엘 건국 후 하이파에 원래 살고 있던 6만 명의 아랍인은 거의 대부분 어쩔 수 없이 탈출했는데, 남은 아랍인은 군사정부가 관리를 용이하게 하려고 두 지구에 모여 살게 했다. 와디살리브에는 가난한 아랍계 유대인이 살기 시작했고 1959년에는 모로코계를 비롯한 유대인의 폭동이 일어났다. 이 폭동은 유대인 사회 안의 서구와 서아시아 출신자에 대한 차별이 표면화된 사건으로 유명하다. 한편 와디니스나스는 오늘날에도 대부분의 주민은 아랍인이며 하이파에 아랍적인 분위기를 남기는 장소로서 유대인 '아랍통'에게도 아주 친밀한 곳이다. 아랍인과 유대인의 공존을 목표로 하는 공영 개발시설 '포도의 집'(베트 하가펜, 아랍어로는 바이트 르 카르마)이 세워져 공존을 주장하는 축제가 매년 열리는 등 관제官制 '공존' 사업이 진행되고 있다.

구시가에서 만난 어린이들

쫓아와 바다로 나갔는데 그 앞에 있는 가장 가까운 도시가 아카였기 때문이다. 그러나 그것보다는 국제연합의 팔레스타인 분할결의에서 아카는 원래 아랍 측에 편입될 예정인 도시였다는 것이 더 큰 이유다. 악명 높은 팔레스타인 분할결의지만 거기에서조차 아카는 아랍의 도시라고 정해져 있었던 것이다! 그래서 하이파 사람들이 처음부터 아카로 피할 생각을 한 것이다. 아카의 원래 인구는 1만 2,360명이었다. 그곳으로 피난민이 몰려들어 한때 도시의 인구는 단숨에 5만 명으로 늘어나 엄청난 혼란 상태에 빠졌다. 물자가 부족하고 위생 상태가 악화되어 티푸스까지 발생했다고 한다. 하이파로 돌아가고 싶다고 호소해도 희망이 없었다. 그래서 어쩔 수 없이 다시 레바논으로 건너갔다고 한다. 레바논으로 건너간 친척은 지금도 아인엘힐웨Ain el-Hilweh 난민 캠프에 있다.[8]

유대군은 아카에 맹공을 퍼부었다. 공격은 5월 13일에 시작되었고 닷새 후 도시는 백기를 들고 항복했다. 유대군이 개선했을 때는 도시

8. 캠프의 이름은 '달콤한 샘'이라는 뜻이다. 레바논 남부, 지중해에 면한 도시 사이다Saida 근교에 있다. 레바논에 있는 난민 캠프에는 약 7만 명이 살고 있다. '가산 파나파니 문화기금'을 비롯한 몇 개의 비정부기구가 활동을 계속하고 있다. 2006년 7월부터 8월에 걸친 이스라엘의 대 레바논 전쟁 때는 이 캠프도 공중폭격을 당했다. 한편 레바논 국내의 도시나 다른 캠프로부터 피난민의 유입도 격심했다.

곳곳에 시체가 나뒹굴었다고 한다. 사망자 수는 확실치 않지만, 당시 도시 입구에는 "아카의 성벽 앞에서 살해당한 용사 750명"을 기념하는 비가 세워졌다. 이 사망자 수는 "의외로 적다." 아랍 측에서는 아카의 주민이 끝내 도시를 지켰다고 생각하고 있는 듯하다. 대략 5,000명이 살아남았는데 그 3분의 2는 하이파 출신 등 원래의 아카 주민이 아닌 사람들이었다고 한다. 그렇다면 아카의 원래 주민은 대략 10퍼센트에서 15퍼센트밖에 남지 않았다는 계산이 나온다.

여기서도 역시 남은 주민은 감시하기 쉽도록 구시가에 처넣어졌고, 구시가의 코앞에 있는 신시가에는 경찰 파출소가 세워졌다. 그 이후 아랍 지구에는 1964년까지 '군사정부'[9]가 유지되었다.

할리드로부터 군사정부 시절 이야기를 듣는 것은 꽤 흥미롭다. 다른 도시로 가려면 경찰의 허가가 필요했고, 경찰이 영장도 없이 집안에 들이닥치기도 해서 도시 전체가 마치 감옥 같았다고 한다. 그의 이야기에서 현재 서안지구에 분리장벽 건설을 진행하는 것과 검문소를 설치해 팔레스타인 사람들의 이동을 제한하고 관리하는 일이 떠올랐다. '안전'을 구실로 아랍인의 인권 따위는 고려하지도 않고 그들을 거대한 감옥으로 밀어 넣는 방식은 이스라엘 건국 후의 군사정부에 기원이 있는 것이다.

9. 1948년 이스라엘이 건국한 이래 1966년까지 국회의 신임을 받은 내각과는 별도로 이스라엘에 존재한 통치 시스템이다. 이스라엘이 건국할 때 이스라엘 국내에 남은 팔레스타인 사람들이 사는 지역에만 적용되었다. 독자적인 법과 군사법정이 있었고, 그 기반은 1945년 영국의 위임통치 정부가 제정한 '비상사태법'과 1949년에 제정된 '긴급법'이었다. 이것에 의해 전체 아랍계 주민은 다른 구역으로 이동할 때 신고서를 제출해야 하는 등 철저하게 생활을 관리받았다.

할리드는 체포된 적이 없지만 정치적인 발언을 두려워하지 않는 성격이었기 때문에 고등학교를 졸업할 무렵에는 매일 하루에 무려 다섯 번이나 경찰서 출두 명령을 받았다고 한다. 아카의 거리에서 벗어나지 못한 채 연금된 것이나 마찬가지였다. "그래서 그동안 뭘 했는지 보고하는 거예요. 2시부터 3세까지는 비어 있는데 어디에 있었는지 묻는 겁니다. 그런 건 금방 잊어 먹잖아요. 그럼 또 반항적이라고 감시가 심해져요. 그렇게 1년 동안 살았어요."

관광화의 진행과
아랍의 부재화

아카에서 유대인 관광객의 모습을 보면 어쩔 수 없이 분노를 느끼고 만다. 물론 일본인인 우리는 직접적으로 아무 관계도 없기 때문에 잘난 척하며 나설 수는 없다. 『지구를 걷는 법』이라는 책에는 아카가 이렇게 소개되어 있다. "아코의 볼 만한 곳은 1948년의 독립 후 정부의 보호 아래 정비된 구시가(올드 아코)다."[10] 이스라엘이 대체 어떤 '보호'를 했다는 것일까? 파괴하고 죽인 끝에 주민들 사이에 지워지지 않는 원한만 남긴 채 유적이나 석벽을 관광자원으로 하고 있지 않은가? 아무리 '이스라엘'의 가이드북이라고 해도, 이스라엘의 역사관에 이렇게까지 알랑거리면서 기본적인 정보마저 무시하는 것은 불성실하기 짝이 없는 태도다. 문제는 여행안

---

10. 『지구를 걷는 법―이스라엘地球の歩き方―イスラエル』(2002~2003年版, 地球の歩き方編輯室, ダイアモンド・ビッグ社, 2001).

내서 한 권이 아니다. 상대국이 공식적으로 정한 역사관을 무비판적으로 받아들이는 것은 원래 주민의 문화를 빼앗아온 자국의 역사에는 눈을 감는 일이다. 일본과 이스라엘 사이에 그러한 공범관계가 생기고 말았다는 것이 두렵다.

이스라엘이 자랑하는 아카 따위에는 별 관심이 없다. 이스라엘에 의해 파괴되었지만 간신히 남은 아랍 도시인 아카의 장점을 좀더 맛보고 싶을 뿐이다. 그런데도 '유대국가 이스라엘'이 수다스럽고 뻔뻔하게 나서려고 하기 때문에 성가시기 그지없는 것이다.

2004년, 5년 만에 아카를 방문한 뒤 아카에 푹 빠진 나는 그 후 자주 아카를 찾게 되었다. 그러나 5년 만에 방문했을 때는 이전보다 더 관광지가 되어버려 크게 낙심했다. 동행인을 안내했기 때문에 혼자라면 감히 들어가지 못했을 관광시설에 들어갔을 때의 일이다. 오스만제국 시대의 하맘박물관[11]과 지하의 '십자군 도시'가 수년 전에 개방되었다. 구시가에 들어가 마음이 놓이는가 싶었는데, 유대인 접수원이 앉아 있는 번쩍번쩍한 시설로 들어가게 되었다. 아차 싶었지만 이미 늦었다. 비싼 입장료에도 놀랐지만 하맘 안으로 들어가자, 관광객을 위한 속이 빤히 들여다보이는 영상이 시작되었다. 동행인과 나 둘뿐이기도 해서 나는 동요를 감추지 않고 목소리를 높였다. 거기에 더는 있을 수 없어 밖으로 나가려고 했지만 영상이 끝나고 문이 자동으로 열릴

---

11. 공중목욕탕을 말한다. 고대 로마에 있었던 목욕탕을 본 따 이슬람 세계에도 목욕탕이 퍼져나갔다. 지금은 가정에 욕탕이 보급되어 하맘은 카이로나 다마스쿠스 등에서 관광객을 유치하며 세심하게 운영되고 있다.

때까지는 나갈 수도 없게 되어 있었다. 어차피 옛날 목욕탕만 있을 뿐이므로 이런 거라도 만들어놓지 않으면 비싼 입장료를 받을 수 없다고 생각한 모양이다. 그러나 그 천박함에는 눈물이 나올 지경이었다.

1999년에 이곳을 방문했을 때는 여기서 아랍인 계약노동자들이 웃통을 벗은 채 삽을 들고 일을 하고 있었다. 휴식 시간에 잠깐 쉬고 있는 그들에게 다가가자 자랑스럽게 안내해주면서 장래에 어떤 박물관이 될 것인지 설명해주었다. 아카를 사랑하는 현지 사람들이었는데, 그중 한 젊은이는 내가 주눅이 들 정도로 정중하게 계속해서 설명해주었다. 그런데 지금은 아랍인이 했던 육체노동의 흔적은 완전히 사라졌고 유대인 접수원이 데면데면한 영어로 말을 걸어왔다. 머리에 피가 솟구치고 그 분노를 어디에 폭발해야 할지 몰랐다. 이것은 건설 같은 게 아니다. 역사의 파괴이자 기억의 파괴일 뿐이다.

이스라엘 관광부라고 썼지만 실제로 이 구시가의 '재건'을 맡은 것은 1965년에 생긴 '올드아코개발'[12]이라는 기업이다. 이 기업은 1993년에 아카 구시가의 건축물이나 성벽을 구역별로 망라한 '재검증 리포트'를 제출해 관광부로부터 5년간 1억 달러라는 예산을 따냈다. 구시가의 시장에 덮개가 설치되고 배수구가 정비되었으며 땅속에 전화나 텔레비전 케이블이 매설되었다. 물론 이러한 일이 아카의 주거 환

---

12. http://www.akko.org.il/ 아카를 잘 모르는 사람이 이 웹사이트를 본다면 현재 아카 구시가에 살고 있는 사람들이 어떤 민족 집단이나 종교에 속해 있는지 전혀 알 수 없을 것이다. 도시의 풍물에 대해 '오리엔탈'이라는 말이 많이 사용되는 한편, '아랍'이나 '팔레스타인'에 대한 언급은 없다. 다양한 문화를 소개할 때는 반드시 유대교, 기독교, 이슬람교 순서로 늘어놓는데 주민의 대부분이 무슬림이라는 사실은 전혀 알려주지 않고 있다.

경을 크게 향상시켰을 것이다. 그러나 그와 동시에 일어나고 있는 일은 시 전체의 박물관화를 통해 아랍인의 존재와 역사를 흐릿하게 만들고 유대인의 존재를 강화해가는 과정이다. 십자군 자체는 유대교적 정체성의 확인과는 관계없지만 '십자군의 도시'를 강조함으로써 아랍의 역사를 부재한 것으로 만들어버린다. 아랍 측이 십자군에 의해 받은 엄청난 피해에 대한 언급도 없을 뿐 아니라 아랍의 땅이 침략당했다는 사실조차 완전히 무시되었다. 게다가 이곳이 '유대인의 도시'로서 번영한 일은 역사상 한 번도 없었는데도 박물관 근처에 새로 연 기념품 가게에는 금빛과 은빛으로 시선을 끄는 유대교 관련 상품만 진열되어 있을 뿐이다.

항구 근처에는 '한움단Han Umdan'[13]이라는 오스만제국 시기 대상隊商의 숙소 유적이 있고 커다란 시계탑이 세워져 있다. 여기서도 시계의 문자판 숫자가 히브리 문자로 표기되어 있다는 것에 놀랐다. 예전에 본 기억이 없는 새 문자판인 것으로 보아 아마 최근에 교체되었을 것이다. 재건·개발이라고 칭하는 역사의 날조. 게다가 그 위에는 예의 그 이스라엘 국기가 펄럭이고 있었다.

이스라엘에서는 아랍인의 역사를 빼앗고 그것을 관광지에서 동양적 분위기를 자아내는 타자他者로 종속시키려는 힘이 항상 작동하고 있

---

13. '한Han'은 페르시아어로 대상隊商을 의미한다. 네모 반듯한 중정이 있는 건물로 보통 2층인데, 1층에는 낙타 등의 가축을 매놓고 2층에서 사람이 숙박한다. 운반해온 상품의 거래도 이곳에서 이루어지고 상품 거래를 매개로 한 각지의 문화가 교류되는 장이기도 했다. 한움단은 앞에서 말한 아흐마드 자자르 통치기에 십자군 시대의 건축물 터에 세워졌는데, 팔레스타인에서는 가장 크다.

히브리 문자로 바뀌어 있는 시계탑

다. 현재 서안지구나 가자지구에서 일어나고 있는 일과 비교하면 노골적인 폭력이 아닌 만큼 심각성은 적어 보인다. 그러나 아랍인을 업신여기고 그들의 역사나 문화, 인권을 무시하고 틈만 나면 그것을 빼앗으려고 하는 모습은 다를 바 없다. 점령지의 상황은 정말 심각하지만, 동시에 이스라엘 국내에서도 계속되고 있는 문화적 폭력에 대해서도 소리 높여 호소하고자 한다.

"그렇다. 이스라엘은 우리 아랍을" 약화시키려는 게 아니라 쫓아내고 싶은 것이라는 식으로 사람에 따라 이어지는 말은 다르지만, 이런 표현을 몇몇 아카 사람들로부터 여러 차례 들었다.

할리드는 "예를 들면 마약 같은 건 아랍 사람들이 생각을 하지 못하게 하려고 이스라엘이 이 도시에 들여온 겁니다"라고 말했다. 아카에 마약중독자가 얼마나 있는지, 그리고 그것이 다른 도시에 비해 많다고 할 수 있는지 나는 모른다. 다만 실제로 사람들의 입에서 "아카 하면 마약"이라는 이야기를 여러 차례 들었고, 한눈에 마약중독자임을 알 수 있는 사람을 아카에서 자주 보기도 했다. 그들은 비쩍 말랐고 옷차림에도 전혀 신경을 쓰지 않는다. 자주 모스크로 찾아와 돈을 구걸하는 어느 중독자는 중년 여성이었다.

이스라엘의 유대 사회에서도 마약은 문제가 되고 있다. 그러나 할리드의 딸 하리파는 이렇게 말한다. "유대인의 아이가 마약을 하면 경찰이 체포해서 갱생시키려고 해요. 하지만 아랍인이 마약을 하면 보고도 못 본 척해요." 최근에도 아카에서 마약 거래와 관련된 고등학교 교사가 학생들에게 마약을 팔고 있었는데, 경찰은 그것을 알면서도 방치한 일이 있었다고 한다. 또 언젠가 지인과 함께 아카의 골목길을 걷고 있었는데, 그녀는 소리를 죽여 이렇게 말했다. "여기에 마약 브로커가 살고 있어요."

구시가의 '유대화'를 진행하는 데는 돈을 쓰지만, 아랍인이 힘을 키워나가기 위한 시책은 실시하지 않는다. 관청 같은 것은 모두 신시가에 있다. 상징적인 사례에 지나지 않지만 아카 구시가의 성문 바로 옆에는 외벽과 맞닿은 옛날부터 내려온 재판소가 있다. 실제로 이스라엘이 건국된 후에도 이곳은 지방재판소로 쓰였다. 그러나 5년 전에 신시가에 재판소가 만들어졌기 때문에 낡은 재판소 주변은 급속하게 쇠퇴해버렸다. "물론 이 재판소가 사용되고 있었을 무렵에는 여기저기에서 사람들이 찾아왔고, 밥을 먹거나 쇼핑을 하거나 어쨌든 사람들이 모여들었어요. 재판소만이 아니에요. 유대인 도시만 발전하고 아랍 도시는 옛날 그대로예요. 아카에는 관청이나 사무소가 완전히 없어졌어요. 보험 관청, 특허 관청, 면허 관청, 이 모든 것이 나하리야 같은 유대인 도시에 생겼어요." 근처의 싸구려 호텔 주인은 이렇게 투덜거렸다. 그래도 쓰레기 처리장은 신시가가 아니라 구시가 옆에 있고, 그 주변은 항상 불결한 냄새가 진동한다.

1999년에 아카를 방문했을 때 만난 박물관 공사장에서 일하던 아랍 청년에 대해서는 가슴 아픈 후일담이 있다. 2005년의 어느 날, 알자자르 모스크에서 아랍인 지인과 이야기를 하고 있었는데 열댓 명의 젊은이가 불쑥 들어왔다. 예전에 만난 적이 있는 사람인지 초면인지 그때는 금방 알아볼 수 없었는데, 그는 아무렇지 않게 나에게 말을 걸어왔다. 멋대로 목소리를 높이고 행동도 이상했기에 마약중독자라는 것을 금세 알아차렸다. 그가 나간 뒤 문득 걱정이 되어 어떤 사람의 이름을 들먹였다. 설마 그때 박물관 건설 현장에서 일을 하던 그 청년? "맞아. 바로 그 사람이야." 지인이 말했다. "저 지경이 되었다면 끝장이군."

그 젊은이는 분명 나와 나이가 같았다. 고등학생이었을 때 이스라엘에 항의하는 운동에 관여했고, 학교에서 전단을 뿌려 체포된 적도 있다고 했다. 그래서 고등학교를 졸업하고 곧바로 네덜란드로 건너가 계속 그곳에서 일했다. 여름에만 아카로 돌아왔는데, 그동안에는 박물관 공사장에서 일했다. 신앙심이 무척 두텁고 성실한 젊은이였다. 낮에 만났을 때는 강한 인상을 받았으므로 서늘한 저녁에 다시 한 번 만나 아카의 성벽 위에 앉아 그의 이야기를 들었다. 거대한 돌에 부딪치는 파도소리가 상쾌했다. 신앙 이야기, 네덜란드에서의 생활 이야기, 네덜란드로 가기 전에 이곳에서의 생활이 얼마나 힘들었는가 하는 이야기였다. 하마스를 지지한다고 분명히 밝혔고, 그 이상으로 강력한 목소리로 "우히부라(알라를 사랑한다)"라는 말을 몇 번이나 입에 담았다. 그의 이야기는 이스라엘의 무슬림이 신앙에 눈뜨고 힘차게 나아가는 과정을 명확하게 각인시켜주었다. 자세한 것은 잊어버렸지만 그의 이야기는 그 후 몇 번이나 떠올린 적이 있다. 그 젊은이가 그날 밤을 떠올리는 일은 더 이상 없는 것일까?

아카의 검은 성벽은 푸르고 맑은 하늘 바다와 선명하게 대비된다. 이처럼 아카에서의 밝고 유쾌한 경험과 어둡고 괴로운 현실은 자신의 모습을 감추지 않고 드러낸 채 공존하고 있다.

아카에 가면 반드시 눈에 띄는 광경이 있다. 10미터쯤 되는 절벽에서 남자아이들이 바다로 뛰어내리는 모습이다. 통과의례인지 겁에 질린 남자아이도 끝내 뛰어내리게 된다. 사진을 찍어달라고 조르거나 일부러 익살맞은 모습으로 뛰어내리는 아이는 없다. 주의 깊게 시간을 재서 뛰어내리지 않으면 정말 위험하다. 아카위(아카의 아이)는 이렇게 자라는 것이다.

아이들에게 미래를 맡기는 것은 내가 지향하는 바가 아니다. 어른이 아이들에게서 미래를 보는 것은 자기 세대는 절망에 빠졌다는 반증인 것이다. 그러나 이 나라의 다양한 모순과 기괴함을 생각하면서 그런 것에 지지 말고 열심히 살아달라고 마음속으로 응원해도 그다지 틀린 말은 아닐 것이다. 나(우리)도 내가 할 수 있는 일은 할 것이라고 자신을 격려하면서.

11장

파괴와 차별을 은폐하는 예술

차별적 법률 안의 아인하우드

데루루루하잇 데루루루하잇(물을 마셔라)

호오, 하잇 호오, 하잇(가라)

아하마드의 입은 마치 악기 같았다. 갑자기 입으로 묘하고 독특한 소리를 내면서 그는 담담하게 소의 움직임을 재촉한다. 이렇게 많은 소에 에워싸인 것은 처음이다. 보통 소를 떠올리면 얼룩무늬가 있는 젖소만 생각할 것이다. 그런데 여기 소들은 색깔도 개성도 다양해서 소에 대한 고정관념을 완전히 깨버린다. 게다가 자기 몸조차 가누기 힘들지 않을까 싶을 정도로 엄청나게 크다.

소에 이렇게 흥분할 줄은 예상하지 못했다. 중요한 것은 소만이 아니라 소를 둘러싸고 있는 화려한 광경이었다. 이 지역은 3월에서 4월에 걸친 지금이 가장 아름답다. 산이나 초원이 전체적으로 조화를 이루면서 다양한 색으로 장식된다. 노란

들꽃을 우적우적 마음껏 먹고 있는 소

빛이 도는 선명한 녹색, 깊은 녹색, 졸린 듯한 올리브 나무의 부드러운 녹색 등 녹색에도 여러 가지가 있는데 대체로 일본의 녹지대에서 보는 녹색보다 부드럽고 밝은 편이다. 그것과는 약간 어울리지 않는 듯한, 화려한 노랑과 분홍, 청색 계통의 꽃들도 만발한다. 선명한 색이 인상적인 이 꽃들은 나도 모르게 한참을 바라볼 정도로 아름다웠다.[1] 그리고 이 많은 소나 아하마드와 만나게 된 것도 그 꽃이 계기였다.

하이파에서 텔아비브 방향으로 가는 기간도로에서 버스를 내려 동쪽으로 들어간 길을 걷고 있었다. 숲 저편에 노란 꽃이 가득 피어 있는 것이 눈에 들어와 마치 빨려들 듯이 가드레일을 넘어 안으로 들어갔다. 나무 그늘에서 소가 나와 한가하게 꽃을 우적우적 먹고 있다. 그리고 몇 마리 소가 있고 점점 안으로 들어가자 모자를 쓴 뚱뚱한 남성이 다가왔던 것이다. 처음에는 주뼛주뼛 히브리어로 말했는데 큰맘 먹고 아랍어로 물어본 뒤 아랍인이라는 것을 알고 안심했다. 어쨌든 이 근

---

1. 9장에서 말했듯이 시온주의 이데올로기로 무장한 자연보호 단체에 의해 이스라엘의 자연 풍경이 만들어졌다는 것을 생각하면 물론 다시 생각할 필요가 있다.

처에서 소를 키우고 있는 유대인이라고 하면 키부츠의 입식자임에 틀림없기 때문이다. 물론 잘 생각해보면 키부츠의 소는 잘 정비된 목장에 갇혀 있기 때문에 이런 데서 방목되지는 않을 것이다. 그는 내 질문에 큰소리로 대답하고는 호쾌하게 웃는가 싶더니 다시 갑자기 목청을 돋웠다.

데루루루하잇 데루루루루하잇(물을 마셔라)
호오, 하잇 호오, 하잇(가라)

젊었을 때는 이런저런 일을 했지만 이 일이 나한테 제일 맞는 것 같소. 이제 20년이나 된다오. 어떻소. 괜찮은 일 아니오? 보시오. 지금은 동물이 사람보다 훨씬 더 행복하게 보이지 않소? 사람들은 왜 이렇게 다들 함께 살지 못하는지. 누구나 있어도 좋소. 있으면 안 되는 사람 같은 건 없다오. 그래서 나는 아랍인만의 권리를 주장하는 게 아니라오. 아랍인이 행복하면 유대인도 행복하게 될 테니 말이오. 아랍인의 재앙은 유대인에게도 재앙이오. 이익은 공통되는 것일 게요. 그렇게 함께 살아가는 것이 이치에 맞는 것 아니겠소?

나는 맞장구를 치면서 듣고 있었는데 그의 말이 너무나 관대해서 더는 버티고 있을 수가 없었다. 왜냐하면 아하마드가 아랍인이라는 것을 안 것과 동시에 그가 살고 있는 곳을 알았기 때문이다. 그는 바로 산위의 '신新 아인아우드'의 주민인 것이다. 매일 차로 몇 킬로미터를 달려와 숲속에서 소를 가두어 놓는 목책을 연다고 한다. 나는 바로 근처에 있는 '구舊 아인하우드'를 보러 가는 길이었다.

산 위와 기슭에 있는 두 개의 '아인하우드'는 그것이 거쳐 온 너무나 부조리한 역사에 의해 명확히 분리되어 있다. 너무나도 노골적으로, 어이없게도.

이스라엘이 건국하기 전, 아인하우드는 하이파에서 남쪽으로 약 15킬로미터 떨어진, 희미하게 지중해를 내려다 볼 수 있는 산기슭에 연해 있는 무슬림 마을이었다. 마을 주민은 모두 아부 알하이자Abu al-Hayja 일족으로, 12세기에 십자군을 격퇴한 영웅 살라훗딘(1138~1198)[2] 군대의 지휘관이었던 아부 알하이자가 이 마을을 일으켰다고 한다.[3] 마을의 집은 거의 석조 건물로, 중심부는 좁은 골목까지 모두 돌이 깔려 있었다. 작은 마을인데도 야외에 원형극장이 있었고 학교도 있었던 것으로 보아 당시에는 상당히 풍요로운 생활을 했을 것으로 짐작된다.

1945년 당시 이 마을의 인구는 650명이었다. 이스라엘을 세우기 위해 유대인 시온주의자들이 아랍 주민을 빈번하게 공격한 것은 1947년부터 1948년이었는데, 이 마을도 1948년 3월에서 5월까지 몇 차례 공격을 받았다. 1948년 4월 말에 하이파가 함락되는데, 아인하우드의 주민은 이 주변에 남아 있던 듯하다. 그러나 이스라엘이 건국선언을 하

---

2. 흔히 살라딘으로 알려져 있다. 아이유브 왕조의 창시자이자 대對 십자군전쟁의 영웅이다. 이라크 티그리트 출신으로 사담 후세인 전 이라크 대통령은 자신을 살라훗딘에 비겼다.

3. 아부 알하이자란 '전투의 아버지'라는 뜻이다. 전쟁에서의 공적에 의해 이 호칭을 받은 것 같다. 아부 알하이자는 이 마을만이 아니라 팔레스타인 전역에 사는 큰 일족이다.

고 이어서 전쟁이 시작되었고, 그 와중에 수많은 주민이 피난을 떠나거나 이스라엘군에 잡혀 국외로 추방되었다. 7월 17일부터 19일까지 이스라엘 국방군은 주변 마을과 함께 아인하우드를 공격하여 남아 있던 소수의 주민을 쫓아내거나 살해하고 이곳을 지배하였다. 1949년 마을의 경작지에는 닐 에치욘이라 불리는 예멘계 유대인[4]의 종교적 키부츠가 건설되었다.

그런데 소수의 아인하우드 주민은 주변의 산속에 남아 오두막을 짓고 계속해서 살았다. 언젠가 상황이 바뀌면 마을로 돌아간다는 희망을 품은 채 원래의 마을에서 몇 킬로미터 떨어진 장소에서 상황을 살피고 있었던 것이다. 그러나 이러한 주민들은 법에 의해 '존재하는 부재자'로 여겨졌고, 그들의 주거도 토지도 합법적으로 몰수당했다.

이것을 설명하려면 1950년의 '부재자재산관리법'[5]에 대해 언급할 필요가 있다. 이 법률에 따라 '부재자'로 간주된 사람의 재산은 재무장관이 임명한 부재자 재산 관리인이 관리하게 되었다. 여기서 말하는 '부재자'란 1947년 말부터 이스라엘 건국으로 이어지는 전쟁 중에 원래의 거주지를 이탈해 있던 사람들이라고 하는데, 실제로는 아인하우드 주민들처럼 공격을 받아 피난을 가서 원래의 거주지로 돌아갈 수 없게 된 경우가 많다. 이 법률에 따라 이스라엘 건국 당시 국내에 남아

---

4. 이스라엘 건국 후인 1949년에서 1950년에 걸쳐 '마법의 융단 작전'(또는 독수리 날개 작전)이 펼쳐졌다. 약 5만 명의 유대인이 비행기를 타고 이스라엘로 이송된 것이다. 예멘 출신 유대인은 경건한 것으로 유명하고 은세공이나 무용 분야에서 높은 평가를 받고 있다.

5. '팔레스타인 문제에 관한 국제연합 정보시스템(UNISPAL)에서 부재자재산관리법Absentees' Property Law 전문을 영어로 볼 수 있다.

있던 아랍인들 중 약 절반은 '부재자'로 간주되어 자신들의 재산에 대한 권리를 상실했던 것이다. 여기서 말하는 재산이란 부동산만이 아니라 현금이나 상품, 예금이나 주식, 그리고 거주권이나 영업권, 사용권 등 모든 권리를 가리킨다.

한편 주민이 쫓겨난 마을의 건축물은 완전히 파괴되지 않았으며 부재자 재산 관리인이 정한 절차에 따라 건국 후에 찾아온 유대인 이민자들에게 분배되었다. 그들의 정착이 원만히 진행되지 않아 다시 사람이 살지 않는 마을이 된 이후, 이번에는 유대인 현대예술운동의 담당자들이 창작에 적당한 장소를 물색하기 시작했다. 그 대표적 인물은 부쿠레슈티 태생의 다다이스트 마르셀 얀코Marcel Janco(1895~1984)다.[6] 1954년 이 마을은 '에인호드 예술가촌Ein Hod Artist Village'이라는 이름으로 이스라엘 정부로부터 정식으로 승인된 이래 관광지로 발전해왔다.[7] 히브리어를 하는 사람은 아랍어인 '아인하우드'의 '하'를 정확히 발음할 수 없기 때문에 히브리어로 '영광'이라는 의미를 가진 '호드'를 써서 히브리어로 만든 것이다. 한편 이 마을에서 5킬로미터쯤 산속으로 옮겨간 아인하우드 주민은 그 지역을 역시 '아인하우드'라고 부르며 마을을 만들어왔다. 아랍어인 '아인하우드'란 '연못(하우드)의 원천(아인)'이라는 의미인데, 특히 '하우드'는 무슬림에게 함축적인 의미가 있는 말이다.[8]

이 두 마을을 구별하기란 상당히 힘들다. 아랍어로 구별할 때는 아

6. 취리히 다다이스트 운동의 창시자 중 한 사람으로 1941년에 팔레스타인으로 이주했다.
7. '에인호드 예술가촌'의 홈페이지를 보면 그 분위기를 알 수 있다. http://ein-hod.org/

(아인하우드 녹색 간판) 아마 아인하우드 사람들이 직접 만들어 세운 간판일 것이다. 아랍인이 직접 만든 경우에도 히브리어가 맨 위에 쓰여 있다.

(에인호드 하얀색 간판) 공공도로에 표시되는 공식 간판. 여기에 있는 아랍어 هود는 원래 지명 표기가 아니라 히브리어 발음을 소리 나는 대로 적은 것이다.

랍인이 지금 살고 있는 '아인하우드'가 '신新 아인하우드'이고, 유대인이 아랍인을 쫓아낸 후에 살고 있는 곳이 옛날부터 있던 '구舊 아인하우드'다. 그러나 아랍인이야말로 원래의 주민이고 새 주민인 유대인이 옛 마을의 모습을 새롭게 바꿔버렸기 때문에 기분 같아서는 유대인이 있는 쪽에 '신'을 붙이고 싶어진다. 실제로 아랍인들도 이 표현을 혼동하는 경우가 있다. 일단 현 상황을 나타내는 것으로는 '아랍의 아인하우드', '유대인의 에인호드'라는 표현이다.

그리고 나는 '아인하우드'와 '에인호드'를 발음으로 구별하기가 힘들다. 전에 유대인 아저씨에게 '(유대인의) 에인호드'를 물어본 적이 있는데 '(아랍의) 아인하우드'로 들렸던 모양인지 싫은 표정을 지어서 다시 말해야 했다. 싫은 표정을 지은 이유를 물으면 아랍인에 대한 멸시나 경계심을 드러낼 테지만, 다른 사람의 토지나 가옥에 눌러앉아 있다는 감추고 싶어도 감출 수 없는 집단적 기억을 '아인하우드'라는 발음이 갑자기 끄집어냈기 때문이 아닐까 싶다. 구별이 어려운 탓

---

8. 오늘날에는 연못이나 저수지를 가리키는 보통명사로 쓰이지만 옛날부터 내려오는 전설에 따르면 천국에서 신자들이 목마름을 달랬다고 하는, 예언자 무함마드의 연못이다.

도 있지만, 그래서 나는 일부러 히 브리어화된 '에인호드'라고 부르는 것 자체에 피로감을 느낀다. 영어로 는 둘 다 'Ein Hod'라고 쓰는 경우 도 있다. 그러나 아랍인의 아인하 우드는 Ein Hawd나 Ein Hud, Ein Houd, Ayn Hawd 등의 표기가 혼 용되고 있다.

소를 키우며 살아가는 아하마드

아하마드는 "'에인호드 예술가촌'의 유대인들과 '지금은' 아무렇지 않게 살고 있어요, 친구들도 있고요"라고 말한다. 훗날 아인하우드로 그를 방문하기로 약속하고 그날은 헤어졌다. 전화선이 깔려 있지 않 은 마을의 사람과 이렇게 약속을 한 채 안심하고 헤어질 수 있는 것 은, 분하지만 휴대전화의 보급이라는 은혜 말고는 아무것도 아니다. 아는 사람도 없이 그 마을을 방문하는 것은 굉장히 어렵기 때문에 연 락이 안 되면 무척 곤란해진다. 무엇보다 교통 수단이 없다. 기간도로 에서 2킬로미터쯤 떨어져 있는 유대인의 에인호드라면 걸어서 갈 수 있다. 그러나 더 안으로 들어간 산속에 있는 아인하우드까지는 차가 없으면 무리다. 만약 차가 있어도 그렇게 좁고 구불구불한 길은 익숙 하지 않으면 무서워서 갈 수도 없을 것이다. 그래도 주민들 스스로 괭 이나 삽을 이용해 길을 넓히고 조금씩 포장을 해서 점차 길이 좋아졌 다고 한다.

왜냐하면 원래 살고 있던 곳에서 쫓겨나 정착한 그들의 '신 아인하우드'라는 존재가 이스라엘 정부로부터 오랫동안 인정받지 못했기 때문이다. 여기에는 1965년의 '국토계획건축법'이 관련되어 있다. 이 법률에 따라 이스라엘의 국토는 주택용지, 농업용지, 공업용지, 계획예정지로 분류되어 농업용지 내의 무허가 건축이 금지되었다. 쫓겨난 아랍인이 정착한 '신 아인하우드' 같은 곳은 원래 계획예정지로 분류되어 행정상 새로운 마을 만들기 계획의 대상이 되어야 하는데도 농업용지로 분류되었고, 그 결과 모든 행정 시책의 대상에서 제외되었다.[9] 물도 없고 전기도 들어오지 않으며 우편서비스도 받지 못하고 전화선도 깔려 있지 않다. 어린이들은 다른 마을에 있는 학교를 다니지 않으면 안 된다. 게다가 갈 곳이 없어 그곳에 살 수밖에 없는 그들의 집은 불법건축물이기 때문에 철거될 위험에 처해 있기까지 하다. 정열이 이끄는 대로 이주해온 다다이스트 예술가들이 만든 '에인호드 예술가촌'과는 그 대우가 엄청나게 다른 것이다.

그런 일을 당해온 아인하우드 주민인 아하마드는 그래도 "아랍인과 유대인의 이익은 공통된 것일 게요. 어째서 사이좋게 살 수 없는 건지"하고 중얼거린다. 이 얼마나 넓은 도량인가.

---

9. 여기까지의 과정을 자세히 보면 무척 복잡하다. 1965년의 '국토계획건축법'에 따라 농업용지로 분류된 후 1970년대에는 일단 군사용지가 되었고, 그러고 나서 유적보호지대가 되었으며 다시 국립공원의 일부로 편입되었다. 1980년대에 들어 정부가 '무허가촌'으로 규정했다.

힘겹지만 그래도
풍족한 생활?

며칠 후 아인하우드에 있는 아하마드의 집에 방문할 기회가 있었다. 버스가 다니는 길에서 전화를 걸었더니 차로 데리러 와주었다. 에인호드 예술가촌을 지나 널에치운 키부츠를 넘어 다시 한참을 가니 자동차는 거의 다닐 것 같지 않은 좁고 구불구불한 길로 들어섰다. 새까만 족제비 같은 동물이 눈앞을 획 지나갔다. 이렇게 좁은 길인데도 반대쪽에서 차가 와서 아슬아슬하게 지나쳐간다. 저쪽에서 손을 흔드는 사람은 무함마드 아부 알히자다. 아인하우드만이 아니라 이스라엘 국내에 있는 아랍인의 무허가촌 운동의 대표적인 지도자로 한 번 만난 적이 있다.

'국토계획건축법'에 의거해 위법이 되어 행정적 보호의 대상에서 제외된 아랍인의 마을은 1990년대 전반에 쉰한 곳이었고 약 10만 명이 그곳에 살고 있다고 한다. 그중 약 7만 명은 네게브 사막에 사는 베두인(4장 주석 25, 7장을 참조하라)이다. 무허가 마을의 건축물은 불법 건축물이라는 이유로 계속해서 철거가 이루어지고 있다. 어떤 자료에 따르면 1993년에서 1996년 사이에 1,440채의 아랍인 가옥이 철거되었다고 한다. 당연히 위법 건축물 자체는 유대인 지역에도 있어서 위법 건축물이라고 판정된 아랍인의 가옥은 전체 위법 건축물 건수의 57퍼센트이다. 하지만 실제로 철거된 건물 중 94퍼센트가 아랍인의 가옥이라고 한다.[10]

물론 무함마드 아부 알히자는 1954년생이므로 옛 아인하우드 시대를 알지 못한다. 그들 세대는 이미 옛 아인하우드로 돌아간다는 꿈을 꾸기는커녕 새로운 현실에서 정당한 권리만을 요구하고 있는 것이다. 1988년 그가 중심이 되어 무허가촌에 대한 허가를 요구하기 위한 네트워크가 탄생했다.[11] 1980년대 중반은 아인하우드를 비롯한 무허가촌 활동의 전성기였다고 한다. 1992년, 아인하우드를 비롯한 다섯 마을이 허가를 얻었고, 아인하우드는 에인호드 예술가촌과 마찬가지로 호프 하카르멜이라는 지방정부 연합[12]에 가입했다. 그리고 1995년까지 다른 일곱 마을이 허가를 얻었다. 그런데 문제는 허가를 얻어도 마을의 상황은 거의 아무것도 바뀌지 않았다는 점이다. 아인하우드에는 지금도 전기가 들어오지 않고 유치원이나 초등학교밖에 없다. 또한 1996년 이후에는 새롭게 허가받는 마을도 나오지 않고 있다.

허가를 요구하며 오랫동안 싸워왔는데도 막상 허가를 받아도 아무것도 변하지 않았으니 이 운동은 실패했고, 처음부터 전략이 잘못되었다고 말하는 사람도 있다. 주민이 볼 때 당사자가 아닌 사람의 이러한 평가가 아무리 옳다고 해도 괘심한 것임은 틀림없다. 당장 상황이 변하지 않더라도 무허가촌의 존재와 문제를 세상에 널리 알린 운동의 공적은 무척 크다.

10. 아랍인을 대상으로 한 최대 규모의 이스라엘 비정부기구 '이스라엘의 아랍 소수자를 위한 법률 센터(아달라)' 사이트에 자세히 소개되어 있다. http://www.adalah.org/

11. '40위원회The Association of Forty'라는 이름의 무허가촌 네트워크가 1988년에 결성되었다. 40이라는 것은 당시 무허가촌의 대략적인 숫자다. http://www.assoc40.org/

12. 카르멜 연안 지방정부 연합의 하나로, 하이파 서부 지구에 위치한다. 이스라엘에서는 인구 2만 명 이상의 시, 인구 5,000명 이상 2만 명 이하의 '읍', 인구 2,000명 이하의 '촌'이나 키부츠 등의 집합체로 하나의 의회를 운영한다.

아인하우드 입구로 들어서면 경사면을 따라 늘어선 주택과 조그만 모스크가 보인다. 경작지가 없는 이 마을의 면적은 아주 작다. 옛날에는 철조망으로 둘러싸인 적도 있었다고 한다. 현재 아인하우드에 사는 주민은 대략 250명이고, 세대 수는 대략 50가구라고 한다. 예전에 아인하우드에서 쫓겨나고 남은 소수의 주민이 몇 명이었는지를 알 방법은 없지만, 1945년의 마을 인구가 650명이었다는 것은 앞에서 말한 대로다. 1964년까지는 상당히 늘어나 집도 열다섯 채가 새로 지어졌다고 하기 때문에[13] 많이 잡아도 100명이 채 안 될 것이다. 그렇다면 1948년에 남은 사람은 아주 적었다는 것, 다시 말해 얼마나 많은 사람들이 쫓겨났고 죽음을 당했는지 상상할 수 있을 것이다.

아하마드의 집에는 아내 파티마, 차남 알리와 장남의 처인 나와르가 있었다. 장남과 차남은 키부츠의 바나나 농장에서 일하고 있는데, 차남 알리는 마침 그날 몸이 좋지 않아서 집에서 쉬고 있다고 했다. 아직 젊어서 이제 막 20대가 되었다. 처음에는 말이 없었으나 조금씩 말이 많아졌다. "일본은 일본어를 쓰나요? 아참, 그럼 타이어는 모르겠네요? 키부츠에서 타이 사람과 함께 일하고 있어서 타이어를 알고 있어요." 그렇게 말하며 자기가 알고 있는 단어를 말해 보였다. 앞으로 미국에 가서 일하고 싶은데, 결혼할 때는 이곳으로 돌아올 생각이라고 한다. 미국 이야기는 비현실적인 꿈이 아니라 에인호드에 사는 유대인

---

13. 데이비드 그로스먼의 『유대국가의 팔레스타인 사람들』에 나오는 주민의 증언이다. 이스라엘에 사는 아랍인의 상황을 개관하기에는 아주 좋은 기본서인데, 이 책의 1장에서 아인하우드에 대해 다루고 있다.

점심으로 무자다라를 앞에 두고 이야기하는 파티마

예술가 중에 아는 사람이 있는데 그 사람이 자신을 '가족처럼' 무척 귀여워해주어서 그 연고로 미국에 갈 생각이라고 한다. 아버지 아하마드도 에인호드에 친구가 있다고 했는데, 특히 젊은 세대 사이에는 우정도 존재하는 것 같았다. 그러나 나중에 말하겠지만, 양자의 관계는 오늘날에도 미묘해진 것 같다.

커피와 함께 해바라기 씨를 먹으면서 말을 하는데 어쩐지 안정되지 않았다. 온 집안이 어두컴컴한 탓이라는 걸 깨닫고 새삼 전기가 들어오지 않는 생활을 실감했다. 집집마다 발전기가 있지만 역시 대낮부터 사용할 수 있는 것은 아닌 모양이었다. 어차피 그렇다면 좀더 창문을 열어 빛이 들어오게 하면 좋을 듯 싶지만 그들은 그 어둠에 익숙할 것이다.

그의 어머니 파티마는 점심 준비를 시작한다며 부엌으로 갔다. 기름팥밥이라고 할 수 있는 무자다라라는 아주 일반적인 가정식 요리다.[14] 그러나 부엌은 더욱 어두워서 요리의 색을 전혀 알 수 없었다. 입구의 문을 모두 닫지 않으면 안 되는 추운 계절에는 역시 기분이 몹시 우울해질 것 같았다.

장남의 아내 나와르가 가축을 보여주려고 바깥으로 데려갔다. 흐린

14. 쌀 또는 밀에 렌즈콩을 더해 밥을 짓고 기름으로 끈적끈적하게 볶은 양파를 얹어 먹는다. 간단하고 값싸게 만들어낼 수 있는 대표적인 요리다.

날씨지만 바깥이 환해서 안심이었다. 신혼인 나와르는 아직 10대로 보일 정도로 어렸다. 프레이디스[15]라는, 여기서 약간 남쪽에 있는 도시 출신이다. 결혼한 지 얼마 되지 않았는데도 완전히 이 마을 생활에 익숙한 듯하고, 가축들을 아주 잘 다뤘다. 말이 두 필이고 양은 아주 많은데, 방치된 폐차를 이용해 닭을 많이 키우고 있었다. 생물과는 전혀 인연이 없는 생활을 하고 있고 곤충이나 파충류를 꺼리는 이스라엘의 아랍인을 수차례 봐왔기 때문에 무척 신선한 인상을 받았다. 늦게 온 알리는 마구간 문을 열더니 훌쩍 말에 올라타 마구도 뭣도 달지 않은 채 질주했다. 그가 달려가는 방향으로 지중해가 보였다. 이곳은 산 위인데, 앞쪽에는 방해하는 것이 아무것도 없기 때문에 전망이 무척 훌륭했다. 하이파에서 그리 멀지 않은 곳인데도 도시와는 전혀 다른 시간이 흐르고 있었다.

이 집 근처에 설치되어 있는 발전기를 봤다. 마을 전체의 전기를 공급하는 것이 아니라 스물다섯 세대 분의 전기를 공급하고 있다고 한다. 이것으로 저녁 5시 반경부터 밤 12시까지 텔레비전을 볼 수 있었다. 아하마드가 그렇게 설명하자 나와르는 "아니, 요즘은 7시부터나 볼 수 있어요" 하며 말을 거들었다. 발전기 장치의 열쇠를 가진 책임자가 매일 가동하러 온다고 하는데 엄격하게 시간을 지키는 게 아니라 사정이 있으면 늦어지는 일도 있다고 한다. 그 밖에 각 가정에 발

---

15. 하이파 남부 지중해 연안에 있는 도시다. 지슬 알자르카와 함께 이스라엘이 건국한 후에도 남은 아랍 도시로 이 지역에서는 예외적인 존재다. 이 지명은 필다우스(파라다이스)에서 유래한다고 여겨지고 있다.

저녁 무렵 텔레비전용 전기를 공급하는 발전기

전기가 있어서 조명은 그 전기를 사용한다. 옥상 위에는 태양열 장치가 설치되어 있어 그것으로 뜨거운 물을 사용할 수 있다. 이러한 생활이 얼마나 불편한지는 잠깐이라도 살아보지 않으면 실감하기 어렵다.

그러나 "불편하기는 해도 풍요로운 시간이 흘러가는 시골 생활"이라는 식으로, 넘겨짚으면 문제는 가려질 것이다. 그런 불편함이라면 익숙해질 수 있다. 사회 전체가 이런 생활을 하는 곳은 얼마든지 있기 때문이다.

문제는 이러한 생활이 차별의 결과로 나타난다는 사실일 것이다. 사회 전체가 이런 것이 아니라 주위로부터 뒤처진 채 이곳만 그런 것이다. 지금은 자동차로 한 시간이면 하이파 시내까지 갈 수 있기 때문에 그럴 마음만 있으면 그곳에서 고급스럽게 보이는 쇼핑센터나 오락 시설을 이용할 수도 있다. 그런데도 이 마을로 돌아오면 전기도 들어오지 않는다. 게다가 어른이라면 여기저기 다니기도 쉽겠지만, 마을에 아무것도 없는 이상 어린아이는 접할 수 있는 문화적 혜택이나 정보의 양이 극히 제한되어 있다. 집에 자동차가 있는지 없는지 등 생활 조건에 따라 아이의 환경에도 큰 차이가 나타난다. 차가 없는 가정의 아이들이 하이파의 고등학교에 다니려고 할 경우, 아직 어두운 새벽에 산길을 걸어 큰길까지 나가 태워줄 차를 기다린다는 이야기도 듣는다.

그리고 이러한 물리적인 장벽에 따라 정신적인 장벽이 만들어진다.

젊은 세대가 이스라엘 사회 안으로 들어가 살려고 하면 갑자기 서구 지향적이고 학력을 중시하는 사회에 내던져지게 된다. 자신이 자라온 환경과 아주 큰 차이가 있는 곳에서 그것이 지렛대가 되는 경우도 있는 반면 마을 안의 생활에 자신을 가둬버리는 일도 있다. 특히 여성의 경우는 그렇게 되기 십상이다. 어쨌든 가족이 흩어져서는 불편한 생활을 이어나갈 수밖에 없으므로 가족은 더 똘똘 뭉쳐 좋든 싫든 가족주의적 양상이 이어진다. 아하마드 일가는 즐거운 듯하고 어린 신부인 나와르도 이곳 생활에 만족하고 있는 것처럼 보이지만 쉰 세대 모두가 이렇지는 않을 것이다.

예술촌,
추상적인 미와 행복

'예술촌'이 되어버린 원래의 아인하우드의 모습을 이야기하지 않을 수 없다. 부쿠레슈티 출신의 다다이스트 마르셀 얀코가 이 마을의 설립자라는 것은 앞에서 이미 말했다. 이 마을의 중심에는 '얀코다다박물관'이 있어서 얀코의 생애나 작품, 다다이즘 운동, 에인호드 예술촌의 역사 등을 더듬어볼 수 있다. 이 박물관 건물 자체는 아인하우드에 원래 있던 아랍인 주택을 사용한 것이 아니라 얀코가 살았던 집 옆에 새로 지은 것이다. 그러나 그 토지는 이스라엘 건국 당시에 국외로 피난하여 1991년까지 제닌 난민 캠프에 살고 있던 무함마드 마흐무드 압둘살람 아부 알히자의 집과 뜰이 있던 곳이라고 한다.[16] 그러나 무엇보다 옛 주민의 신경을 건드린 것은

옛 아인하우드의 모스크. 현 에인호드가 생기고 나서 레스토랑이 되었다.

마을 중심에 있던 모스크가 '레스토랑'으로 바뀌었다는 사실이다. 현재 이곳은 2003년에 문을 연 아르헨티나 음식 식당이 되어 있다.

마을 입구에는 여기저기 '예술촌다운' 문이 있고 컬러풀한 안내 간판이 서 있다. 오브제나 조각이 여기저기에 장식되어 있다. 그러나 이 마을의 세일즈 포인트는, 마을에 살고 있는 예술가들이 자신의 아틀리에를 공개하고 그곳에서 자신의 작품을 전시하고 판매하거나 워크숍 등을 여는 것이다. 이 마을의 웹사이트에 이름이나 작품을 올려놓고 있는 사람이 약 예순 명인데, 그 가족의 수를 합하면 대략 인구를 알 수 있을 것이다. 이 마을에 있는 도예공방을 들여다보다가 그곳의 주인과 이야기를 나누게 되었는데, 그는 이곳에 일본인 예술가도 살고 있다는 이야기를 하면서 꼭 한 번 만나보라고 했다. 이스라엘인 아내와 함께 이곳에 살고 있는 일본인 예술가라니 궁금하긴 했지만 만나러 갈 용기가 나지는 않았다. 터무니없는 시온주의자라면 스트레스만 쌓일 것이고, 정치와는 아무런 인연이 없는 예술가 기질의 사람이라면 도리어 마음만 약해질 것 같았다.

일본인이 아니더라도 이 마을의 주민과 이야기하는 일은 고역일 것

16. Susan Slyomovics, *The Object of Memory: Arab and Jew Narrate the Palestinian Village*, University of Pennsylvania Press, 1998.

이다. '이곳에서 아무렇지 않게 참 잘도 사시네요'라며 그들을 비난할 생각은 전혀 없지만 이곳에서 살기로 결정한 그들의 선택을 긍정하지 못한 채 겉으로만 친해진다고 해도 괴로울 것이다. 다들 겉으로는 온화한 미소를 띠고 있고, 느낌이 좋은 사람도 많다. 그도 그럴 것이 이런 마을에서 좋아하는 예술에 몰두하며 한가한 시간을 보내면서도 성격이 나쁘다면 정상이 아닐 것이기 때문이다.

아틀리에 몇 군데를 둘러보았다. 그림이나 도예, 조각, 대체로 초봄에 이 지역을 채색하는 꽃과 닮은 밝은 색을 이용한 작품이 많았다. 각각의 작품을 보면 확실히 아름답다는 생각이 든다. 그러나 그 아름다움은 추상적인 것이다. 어느 지역을 가도 예술가의 감성을 자극하고 창의성을 불러일으키는 자연의 힘은 존재한다. 하지만 특이하고 천재적인 예술가의 감성이란, 아인하우드 옛 주민들의 흔적, 여기저기에 남아 있는 그들의 존재감을 느낄 수 없을 만큼 둔감하고 편의주의적인 것일까? 그렇다면 나는 내게 예술적 재능이 부족한 것을 오히려 다행이라 여길 것이다.

이 마을을 두 번째 방문했을 때의 일이다. 어느 건물을 들여다보고 있었더니 온순해 보이는 젊은 남성이 "웰컴" 하며 인사를 건넸다. 내가 히브리어를 쓰려고 하자 "저는 뉴커머니까 영어로 해주면 고맙겠습니다" 했다. "네덜란드 사람이고, 이스라엘에 온 지는 1년 4개월쯤 됩니다." 네덜란드에서 만난 그의 남성 파트너가 이스라엘 사람이어서 그도 큰맘 먹고 이스라엘로 왔다고 했다.

에인호드 예술가촌에서 자신이 직접 만든
비누를 파는 네덜란드 청년

그의 집은 주로 비누를 취급하는 조그마한 가게였다. 다양한 소재를 사용한 각양각색의 비누는 그가 직접 만든 것이라고 한다. "저는 정말 운이 좋았습니다. 네덜란드에서의 일을 그만두지 않고, 컴퓨터로 업무 연락을 하면서 여기서 지낼 수 있거든요." "역시 네덜란드네요, 정말 부러운 이야기인데요. 게다가 파트너와 함께 이런 '근사한 곳'에 살 수 있다니 말이에요." "예, 정말 만족하고 있습니다." "이스라엘과 네덜란드 중 어디가 더 좋나요?" "그야 이스라엘이지요. 사람들이 개방적이고 싹싹하니까요. 그리고 이곳 기후도 마음에 들어요. 네덜란드는 흐린 날이 많지만 여긴 매일 화창하거든요."

온화하고 멋진 남성이었다. 잠깐 서서 얘기를 나눴지만 헤어질 때는, "오늘 당신과 이야기를 나눈 것은 아마 잊지 못할 거예요"라는 말까지 해주었다.

혼자가 되자 아주 복잡한 기분에 사로잡혔다. 네덜란드의 젊은 남성이 우연히 마음에 맞는 이스라엘 청년을 만나 애인이 되었고 이 마을에 살게 되었다. 그는 이 마을이 경험한 역사와 아무런 관계도 없다. 그에게는 이스라엘의 시온주의에 관한 책임이 전혀 없다. 그러나 그래서 더욱 문제인 것이다. 유대인 파트너가 있다는 그 이유만으로 원래 이 나라와 아무런 관계도 없는 그에게는 이 마을에 살 권리가 있는데,

원래부터 이 마을에 살던 아랍인은 이 마을에 두고온 재산까지 몽땅 빼앗기고 지금은 "존재하지 않는 부재자"상태로 있는 것이다. 이런 일을 어떻게 생각해야 할까? 처음에야 모른다고 해도 어쩔 수 없다. 그러나 몇 년 살게 되면 아랍인의 아인하우드에 대한 이야기를 듣게 될 것이

현 에인호드 예술가촌에 있는 어느 아틀리에에서. 뒤에 걸린 그림은 유대인에게 경사스러운 과일로 여겨지는 석류를 모티프로 한 작품이다.

고, 그래도 이 마을에 아무런 의문도 갖지 않고 계속 살 수 있다면 그 것은 그 사람의 책임 회피가 아니겠는가. 지금 만난 멋진 남성도 그런 질문을 받지 않으면 안 될 것이다. 하지만 누가 그에게 그런 질문을 던질 것인가. 결국 이 마을 주민과 이야기를 나누면 마음이 무거워질 수밖에 없는 것이다.

울적해져서 휴식을 취하려고 'Art Bar'라고 쓰인 가게로 들어섰다. 안에는 한때 히피였던 듯한 외모의 중년 남성이 있었는데, 직접 만들어 파는 맥주를 가져왔다. 먼저 와 있는 손님을 상대하느라 바빠 나를 그냥 내버려두는 것이 오히려 좋았다. 마음이 진정되었을 무렵, 가게 안에 동아시아풍의 얼굴을 한 남성이 가게에 들어섰다. 말할 것도 없이 이 마을에 사는 예술가 중 한 사람이라는 일본인 Y였다.

마음의 동요를 숨기면서 자기 소개를 하고 잠시 이야기를 나누었다. 의외로 젊고 싹싹한 남성이었다. 아랍어를 배워 아랍인 사회 쪽에서 이스라엘에 대해 공부하고 있다고 나를 소개해도 그는 특별히 신경을

쓰는 것 같지 않았다.

초대를 받아 마을 안에 있는 그의 집으로 갔다. 부러울 정도로 넓었고 전망 또한 좋았다. 넓은 정원에서 제작을 하고 있는 것 외에 1층은 친구에게 빌려주고 있었다. 그들은 2층과 3층에서 지낸다. 거실 유리창으로는 지중해가 건너다보이고 베란다는 넓었다. 안에서 나온 그의 아내도 상냥해 보였다. 도쿄의 생활이 떠올라 한숨이 나오고 말았다. "이렇게 넓고 느긋한 집에서 매일 좋아하는 제작에 몰두할 수 있다니, 정말 부러워요!" 무심코 나온 말이었다.

전망 좋은 베란다에서 잠깐 이야기를 나누었다. 산 위쪽의 아인하우드를 찾았지만 위치를 알 수 없었다. 아인하우드의 역사에 대해 그는 나름대로 알고 있었다. "옛날에 이곳은 아랍인이 살았지만 유대군이 그들을 쫓아냈지요. 그래서 쫓겨난 그들은 아직도 피해망상을 갖고 있어요." 피해 '망상'이 아니라 실제로 피해를 입지 않았는가! 나는 잠자코 좀 더 그의 생각을 들어보고 싶었다. "예전에 이곳 동료들 몇 명과 함께 그들의 마을로 가서 한 달에 한 번씩 워크숍을 한 적이 있어요. 그림이라든가 조형을 가르쳤는데, 항상 아이들밖에 나오지 않는 거예요. 역시 그들은 우리가 뭔가 해주는 것을 당연하다고 생각하니까 우리한테 아무것도 해주지 않아요. 부탁을 받고 하는 일도 아니고, 그런 식이라면 우리도 할 마음이 없어지는 거지요. 반년쯤 하고는 끝났을 거예요."

그에게서 듣는 이곳의 생활은 나름대로 매력적이었다. 어느 날 여행하고 있는 히피 같은 젊은이가 찾아와서는 눌러앉게 된 이야기다. 제자로 삼아달라고 부탁해서 집값만 받고 작품 제작을 가르쳤다. 주말에는 자택을 개방하여 마을로 찾아오는 관광객에게 일본의 문화를 소개하는 일로 돈을 벌고, 그것으로 식비 정도는 댈 수 있다고 했다. 최근에는 카리브 제도에서 기원한 스틸판이라는 악기[17]의 제작과 연주를 본격적으로 시작했는데, 이스라엘의 여기저기 현장에서 워크숍이나 공연을 열어 상당히 주목을 받고 있다.

그들이 영위하고 있는 생활을 처음부터 부정할 생각은 없었다. 그런 생활의 즐거움은 이해할 수 있다. 이스라엘의 유대인 중에는 싫은 사람도 많지만 권위를 싫어하고 자유를 사랑하며 싹싹하고 유머러스한 사람도 아주 많다. 하물며 예술과 관련된 사람들은 자기 나름의 사고를 가진 흥미로운 사람이 많을 것이다. 그러므로 문제가 복잡한 것이다. 단순한 선악 이원론으로는 대응할 수 없다.

아니, 그렇지 않다. "단순한 선악 이원론으로는 대응할 수 없다"는 표현이야말로 문제를 항상 애매하게 만들어버린다. 왜냐하면 아인하우드의 아랍인이 에인호드에 친구들이 있다는 이야기를 몇 번이나 들었음에도 에인호드의 주민이 '아인하우드에 사는 친구들'이라고 말하는 것을 들어본 적이 없기 때문이다. 상대를 '친구'라고 부르는 것은 항상 아랍인들 쪽이고, 유대인이 '아랍인 친구들'이라고 말하는 것을 들어본 적이 없다. "무슬림은 참 곤란한 사람들이지만 아랍의 기독교

---

17. 스틸드럼이라고 불리기도 한다. 카리브제도에 있는 트리니다드토바고에서 영국 식민지 통치 하에 있던 1930년대에 악기를 금지당한 현지인들이 드럼통을 사용해 연주를 시작한 것이 그 기원이라고 한다. 현재 트리니다드토바고 정부에 의해 전통 악기로 인정받고 있다.

도는 친구다"라는 식으로, 자신들에게 유리한 아랍인을 선별하기 위해 '친구'라는 말을 사용할 때를 제외하면 말이다.

아랍인도 유대인을 이용하지 않는가, 라고 반론할 수 있을 것이다. 그건 그렇다. 그들은 유대인 친구를 꼭 필요로 한다. 미국에 가면 신세를 지고 싶고, 좋은 일자리를 소개받고 싶기 때문이다. 단골손님이 필요하기 때문이다. 어쨌든 살기 위해서는 유대인과 친구가 되어야 한다. 그것은 서로 마찬가지다. 신뢰관계를 구축하여 주고받는 일을 실천하면 된다. 다만 유대인에게만 이익이 집중되고, 아랍인은 종속적인 입장에 놓여버리는 그 구조가 문제인 것이다. 이러한 구조적 문제는 정치적으로 생겨난 것이다. 따라서 개인의 매력이나 인간성에 의지해 해결할 수 있는 것이 아니다.

따라서 제도적으로, 실제적으로 아랍인과 유대인의 대등한 관계가 만들어질 필요가 있다. 아인하우드의 주민들이 크고 작은 다양한 목소리로 계속해서 호소하는 것이 바로 그런 것이다.

12장

풍경에서 보는 인종차별

– 공간을 바꾸는 '문화'의 힘

둘러싸인 '토지의 날'의 마을

사흐닌.[1] 처음으로 이 도시에 간 것은 이스라엘에 잠시 머물던 2000년 3월 30일, '토지의 날' 집회가 있던 때였다. 그날 아랍계 각 정당의 학생 조직이 사흐닌행 버스를 출발시킨다는 말을 듣고 주저하면서도 동행하기로 한 것이다. 이스라엘 군이 최루탄을 발사해 집회에 참가한 어느 할머니가 사망하는 혼란

---

1. 인구 약 2만 5,000명의 아랍인 도시다. 주민은 대부분 무슬림이다. 도시의 이름은 이슬람화 이전의 알람어 지명에서 유래한 것이라고 하며, 발굴된 고대 유물도 많다. 1976년의 '토지의 날'에 의해 그 이름이 알려졌지만, 지금은 2003년 이스라엘의 상위 축구 리그에서 아랍계 팀으로 처음 출장하여 내셔널컵에서 우승을 차지한 '브나이 사흐닌'(사흐닌의 아들들)의 연고지로도 유명하다.

유대인 입식지에서 내려다보이는 사흐닌. 언덕 위에 보이
는 것은 에슈바르라는 키부츠로, 원래 이스라엘 국방군의
청년개척부대(나하르)의 개척촌으로 설립된 곳이다.

속에서 함께 간 사람들로부터 떨어
진 나는 이리저리 돌아다닌 끝에 간
신히 택시를 잡았다.

그때 본 갈릴리 지방의 아름다움
은 잊을 수가 없다. 운전수는 다가
갈수록 멀어져가는 산골짜기 아랍
마을을 일일이 가리키며 그 이름을
가르쳐 주었다. '토지의 날'이라니

멋진 이름이다. 이것은 이스라엘 당국에 의한 대규모의 토지 수용에
반대하기 위해 토지 방어의 날로 조직된 1976년 3월 30일의 데모에서
유래한다. 이날 이스라엘의 치안부대에 의해 여섯 명의 아랍인이 살해
당했고 100여 명이 부상했다. 이 사건은 이스라엘 국내 아랍인의 민족
적 각성을 촉구하는 계기가 되어 1987년에 시작된 인티파다 이후에는
피점령지 팔레스타인 사람들과의 연대의식을 보여주는 기회로 새로
운 의미가 부여되었다. 지금도 매년 나라 안의 아랍인이 모여 집회뿐
아니라 동맹파업과 휴교를 한다. 그러나 이 날을 '토지의 날'로 정한
것은 팔레스타인의 토지를 딛고 걸으며 새삼 그 아름다움과 소중함을
확인하고 토지와 자신의 관련성을 재발견한다는 의미다. 이때는 이 지
역의 자연이 가장 아름다운 시기기도 하다. 몇 년 후 다시 '토지의 날'
데모에 참가했을 때 다시 그 인상이 강해졌다. 데모라고 해도 어린아
이를 데리고 소풍을 가는 기분으로 걷는 사람도 많다. 평소 자동차만
타고 다니고 걷기를 싫어하는 사람들도 많기 때문에, 이런 기회에 걷

는 것도 상당히 좋다는 둥 쓸데없는
생각까지 들었다.

지금 나는 사흐닌 전체를 내려다
볼 수 있는 장소를 찾아 급경사를
오르고 있다. 사흐닌에 와도 다른
사람이 운전하는 차를 타고 안내를
받는 경우가 많았다. 내 발로 걷지

'토지의 날' 집회 모습(2006년 3월 30일)

않으면 잘 모르는 법이다. 아래에서 올려다보면 아무것도 아닌 것처럼
보였던 언덕 위의 목표 지점은 평소 운동이 부족해서 올라가기가 힘
들었다. 함부로 덤벼드는 게 아니라고 약간 후회도 했지만 이제 와서
돌아내려갈 엄두도 나지 않는다. 경사면이라고 해도 인적 없는 산길이
아니며 산 같은 곳에도 집이 빽빽하다. 아무리 자동차 사회라고 해도
걸어서 이곳까지 올라올 수밖에 없는 경우도 있을 것이다. 그렇다면
나도 걸을 수밖에 없다.

높은 곳에 올라 사흐닌을 바라보겠다는 결심을 한 것은 이 도시에
사는 알리와의 만남이 계기가 되었다. 예전에 어느 작은 아랍계 극장
에서 영화를 보려고 기다리는 동안 옆에 서 있던 남성이 말을 걸어왔
다. 처음에는 다소 성가셨지만 이야기를 듣다보니 그 이야기에 빨려
들어 내 오른손은 어느새 그의 연락처를 적으려고 메모장을 찾고 있
었다. 무슨 일이 계기였는지 그들 자신의 정체성에 대해, 즉 이스라엘
의 아랍인이란 어떤 사람인가에 대해 그는 낮은 목소리로 자기 의견
을 말하기 시작했다. "저희가 '소수자'라고 불리는 것은 잘못되었어요.

현재의 이스라엘 인구 통계에서 보면 확실히 소수자이긴 합니다. 그러나 팔레스타인과 아랍의 역사적 과정을 그렇게 숫자 문제로 축소해서는 안 됩니다. 무엇보다 유대인을 단일민족으로 보기 때문에 그런 표현이 성립하는 것입니다. 폴란드계 유대인, 루마니아계 유대인, 이라크계, 이란계, 모로코계, 이런 식으로 유대인 중에도 다양한 민족성이 존재하고, 각각이 소수자로서 이스라엘 사회를 구성하고 있다고 생각한다면 다수파인 유대인과 소수파인 아랍인이라는 이항 도식은 성립하지 않죠."

이스라엘의 아랍인 자유주의자에 속하는 사람들은 "소수자로서의 정당한 권리를 달라"는 맥락에서 '이스라엘의 아랍인=소수자'라고 당연한 듯이 말하지만 이런 표현에서도 위화감이 느껴진다. 그러므로 이 남성의 말은 그럴듯했다. 영화가 시작되려고 해서 서둘러 적어둔 메모장에는 알리 즈베이다트라는 이름이 적혀 있었다. "사흐닌에 살고 있습니다"라는 목소리를 어두운 장내로 들어가면서 들었다.

드디어 이 도시에서 가장 높은 장소에 도착했다. 길이 없어졌다. 가장 높은 곳에 공사 중인 집 앞에서 길은 막혀 있었다. 개의치 않고 집 안으로 들어가 옥상으로 올라가게 해달라고 부탁했다. 불편하긴 했으나 짓고 있는 집은 4층짜리였고, 굉장히 규모가 컸다. 시멘트 포대나 공사 도구가 놓인 계단을 올라 옥상으로 나가자, 생각했던 대로 그곳에서는 사흐닌이 시원하게 한눈에 들어왔다.

갖고 있던 지도와 비교해보았다. 직선 거리로 북쪽 전방 약 5킬로미터 지점에 유대인 도시 카르미엘(3장을 참조할 것)이 있을 텐데, 시야가 흐린 탓인지 보이지 않았다. 그 대신 앞쪽에 보이는 것은 에슈하르라는 협동입식지[2]였다. 왼쪽, 즉 서쪽에는 테라디욘이라는 공업지대가 있고 유바림이라는 커뮤니티가 이어진다. 오른쪽에는 에슈바르, 로템이라는 두 개의 키부츠가 있다. 모두 '나하르(무장개척청년단)'[3]가 건설한 뒤 키부츠로 전용되었다고 하는 전형적인 경로에 따라 생긴 키부츠다. 모두 '갈릴리의 유대화' 정책에 따라 만들어진 입식지고, 아랍인은 그곳의 토지를 살 수도, 그곳에 거주할 수도 없다. 내가 서 있는 경사면에서 그대로 오른쪽을 보면 알라베, 그 건너편에 델한나[4]라는 아랍 마을이 있는데, 요컨대 사흐닌, 알라베, 델한나는 유대인의 입식지에 둘러싸인 채 내려다보인다는 것을 알 수 있다. 뒤쪽, 그러니까 남쪽으로는 산이 있는데, 그곳에는 군사 시설이 있다고 들었다. 사방 모두 갈 곳이 없다. 아니, 눈에 보이는 광경만을 본다면 공간은 있다. 주변 유대인 입식지와의 사이에는 명확한 거리가 있기 때문이다. 그러나 이 '아무것도 없는 공간'을 아랍인은 이용할 수 없다. 이들 유대인의 입식

2. 이슈브 카히라티. 협동노동을 원칙으로 하는 키부츠나 모샤브(농촌공동체)에 비해 교육이나 문화 등에 대해서만 협동을 원칙으로 하는 커뮤니티. 북부 갈릴리 지방에는 특히 소규모의 협동입식지가 많은데 에슈하르도 그중 하나다.
3. 무장개척청년단을 의미하는 히브리어 첫 글자를 딴 명칭이다. 1948년 이스라엘이 건국할 당시에 생겨났다. 보이스카우트 등의 청소년 운동 지도자들이 발의하여 청년 운동의 틀 안에서 자발적인 활동으로 조직되었다. 갈릴리나 네게브 등의 전초지에 새로운 입식지를 건설하고 그것을 지키며 그곳에서 키부츠식의 집단 생활을 하면서 농업 활동이나 군사 훈련을 한다. 현재 갈릴리에 보이는 대부분의 키부츠나 모샤브는 나하르가 개척한 것이다.
4. 이 두 지역과 사흐닌은 거리가 멀지 않아 '토지의 날' 데모 때 반드시 통과하는 코스다. 18세기 갈릴리 지방의 지배자 다헤르 알오마르 알자이다니의 성채 일부가 델한나에 남아 있고 알라베에도 그와 관련된 이야기가 전해지고 있다.

지를 건설하기 위해 사흐닌을 비롯해 원래 이 주변의 아랍인 도시나 마을에 속했던 토지가 수용되었고, 건물이 없는 녹지대에 대해서도 아랍의 지방정부는 관할권을 빼앗겼던 것이다.

알리와는 이곳 사흐닌에서 다시 만났는데 그가 도시를 안내해주었다. 그러나 이날은 일부러 나 혼자 가보았다. 사흐닌과 주변 유대인 도시의 관계를 잘 알 수 있는 장소에 서서, 알리의 얼굴이나 그에게서 들은 이야기를 떠올렸다. 그의 집은 내가 지금 서 있는 이곳에서 보면 왼쪽, 공업지대 바로 앞 도시의 서쪽 경계선 부근에 있었을 것이다. 그는 3개월 구금형을 받는 대신 부과된 노역을 지금쯤 다 끝냈을 것이다.

알리를 만나기 위해 처음으로 사흐닌을 방문한 날, 그는 먼저 자동차로 도시의 중심부에 있는 묘지로 데려가주었다. 그 묘지의 입구에는 '토지의 날'의 희생자들을 기념하는 추모석이 있었다. 그것에 다가간 나는 깜짝 놀랐다. 지인이기도 한 아랍인 미술가 아부드 아부디[5]가 예전에 '토지의 날' 추모석을 제작했다는 이야기를 본인에게서 직접 들은 적이 있었기 때문이다. 이것이 바로 그것이었다. 토지를 경작하고, 토지를 근거지로 하여 살아가는 남녀의 모습이 네모나게 잘라낸 돌 안에 부조되어 있었다. 한 바퀴 둘러본 후 알리는 말했다.

"이것은 아랍인과 유대인이 함께 만든 것입니다. 여기에 이것을 놓음으로써 둘의 화해를 상징하려는 것이죠. 하지만 저는 그런 아이디

5. 이스라엘에서 유명한 팔레스타인인 화가이자 조각가다. 1942년 하이파에서 태어나 독일에서 미술을 공부했고 1972년부터는 하이파에서 활동하고 있다. http://www.abedabdi.com/

어 자체가 마음에 들지 않습니다."
정면에는 아랍어로 "그들은 우리가
살기 위해 희생되었다. 그들은 살아
있다. 토지 방어의 날에 순교한 사
람들, 1976년 3월 30일"이라고 쓰
여 있고, 희생자들의 이름과 출신지
가 새겨져 있었다. 한편 옆면에는

'토지의 날'에 희생된 사람들을 기념하는 추모석

"1976년 3월 30일 토지의 날에 죽은 사람들을 기념하며"라는 의미의
글만이 히브리어와 영어로 쓰여 있으며 아랍어로는 쓰여 있지 않았
다. 뒷면에는 맨 위에 영어로 제작자의 이름이 쓰여 있고 다음으로 히
브리어로 역시 제작자의 이름과 "두 민족의 상호 이해를 깊게 하기 위
해"라는 글자가 있으며, 맨 아래는 아랍어로 위와 똑같은 내용이 적혀
있었다. 알리는 안내 문구에 대해서도 여러 가지 생각을 하는 듯했다.
그가 먼저 이 기념물이 마음에 들지 않는다는 말을 했기 때문에 일단
내 생각을 말하지 않기로 했다. 현실에서는 점령이 계속되고 있고 이
스라엘이 팔레스타인을 계속해서 말살하고 있는데도, '두 민족의 상호
이해'라는 아름다운 글자를 보면 배신감이 느껴진다. 앞 장에서 소개
한 '에인호드 예술가촌'에서 본 작품도 그렇지만, 이스라엘에는 겉모
습은 강력하고 대담하지만 그 때문에 한층 더 사람들의 기대를 무너
뜨리는 텅 빈 예술이 참 많다. 아랍인과 유대인의 공동 제작이라는 것
은 그런 '기대를 무너뜨리는 예술 작품'에 아랍인도 참여했다는 것만
을 의미할 뿐이다. 사실 이런 것이 이스라엘에는 지나치게 많고 진부

하기 때문에 그것에 대한 비판적인 지적 역시 진부하다.

　알리의 집은 현대적이고 큰 거실이 있는 쾌적해 보이는 건물이었다. 거실에는 큰 창이 있고 앞쪽은 풀이나 약간의 나무가 자라는 공간이 펼쳐져 있으며 밝은 빛이 들어왔다. 거실도 부엌도 서구적인 디자인으로, 모르는 사람이라면 아랍인의 집이라고는 아무도 생각하지 않을 것이다. 그것은 알리의 아내가 네덜란드 사람으로, 결혼 후 7년간 알리와 함께 네덜란드에서 살았던 것과 무관하지 않을 것이다. 그들 사이에 두 명의 여자아이가 태어난 뒤인 1994년에 이스라엘로 돌아왔다. 아내인 테레즈는 지금 사흐닌에 있는, 여성을 대상으로 하는 비정부기구에서 직원으로 일하고 있고 아랍어도 아주 잘한다.

　"네덜란드에서 돌아와 이곳에 집을 지었어요. 보세요. 집 주위로는 세 방향에 집이 있어요. 이곳이 공터든 집이 지어져 있든 그들(유대인)에게는 아무런 관계도 없을 겁니다. 그러나 이 집은 불법 건축물이 되어버렸어요. 우리는 언제 집이 철거될지 모르는 공포 속에서 생활하고 있는 겁니다."

　집안으로 들어서자마자 알리가 갑자기 이런 말을 해서 처음에는 그 의미를 알 수 없었다. 물론 이스라엘에는 다수의 아랍인이 이런 문제를 안고 있다는 사실을 알고 있었고, 행정명령에 의해 자택이 철거되어버린 하이파의 가족을 몇 번 방문한 적도 있었다.[6] 그러나 이 집이 불법 건축물이라는 것은 아주 기묘한 이야기였다. 알리가 말하는 것처럼, 바로 앞의 공터에 면한 양 옆에는 집이 있었다. 만약 이곳이 도시의 경계라고 해도 알리의 집만 주변에서 튀어나와 있는 것도 아니었다. 또 다른 의문이 들었다. 아무리 부당하다고 해도 불법 건축물이라는 문제가 일어날 가능성이 있다면 왜 굳이 이런 시 외곽 지역에 집을 지었을까? 나의 이런 의문은 금세 풀렸다. "당연한 일이에요. 이곳이 제가 아버지로부터 상속받은 땅이었으니까요."

알리는 나를 뜰로 데려가 주변의 모습을 보여주었다. "제가 네덜란드에 가 있는 동안 이 토지는 사흐닌 시 관할이 아니라 미스가브 관할로 편입되었어요. 미스가브는 이 토지를 주거지대가 아니라 농업지대로 지정했습니다. 그래서 집을 지으면 불법이 된다는 겁니다. 처음에 우리는 형의 집에 살고 있었는데 더 이상 참을 수가 없었어요. 여기에 집을 지을 수밖에 없었지요. 처음에는 캠프용 오두막을 사서 생활했습니다. 이 토지를 농업지대에서 주택지대로 변경하려고, 미스가브에 여러 차례 진정서도 제출했습니다. 하지만 소용없었습니다." 미스가브는 이 주변의 유대인 입식지가 모여 형성된 지방의회다. 사흐닌을 둘러싸고 내려다보는 입식지는 각각 흩어진 채 고립되어 있는 것이 아니라 하나의 커뮤니티를 형성하여 아랍인 도시나 마을을 제외하고 갈릴리 지방으로 확대되고 있다. 알리는 여전히 사흐닌 주민이고, 미스가브 주민으로 재등록되어 있는 것도 아니다. 그런데도 그의 토지만은 미스가브 관할로 들어갔고, 허가 없이는 집을 지을 수 없다는 것이다.

6. 2005년 6월, 하이파의 북동 지구에 있는 넓은 공터에 건설된 집 다섯 채 중에서 네 채가 하이파 시 당국의 명령으로 철거되었다. 주민은 하이파 부근의 작은 마을 핫와세 출신인데 이스라엘이 건국할 때 이 마을에서 쫓겨나 하이파의 이곳에서 살고 있었다.

철거될 위기에 처해 있는 알리 씨의 집

알리의 옆집은 자신들의 토지가 미스가브 관할로 들어간 시점에 허가를 받았지만 네덜란드에 있던 알리는 그런 것을 알 턱이 없었다. 벌금으로 내야 할 것은 냈고, 그때부터 알리는 어떻게든 허가를 얻으려고 애를 썼지만 미스가브 측은 그것을 거절했다. "되도록 많은 토지와 되도록 적은 비유대인"이라는 시온주의의 계획은 놀랍게도 점령지에서만 실행되고 있는 것이 아니었다. 이스라엘 국내에서는 개인의 집 같은 좁은 토지에조차 신경증적인 집착을 보여주면서 고지식하게 그 계획을 속행하고 있는 것이다.

지지자의 응원도 있었다. 1999년에 알리가 집을 지으려고 지반을 다지기 시작했을 때 즉시 미스가브로부터 철거 명령이 전달되었다. 철거가 실행되지 않도록 알리와 지지자들은 짓고 있던 집에서 숙영하면서 지켰다. 마침 2000년 10월 제2차 인티파다와 연동한 이스라엘 국내 아랍인의 '폭동'이 일어났다.[7] 그 이후 한동안 유대인 관료들은 아랍인 마을에 들어가는 것을 기피하게 되었고, 그 틈을 타 집을 완공했다. 알리와 친구들은 그 쾌적한 주거 환경에 만족하고 그것에 완전히 익숙해졌다. 이제 이 집이 철거되는 사태 같은 것은 생각하고 싶지도 않은 것이다. 한편 미스가브 측은 알리를 고소하여 재판을 열었다. 2004년 10월에 내려진 판결은 7,500세켈(약 200만 원)의 벌금 또는

35일간의 구금이었다. 그런데 미스가브 측은 이 판결이 너무 가볍다며 불복해 상고했다. 그 결과 2005년 2월의 판결에서는 1만 5,000세켈(약 400만 원)의 벌금 또는 70일간의 구금을 선고해 이전 판결의 두 배가 선고되었다. 이스라엘의 형법에서는 자택에서 오가며 노역을 하는 것으로 구금형을 대신할 수 있는 경우가 있는데, 알리는 3개월간의 노역으로 끝냈다. 불도저로 자택이 철거되는 것에 비하면 훨씬 낫다는 것은 분명하지만 아

알리 즈베이다트

무한테도 폐를 끼치지 않는 개인 주택의 '건축허가신청 위반'의 대가로서는 지나치게 무거운 처벌이다.

내가 처음으로 알리의 자택을 방문한 그날, "내일부터 노역이 시작됩니다"라고 그는 담담하게 말했다. 2005년 12월의 일이었다.

7. 이스라엘의 유대계 미디어에서는 "2000년 10월의 아랍폭동"이라 하고 중립적으로는 "2000년 10월 사건"이라고 한다. 아랍인들 사이에서는 '10월의 충격'(핫바 오크토바르) 등으로도 불린다. 2000년 9월 28일 아리엘 샤론의 알아크사 모스크 방문을 계기로 시작된 제2차 인티파다에 호응하여 이스라엘 국내의 아랍인도 총파업을 시작하며 항의 행동에 들어갔다. 점차 이스라엘 경찰과의 충돌로 발전하였고, 경찰의 발포 등으로 10월 1일부터 8일까지 열세 명이 사망했다. 매년 10월 1일에는 이 사건을 기념하는 집회나 촛불 행사 등이 열린다.

'감시탑'에서
호소하는 공존?

여기서는 앞장에서 잠깐 다룬 1965년의 '국토계획건축법'에 대해 다시 살펴보자. 이 법률에 의해 이스라엘의 국토는 주택용지, 농업용지, 공업용지, 계획예정지로 분류되어 농업용지 안에서 무허가로 건축하는 것이 금지되었다고 했다. 그러나 이것만으로는 불충분하다. 문제는, 유대인 주거지에 대해서는 계획예정지로서 새로운 토지가 훨씬 넓게 주어졌고, 아랍인 도시나 마을에 대해서는 주택용지의 선이 현존하는 건물에 바짝 붙은 채 그어졌다는 사실이다. 그러므로 사흐닌 주위에는 빈 땅이 많아 보이지만 사실상 그 토지에 손을 댈 수가 없는 것이다. 일반적으로 아랍인의 인구증가율은 유대인에 비해 큰데도 늘어난 인구에 대처할 수 있는 새로운 집을 지을 수 있는 공간이 그 어디에도 없는 것이다.

이스라엘의 토지법은 처음부터 인종차별적이다. 이스라엘 영토의 국유지는 79.5퍼센트를 차지하고, 14퍼센트가 '유대민족기금'[8]이 소유하는 토지로, 현재는 둘을 합해 93.5퍼센트의 토지를 '이스라엘 토지관리국'[9]이 관리하고 있다. 비유대인은 이 93.5퍼센트의 토지를 구입할 자격이 없으며, 그들이 구입할 수 있는 토지는 나머지 6.5퍼센트

---

8. 1901년의 제5회 시온주의자 회의에서 팔레스타인의 토지 구입을 목적으로 설립된 조직이다. 각국의 유대인으로부터 기부를 받아 부재지주 등의 형식으로 토지를 구입하면 그것을 유대인에게 장기간 빌려주는 것이다. 이스라엘을 건국한 후 이스라엘 정부는 난민이 된 팔레스타인 사람들로부터 빼앗은 토지를 유대민족기금에 매각하고 토지수탈을 기정사실로 했다.

의 토지로 한정된다.

이렇게 말하면 이스라엘의 정책을 옹호하려는 사람은 다음과 같이 말할 것이다. 토지의 사유를 원칙적으로 금지하고 있는 이스라엘에서는 유대인도 그 93.5퍼센트의 토지를 구입할 수 없으며 정부로부터 빌리는 것에 지나지 않기 때문에 이스라엘이 인종차별 국가라는 것은 날조라고 말이다. 그러나 이러한 변명은 속임수에 불과하다. 비유대인에게 인정되는 것이 3년간의 단기 임대라면 유대인에게는 49년간 장기 임대를 해주고, 그것도 반복적으로 적용될 수 있다. 구입하지 않고 싼 임대료로 거의 영구적으로 그 토지를 점유할 수 있기 때문에 이보다 좋은 조건은 없는 것이다.

실제로 이스라엘 국내의 아랍인에게도 장기 임대가 행해지고 있고, 실제로 그들이 경작하는 토지의 약 절반은 49년간 장기 임대되고 있다. 그러나 아랍 농민의 처지에서는 자신이 소유하고 있던 토지가 일방적으로 수용되는 바람에 자신의 토지를 경작하기 위해 임대료를 지불하게 된 것에 지나지 않는다. 임대료만 지불하면 어디서든 자신들이 좋아하는 곳에서 살 수 있고 토지를 사용할 수 있는 유대인과는 전혀 사정이 다른 것이다. 애초에 '이스라엘 토지기관'이 관리하는 대부분의 토지를 소유한 것은 난민이 된 팔레스타인 사람들이다. 이스라엘은 '부재자재산관리법'에 기초하여 '부재자 재산 관리인'을 두고 팔레

---

9. 이스라엘 정부기관의 하나로 이스라엘 토지의 93.5퍼센트를 소유하고 있고, 49년 또는 98년 단위로 토지를 임대한다. 이스라엘 토지관리국의 관리가 유대민족기금 이사회의 멤버이기도 하는 등 유대민족기금과는 깊은 관련을 맺고 있다.

스타인 사람들의 토지와 재산을 마음대로 처분해왔다. 다시 말해 토지 관리인은 자신의 소유물도 아닌 토지를 빌려주고 임대료를 받을 수 있고, 빌리는 사람은 싼 임대료에 만족할 수 있는 것이다. 그런 일이 성립한 것은 본래의 소유자가 부재하기 때문이고, 해당 토지 관리인에 의해 소유자의 귀환이 방해되어 왔기 때문이다.

그리고 유대인 인구가 적은 지역에는 유대인 인구를 보내기 위해 정부가 만든 호화로운 유대인 공동체가 존재한다. 이곳 북부 지역은 지금까지 말해온 '갈릴리의 유대화' 정책에 의해 만들어졌다. 북부 갈릴리 지방의 문제가 강조되는 이유는, 이곳이 중부의 삼각지대[10]나 남부의 네게브 사막과 마찬가지로 이스라엘이 건국할 때 아랍인을 다 내쫓을 수가 없어 수많은 아랍인 마을이 남았기 때문이다. 이스라엘의 초대 수상인 벤그리온이 북부를 시찰할 때 그곳이 전혀 '유대인 국가인 이스라엘'처럼 보이지 않아 아연실색했다는 에피소드가 남아 있는데, 그것은 당연한 일이다.

또한 북부는 레바논이나 시리아와의 국경과 가깝기도 해서 '방어상의 차원'에서 더욱 유대인을 보낼 필요가 있었다. 단적으로 말하자면 '갈릴리의 유대화'란 갈릴리 지역의 유대인 인구를 늘리는 일인데, 물론 무턱대고 갈릴리로의 이주를 촉진하는 것이 아니라 유대인의 존재를 효과적으로 높이고 유대인의 안전과 쾌적함을 지키기 위한 방침

---

10. 영국 위임 통치 시대에 삼각지대는 나불루스, 투르칼렘, 제닌을 둘러싼 사마리아 지방이었지만, 1949년의 로도스 협정에 의해 그 절반이 이스라엘에 병합되었다. 이스라엘 측에 있는 부분은 '소삼각지대'라 불린다.

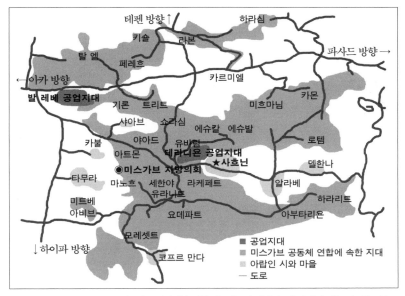

아랍인 마을을 둘러싸고 있는 미스가브 지방정부 연합(미스가브의 웹사이트에 올려져 있는 지도를 기초로 작성했다). 이스라엘 북부 갈릴리 지방의 동서 약 28킬로미터, 남북 약 22킬로미터쯤 되는 부분이다.

이 필요했다. 그 하나가 기복이 많은 갈릴리의 지형과 전략상의 요청을 조합한 '미트핌 계획'이다. 미트핌이란 '전망 좋은 곳'이나 '전망대'라고 번역되지만 동시에 '감시탑', '파수대'라는 뜻이기도 하다. 감시되는 처지가 된 것은 주변의 아랍인 마을이다. 높은 언덕 꼭대기에 같은 모양의 집들이 늘어서 있는 유대인 공동체에서 하나의 미트페(미트핌의 단수형)에는 40세대에서 200세대가 살고 있다. 갈릴리 지역 여기저기에 미트핌을 만드는 것이 목적이기 때문에 한 곳의 인구가 적은 것은 상관없다. 따라서 하나의 언덕 위에는 그 이상의 주택을 지을 수 없다. 1970년대에 입안되어 1978년에서 1988년에 걸쳐 52개의 미트핌이 갈릴리 지방에 건설되었다고 한다.

사흐닌을 둘러싼 미스가브 공동체 연합에 속한 유대인 공동체의 대부분도 미트핌이다. 생활과 직장이 일치된 키부츠만이 아니라 베드타운으로서만 기능하고 있는 공동체도 있다. 주민은 자동차를 타고 도시로 나가 일을 한다. 종교적인 유대인 전용 공동체나 일본에서 말하는 슈타이너주의를 내세운 교육기관을 중심으로 한 공동체 등 '유대인 커뮤니티'의 성격은 다양하다. 현재 서른네 개의 커뮤니티가 이 미스가브 공동체 연합에 속해 있다고 한다. 미스가브만을 다룬 데이터는 없지만 2008년 현재까지 건설된 쉰두 개 미트핌 전체의 인구는 약 2만 명쯤 된다고 한다.

사흐닌에는 2만 5,000명의 아랍인이 살고 있다. 그들에게 할당된 토지는 10제곱킬로미터 남짓밖에 되지 않는다. 그에 비해 미트핌의 2만 명에게는 무려 200제곱킬로미터 남짓이 할당되어 있다. 한 사람당 사흐닌의 아랍인이 400제곱미터(사방 20미터)라면 미트핌 사람들은 1만 제곱미터(사방 100미터)로 약 스물다섯 배나 차이가 난다. 미스가브는 '미트핌 계획', 즉 갈릴리 유대화의 전형적인 성공 사례로 인용된다. 위에서 말한 통계가 그것을 보여주고 있기도 하고, 무엇보다 사흐닌의 상태를 떠올리면 그것은 명백하다. 그러나 '공생'의 상징적 존재가 되어 있는 것이다!

미스가브의 웹사이트에는 이런 소개글이 있다. "미스가브는 비유대인 주민이나 이웃 주민과의 관계에서 두드러진 특징이 있습니다. 다섯 개의 베두인 거주 구역이 의회에 참가하여 적극적인 활동을 하고 있습니다. 미스가브는 이 지역의 무슬림이나 기독교도인 아랍인, 두르즈 주민들과 경제, 문화면에서 협력하고 있습니다."[11] 입에 침도 안 바르고 이런 거짓말을 잘도 하고 있는 것이다. 여기서 주의해야 하는 것은 "다섯 개의 베두인 거주 구역"이다. 다른 자료에 따르면 일곱 개의 베두인 마을이 미스가브에 포함되어 있다고 하는데, 이스라엘 정부는 이 마을을 하나도 정식으로 허가하지 않았다. 앞장에서 소개한 대로 이러한 마을은 기본적인 인프라도 정비되어 있지 않아서 주민은 불편하고 가난한 생활을 강요받고 있다. 물은 주변의 키부츠 등에서 받을 수밖에 없는 경우가 많기 때문에 이러한 무허가 마을이 미스가브에 가입함으로써 생활의 편의를 조금이라도 개선하고자 하는 것은 당연할 것이다. 또한 미스가브의 유대인 사회로서는 아랍인에 대해 관용적인 태도를 보여주는 척을 할 수도 있는 것이다.

그러나 그들이 사는 곳은, 주위로부터 고립된 채 여기저기 흩어져 아랍인들을 내려다보고 감시하고 있는 '미트페'인 것이다. 누군가가 항상 지켜보는 것은 아니지만 높은 곳에서 내려다본다는 위계가 성립한다. 유대인이라는 존재는 그러한 상태에서 의미를 가지고 있는 것이다. 주민 한 사람 한 사람이 아랍인에 대해 어떻게 생각하고 있는지와는 무관하게, 그곳에 살고 있다는 것 자체가 아랍인과 유대인의 불균형한 관계를 규정하고, 둘의 거리를 그전보다 더 멀어지게 하기 위한 정책의 수행자가 되었다는 것을 의미한다. 이처럼 '공존'과는 가장 먼

11. http://www.misgav.org.il/

곳에 있다고 생각되는 미스가브가, 그들이 말하는 '공존의 시범 사례'
인 것이다.

더욱이 이곳에는 아랍인과 유대인이 모두 들어갈 수 있고 아랍어와
히브리어로 교육하는 초등학교가 있다. "이러한 공존 모델은 문화 사
이의 협조 및 유대인과 비유대 이스라엘인 사이의 생산적인 대화를
만들어내기 위해 미스가브가 행하고 있는 수많은 시도 가운데 하나에
지나지 않습니다." 물론 이것은 미스가브에 몇 개 있는 초등학교의 하
나에 지나지 않는다. 종교적인 학교가 있고, 이곳처럼 '이상주의적인'
학교가 있으며, 여러 가지 문화가 존재하고 있다는 것이다. "토지를 빼
앗아 놓고는 공존도 있고 뭐든지 있다고? 먼저 토지를 돌려주어야지,
그런 다음에 공존에 대해 이야기하자고!" 역시 미스가브에 둘러싸인
샤아브[12]라는 아랍인 마을에 사는 사람은 이 학교가 화제에 오르면 단
정하듯 이렇게 말했다.

인종차별을 지지하는 '문화의 힘'

그러한 '공존' 모델의 실상을 지
적하고 기만이라고 비판하는 일은 간단하다. 다만 문제는 이것이 본
질이 아니라는 점이다. '공존'이 기만이라며 비판받는다면, 또는 그들

---

12. 인구 약 6,000명의 마을이다. 1948년에 이스라엘이 건국할 때 원래 주민의 대부분은 국외로
   나가 난민이 되었고, 나중에 다른 지역에 살고 있던 주민이 국내 난민으로서 이스라엘 당국의
   관리를 받으며 이 마을로 이주해왔다.

에게 '공존'이 도움이 되지 않는다면, 그들은 그 간판을 간단히 제거할 수 있다. 그들에게 본질적으로 중요한 것은, 그들은 그들이며 다른 사람과는 다르다는 것을 확인하고 그것을 실천하는 '문화'다.

똑같은 모양으로 언덕 위에 늘어선 붉은 지붕의 집, 키부츠의 하얀 건물, 옥외에 놓인 현대예술풍의 기념물이나 조각, 깨끗하게 손질된 화단이나 수영장. 팔레스타인의 아랍적인 광경을 인공적으로 유대화하는 기능을 다하고 있는 디자인은 물론 깨끗하고 현대적이다. 하지만 이것들은 모두 생명이 없는 무기질의 흔적이다. 그 무기질적인 공간 안에서 입식자들은 오로지 '문화'만을 노출시키고 있다. 여기서 '문화'란 미술이나 댄스, 음악 등의 구상·추상 예술만이 아니라 생활양식이나 행동, 타인과의 관계 등 정체성의 표현으로 의식되는 모든 행위다. '갈릴리의 유대화'란 유대인 인구를 늘리고, 유대인이 제어할 수 있는 토지를 넓히는 것만으로는 완성되지 않는다. 갈릴리의 문화적 정치학 안에서는 유대인의 문화를 생산하고 나날이 그것을 실천하고 문화의 족적을 계속해서 대지에 새겨 넣어야만 간신히 주변의 광경이 유대적인 것으로 유지되는 것이다.

그러나 현실적으로 갈릴리에서 그들의 존재는 아랍인과 유대인의 생활공간을 뚜렷이 구별하면서 유대인에게만 유리한 법의 보호를 받으며 견고하게 지켜지고 있다. 서안지구를 종횡으로 가르는 '분리장벽'이 인종격리(아파르트헤이트) 장벽으로 불리고 있다면, 자주 언급되지는 않지만 이스라엘 국내에서 진행되고 있는 유대인과 아랍인의 차별적 분리정책에 대해서도 인종분리정책이라고 하는 것은 타당하다.

아니, 오히려 바로 여기에 이스라엘의 본질이 있다.

원래 나는 이스라엘과 인종분리정책을 쉽게 비교하는 데 주저한다. 아파르트헤이트(인종분리정책)란 아프리칸스어[13]로 '격리'라는 뜻인데 인종분리라는 것만으로는 끝나지 않는, 문화나 정체성의 정치학이 그 것을 지탱해왔다고 생각하기 때문이다. 아파르트헤이트=인종분리라 는 도식에 빠져 이 말의 의미를 깊이 생각하지 않고 사용해버리면, 왜 이 시대에 인종차별이 버젓이 통용되는지, 자유나 민주주의를 사랑한 다는 시온주의자들이 왜 그것을 버리지 못하는지가 가려지게 된다는 것이다. 덧붙여 말하자면 인종분리정책을 끝낸 남아프리카공화국의 경험에서 무언가를 배우자는 이야기가 가끔 나오는데, 그전에 그런 체 제가 왜 40년 넘게 지속되었는지를 생각해봐야 한다.

그러나 인종분리정책을 지탱해온 문화적 이데올로기를 떠올려보면 그 바탕에 시온주의와 통하는 심성과 문화적 배경이 있음을 새삼 깨 닫게 된다. 신천지로 건너가 몸뚱이만을 밑천으로 삼아 모든 것을 무 에서 시작한 개척 농민의 자손이라는 자부심, 원주민인 흑인을 자신들 보다 열등한 자로 간주하면서 아프리카인으로서의 정체성을 형성하 려고 한 의지, 자유나 독립, 개인의 존엄을 중시하는 기풍, 흑인 노동 력에는 의존하지 않고 백인만의 분리된 민족 국가를 만들려는 발상 안에는 인종주의로만 집약될 수 없는 노동관이 있고, 이는 시온주의의

13. 네덜란드어가 남아프리카의 일부나 나미비아의 원주민인 코이코이족Khoikhoin 언어 등의 영 향을 받아 변질된 크레올(혼성)어다. 1925년 네덜란드어를 대신해 영어와 나란히 남아프리카 공화국의 공용어가 되었다. 남아프리카공화국 백인의 다수를 차지하는 아프리카너들의 정체 성 형성에 큰 영향을 미쳤다.

그것과 같은 것이다. 네덜란드 개혁파 교회의 선민사상이나 남아프리카공화국을 '약속의 땅'으로 간주하는 구제사관,[14] 아프리칸스어가 만들어온 문화가 인종분리정책의 이상에 공헌하고 있다는 언어관, 그리고 남아프리카공화국은 아프리카에서 가장 풍요로운 나라이며 민주주의 국가라는 긍지,[15] 자유주의적인 조류로 보였던 인종분리정책이 백인 자신의 민주주의 또한 열등하게 한다는 문화적 우월 의식에 의해 뒷받침된 내부로부터의 인종분리정책 비판도 한결같다.

특별한 역사적 배경이나 특수한 이데올로기도 있을 거라고 생각하지만, 결국 상대 집단을 '자신들과 다르다'고 간주하고 자신들이 우위에 있다는 심성은 누구나 갖고 있는 인간의 슬픈 성질이다. 그리고 거기에는 반드시 '문화'의 문제가 가로놓여 있다. 차라리 '문화' 같은 게 없다면 상대와 자신을 분리할 근거가 생길 여지도 없을 것이다.

이스라엘에 머무는 동안 시온주의 국가를 지탱하는 문화나 그곳에

---

14. 남아프리카공화국 백인 이민자의 자손인 아프리카너(보어인)가 발전시킨 교회다. 칼뱅의 예정설에 따르면 백인은 신의 선택을 받은 자이며, 흑인은 백인의 노예로 만들어졌다. 이런 생각을 확산시킨 아프리카너는 남아프리카공화국에서 근면하고 금욕적인 생활을 하며 아프리카너의 순수한 피를 지킴으로써 '약속의 땅'인 남아프리카공화국을 진정으로 획득할 수 있다고 생각했다. 거기에서는 옛 종주국 영국의 '박해'에 대한 기억이 강조되고 재구성되어 원주민에 대한 지배를 정당화하는 논리로 이용되고 있으며, 마찬가지로 영국의 위임통치령이었던 팔레스타인 이민자의 정체성을 형성하는 것으로 이어졌다.

15. 인종분리정책하의 남아프리카공화국에서는 인종별로 삼의원제三議院制를 채택하여 백인 의회에만 의결권을 부여함으로써 백인만이 민주주의를 향유할 수 있었다. 그러나 오랜 식민지 지배에 의한 부정적인 영향을 입어 민주주의적인 사회를 실현할 수 없었던 아프리카의 많은 나라 중에서 남아프리카공화국을 아프리카 유일의 민주주의 국가로 생각하는 백인이 많았다. 오늘날 이스라엘이 흔히 "서아시아에서 유일한 민주주의 국가"로 묘사되는 것을 생각하게 한다.

살고 있는 사람들의 문화적 배경을 선명하게 보여줘야겠다는 생각을 하게 되었다. 이스라엘의 풍토나 역사를 자랑스럽게 이야기하고 눈앞에 있는 아랍인에게 관대함을 보여줌으로써 우위를 확보하는 것, 원래 있던 문화를 찬탈하고 위압적인 태도를 취하는 것, 아랍어나 팔레스타인 문화를 사랑하지만 그들은 경멸하는 것. 그러한 태도 안에서 이스라엘의 점령문화가 생겨나고 성장해왔다. 그 문화란 소수의 특권적인 사람이 만들어내는 고급문화만이 아니라 누구나 매일 실천하고 있는 행위로서의 문화이기도 하다. 따라서 부정적인 갖가지 아랍·팔레스타인 문화를 복권시켜 그것이 이스라엘에 의해 찬탈되었다는 것을 지적하는 것만으로는 절대 부족하다. 그것은 결국 시온주의의 정체, 나아가 유대인만이 아니라 이 세계 전체를 어떻게 이해하고 이 세계를 어떤 것으로 만들어가려고 하는가 하는 질문과 관련될 수밖에 없다.

사흐닌 마을의 묘지에 있는 추모석 이야기를 마저 하겠다. 앞에서 말했듯이 그것을 처음 봤을 때 아랍인과 유대인 공동 제작이라는 말에서 기만적인 냄새를 맡았고, 또 '두 민족의 상호 이해'라는 말에 맥이 풀리는 기분을 느꼈다. 한참 뒤 그런 솔직한 감상은 차치하고 공동 제작자인 아랍인 아부드 아부디에게 경위를 간단히 들어보았다.

'토지의 날'의 학살이 있고 난 후 사흐닌에 희생자를 추도하기 위한 위원회가 만들어졌다. 협의한 결과 학살의 희생자 여섯 명 중 세 명의 거주지이기도 한 사흐닌에 기념물을 만들기로 결정했다. 위원회가 의뢰한 사람은 아부드 한 사람이었다. 그는 그 일을 혼자 맡으면 이스라엘 당국의 경계만 불러일으킬 것이라고 생각하여 유대인 조각가 게르손 쿠니스펠에게 협조를 요청했다. 다시 말해 그 기념물은 원래 아랍인이 주도권을 쥔 상황에서 제작된 것이고, 유대인이 화해와 공존을 연출하기 위해 아랍인의 참가를 기획한 결과 생겨난 것이 아니었던 것이다. '두 민족의 상호 이해'라는 말도 1966년 군사정권이 끝난 후 '토지의 날' 학살을 겪고도 여전히 남아 있는, 유대인에 대한 아랍인의 희망이었고, 자신들의 죄를 돌아보지 않는 유대인의 '상호 이해'와는 전혀 다른 의미를 띠고 있는 것이다. 그러나 사흐닌을 비롯한 아랍인 도시나 마을이 이스라엘의 차별적인 정책에 의해 점점 살기 힘들어지는 상황 속에서는 아랍인과 유대인의 공동 제작으로 만들어진 작품이 속이 빤히 들여다보이는 기만에 가득 찬 것으로 보이는 것은 어쩔 수 없는 일이다.

마지막으로 알리의 '노역형'에 대해 이야기하겠다. 처음에 유대인 도시인 카르미엘에서 청소 작업을 하라는 명령을 받은 그는 단호히 거부했다. 그 도시를 아름답게 보이기 위해 일해야 한다면 차라리 금고형을 택하겠다고 주장했다. 그 주장이 받아들여져 사흐닌에서 청소 작업을 할 수 있었다. 이것으로 일이 끝난 것이 아니라는 것을 알고 있기 때문에 비관도 낙관도 하지 않는다는 그는 여전히 담담한 표정을 지었다.

이스라엘 연표

1896년 테오도르 헤르츨『유대인 국가Der Judenstaat』출간

1897년 바젤에서 제1회 시온주의자 회의 개최

1901년 '유대민족 기금' 설립

1915년 '후사인-맥마흔 협정Husain-MacMahon Agreements'으로 영국이 아랍인 국가를 확약

1916년 '사이크스-피콧 협정Sykes-Picot Agreement'으로 영국·프랑스·러시아가 오스만제국령의 분할을 밀약

1917년 팔레스타인 땅에서 유대인의 민족적 향토 건설에 대해 영국이 지지를 표명한 '밸푸어 선언Balfour Declaration' 발표

1922년 국제연합이 영국의 팔레스타인 위임 통치 승인

1936년 아랍대반란 발발

1939년 제2차 세계대전 발발

1947년 국제연합에서 팔레스타인 분할안 채택(결의 181호)

1948년 5월, 영국 위임통치 종료. 이스라엘 '독립' 선언. 아랍의 여러 나라 군대가 팔레스타인을 침공하여 제1차 중동전쟁 시작

1949년 아랍의 여러 나라와 휴전 협정 체결

1950년 '귀환법' 및 '부재자재산관리법' 제정

1956년   이스라엘 국내 두르즈 남성의 병역 법제화. 10월, 제2차 중동전쟁
         (시나이 전쟁) 발발. 그 직전에 외출금지령 위반으로 코프르 카심
         마을의 아랍 주민 47명 피살

1959년   유럽 출신 유대인과의 경제적·사회적 격차에 대한 불만을 배경으
         로 모로코 출신 유대인이 폭동을 일으킴(와디 살리브 사건)

1965년   이스라엘의 전국토를 용도별로 분류한 '국토계획건축법' 제정

1966년   아랍인 거주 지구의 '군사정부' 종료

1967년   제3차 중동전쟁에서 이스라엘 승리. 시나이 반도·가자·요르단강
         서안지구·골란고원 점령

1973년   제4차 중동전쟁 발발. 아랍 산유국의 석유 전략 발동

1976년   토지 수용에 반대하는 '토지의 날' 데모에서 이스라엘의 아랍인 6명
         피살

1977년   리쿠드당의 당수 메나헴 베긴을 수반으로 하는 우파연합 정권 성
         립. 이후 점령지에서 입식지 건설 진행

1979년   이집트와의 평화조약 체결

1980년   동예루살렘 병합 및 통합 예루살렘의 수도화 선언

1984년   유대교 초정통파 샤스당 결성

1987년   점령하의 팔레스타인에서 제1차 인티파다 시작

1989년   움므루파함에서 '이슬람운동'이 도시의 자치행정권 획득

1990년   소련에서의 이민 급증

1991년   페르시아만 전쟁 발발

1993년   팔레스타인 잠정 자치에 관한 원칙 선언(오슬로협정)

1995년   라빈 수상이 이스라엘 극우파 유대인에 의해 암살

1996년   네타냐후 정권 성립. 예루살렘 구시가지에서 팔레스타인 사람이
        터널 공사에 항의해 총격전

2000년   이스라엘 각지에서 '이천년기' 기념사업 진행. 샤론 전 국방장관이
        무슬림의 성지 하람알샤리프 방문, 제2차 인티파다 시작. 이에 호
        응한 이스라엘 내의 아랍인 13명이 경찰에 의해 피살

2001년   외국인 노동자 수 24만 명 돌파

2002년   서안지구에서 '분리장벽' 건설 시작

2004년   팔레스타인의 아라파트 대통령 사망

2007년   이스라엘군이 레바논 침공, 공중 폭격 감행

2008년   이스라엘군이 가자지구 공습. 하마스 무장세력과 전면전

2009년   이스라엘의 일방적 휴전선언. 이튿날 하마스도 휴전선언

2009년   국제연합 인권이사회가 보고서를 통해 이스라엘군의 전쟁범죄 행
        위 비난

2010년   이스라엘의 가자지구 구호선 총격 사건

2011년   국제연합 교육과학문화기구(UNESCO)가 팔레스타인을 정회원국
        으로 인정

2012년   이스라엘의 가자지구 폭격(여성과 어린이 포함 139명 사망) 이후 국
        제연합에서 팔레스타인을 옵서버 국가로 인정

2014년   이스라엘이 가자지구를 공습하고 지상군 투입. 8월 26일 무기한
        휴전을 합의하기까지 50일간 2,100명이 넘는 팔레스타인 사람이
        사망. 그중 상당수가 민간인

자료2
이스라엘 독립선언서

에레츠 이스라엘[1]은 유대인의 탄생지였다. 이곳에서 그들의 영적·종교적 그리고 정치적인 정체성이 형성되었다. 이곳에서 그들은 처음으로 국가적 지위를 이루었으며, 국가적 또는 세계적인 중요성을 지니는 값진 문화를 만들었고 세상에 성경을 주었다. 강제로 자신들의 땅에서 추방된 이후, 사람들은 흩어졌음에도 믿음을 지키며 절대 기도를 멈추지 않았고, 오직 자신들의 정치적인 자유로의 귀환과 그것의 회복을 바랐다.

이 역사적이고 전통적인 애착에 이끌려,[2] 유대인들은 세대를 거듭하며 다시 고대의 고향에 정착하기 위해 노력했다. 최근 수십 년에 그들은 다시 하나로 뭉쳤다. 개척자, 이민자[3] 그리고 방어자 들이 사막에 꽃을 피웠고, 히브리어를 부활시켰으며, 마을과 촌락을 지었고, 경제와 문화적인 측면에서 자립하여 번성하는 공동체를 구성했고, 평화를

---

1. '이스라엘의 땅'을 의미한다. 『구약성서』에서 하느님이 유대인에게 주었다는 땅이다.
2. 영문 텍스트에서는 "이 역사적이고 전통적인 귀속의식에 이끌려Impelled by this historic and traditional attachment"라고 되어 있다.
3. 원문은 '마아필림'이다. 이 말의 뜻은 '방해를 물리치는 용감한 자'이지만, 이민 통치하의 팔레스타인에서 이민 규제법을 위반하여 잠입한 사람을 가리킨다.

사랑하면서 스스로를 지키는 법을 알았고, 나라에 사는 이들은 가릴 것 없이 발전의 축복을 가져다주었고, 항상 독립적인 한 국가의 위치를 동경했다. 5657년(서기 1897),[4] 유대국가의 영적인 아버지 테오도르 헤르츨의 부름 아래, 첫 세계유대인연합이 결성되어 유대인 국가 부활의 권리를 외쳤다. 영국 정부는 이 권리를 1917년 11월 2일에 제창한 밸푸어 선언으로 지지했으며, 국제연맹의 위임 통치로 유대인과 팔레스타인 사이의 역사적인 연결고리, 그리고 유대인들의 집을 재건할 권리에 관한 국제적인 시인을 이끌어냈다.

최근 유대인들에게 드리워진 재앙(쇼아), 즉 유럽에서 벌어진 수백만 명의 유대인에 대한 학살은 이스라엘을 유대국가로 재정립해야 하는 것이 얼마나 긴급한 일인지를 보여준 또 다른 사건으로, 이는 모든 유대인들에게 고향을 제공하고 그들을 국가라는 공동체의 특권을 지닌 구성원으로 만들 수 있는 기회다. 유럽의 나치 홀로코스트로부터 살아남은 이들과 다른 국가의 유대인은, 장애물과 위험을 두려워하지 않고 계속 이스라엘로 모여들었으며, 항상 존엄한 생명, 자유, 그리고 조국에서 경작할 권리를 끊임없이 주장했다.

제2차 세계대전에서 이 땅의 유대 공동체는 나치를 상대로 한 자유와 평화를 사랑하는 민족의 투쟁에서 할당된 모든 임무에 공헌했다. 그리고 그 병사의 피와 전투적 노력에 의해 국제연합을 설립한 민족들 사이에서 인정받을 수 있는 권리를 얻었다.

---

4. 여기서는 유대력이 사용되고 있다. 유대력은 서력에 3,760년을 더한 해로, 천지창조의 해부터 헤아린다고 한다.

1947년 11월 29일, 국제연합 총회는 에레츠 이스라엘에서 유대국가의 설립을 요구하는 결의를 채택했다. 총회는 에레츠 이스라엘의 주민에게 그 결의를 이행하는 데 필요한 모든 수단을 취하도록 요청했다. 국제연합이 이렇게 유대 민족의 국가 건설에 대한 권리를 인정한 것은 지울 수 없는 사실이다.

주권 국가로 있는 다른 모든 민족과 마찬가지로 그들이 운명의 지배자라는 이 권리는 유대 민족의 본래적인 권리다.

따라서 우리 국민평의회 의원, 에레츠 이스라엘 및 시온주의 운동의 대표는 에레츠 이스라엘에 대한 영국의 위임 통치 종료일에 이곳에 결집하여 우리의 본래적 또는 역사적인 권리에 기초하여 국제연합 총회의 의결에 따라 에레츠 이스라엘의 유대국가, 즉 이스라엘의 설립을 이 자리에서 선언한다.

우리는 선언한다. 오늘 밤 다가올 위임 통치가 종료되는 순간, 즉 5708년 이야르월 6일의 안식일 전야(1948년 5월 15일)부터 1948년 10월 1일 이전에 선출되는 헌법제정회의에 의해 채결되는 헌법에 따라 선출된 통상의 국가 권력을 수립할 때까지 국민의회가 잠정적인 의회로서 활동하고 그 대표 조직인 국민정부가 '이스라엘'이라는 이름으로 불리는 유대국가의 잠정 정부가 된다.

이스라엘은 유대인의 이민과 이산자의 집합을 위해 문호를 개방한다. 이스라엘은 그 모든 거주자의 이익을 위해 나라의 개발을 추진하고 이스라엘의 예언자들에 의해 제시된 자유와 정의와 평화를 그 기반으로 한다. 이스라엘은 종교, 인권, 성별에 관계없이 모든 사람에 대해 사회적·정치적 권리에 관한 완전한 평등을 보장한다.

이스라엘은 1947년 11월 29일의 총회 의결을 이행하기 위해 국제연합의 여러 기관 및 대표와 협력할 용의가 있으며 에레츠 이스라엘 전체의 경제 통합을 가져오기 위한 수단을 강구할 것이다.

우리는 국제연합에 유대 민족의 국가 건설을 지원할 것을, 그리고 이스라엘을 여러 민족 집단 안으로 받아들여줄 것을 호소한다.

우리는 수개월에 걸쳐 우리에게 행해지고 있는 학살의 한복판에서 이스라엘 국내의 아랍 주민에 대해 평화를 유지하고 완전하고도 평화로운 시민권 아래서 모든 잠정적·항구적 기관에 적절한 대표를 보냄으로써 이 나라의 건설에 참여하도록 호소할 것이다.

우리는 모든 이웃한 여러 나라와 그 국민에 대해 평화의 손을 뻗쳐 좋은 이웃으로서의 친분을 구하고 이스라엘에 정주하여 주권을 가진 유대 민족과 협력하며 서로 돕는 유대를 확립하기를 간청한다. 이스라엘은 서아시아 지역 전체의 발전을 위한 공동 노력에 공헌할 준비가 되어 있다.

우리는 세계에 흩어져 있는 유대인에게 이민과 건국의 임무를 위해 이슈브[5]를 중심으로 결집하고, 이스라엘의 속죄를 위한 몇 세대에 걸친 갈망을 위해 위대한 투쟁과 함께 일어설 것을 호소한다. 이스라엘의 바위[6]에 우리의 믿음을 두면서 5708년 이야르월 5일(1948년 5월 14일)

5. 이스라엘 건국 이전에 팔레스타인에 있던 유대인 공동체를 말한다.
6. '전능자'라는 말로, '이스라엘의 신' 혹은 '이스라엘의 땅'이라고도 해석할 수 있다. 건국선언을 기안할 때 랍비와 세속파가 타협한 결과로 채택된 말이다.(이스라엘 외무부 홈페이지 http://www.israel.org/mfa/에서).

샤바트의 저녁에 조국의 땅인 텔아비브에서 열린 임시국회 본회의에서 이 선언에 서명한 것을 첨부한다.

다비드 벤구리온David Ben Gurion(이스라엘 초대 수상)을
필두로 하는 총 37명의 서명(생략)

내 안의 '아랍'을 자각하기

지역연구란 자신과는 다른 사회를 알고자 하는 데서 출발한 학문이다. 이것은 너무나 당연한 이야기처럼 들린다. 그러나 결국 '다른 사회'란 무엇인가, 어떻게 '알' 것인가, 무엇을 위해 알려고 하는가 하는 물음에 봉착한다. 자신들에게는 이해할 수 없는 이질적인 사회를 한데 묶음으로써 '우리'라는 의식을 만들어내는 과정은 유럽의 오리엔탈리즘을 인용할 것도 없이 많은 문화권이나 민족, 공동체에 존재해왔다. 한편 이해하기 쉬운 기존의 말과 논리를 이용해 상대를 이해하려는 태도에는, 대상에 대한 가치판단과 상관없이 그 압도적인 이해 불가능성에 자신의 존재 기반이 위협을 받을까 두려워하는 무의식적인 방어기제가 존재할 것이다. 타자를 타자로 몰아넣고 나서 연구 대상으로 삼으려는 행위도, 자신들과 공통되는 토대가 반드시 상대에게도 있을 거라는 신념을 기반으로 하여 자신들에게 익숙한 개념을 실마리로 삼아 이해하려는 태도도 이해하기 어려운 타자 앞에 멈추어 서서 자신의 기반을 밑바닥에서부터 의심하는 자세를 어딘가에서 포기하고 있다는 점에서는 같은 것이다.

이러한 물음은 모범답안을 찾지 못한 채, 아니 모범답안을 이끌어 내려는 태도 자체를 끊임없이 의심하는 가운데 미로에서 벗어나지 못한 채 헤매고 만다. 그리고 다음 순간에는 대상으로 하는 사회의 새로운 움직임에 다시 주의를 빼앗기기 시작한다. 그러나 그것은 나쁜 일이 아니다. 이러한 물음에 대한 의식 자체가 흔적 없이 사라진 것이 아니라 그것은 언제나 눈에 띄는 서랍 안에 놓여 있기 때문이다. 대상 지역의 사회나 그들과 공유해온 시간의 두께에 영향을 받고, 그들의 말을 사용해 그 언어 감각이나 사고방법이 모국어의 감각에까지 영향을 미치며, 신체를 쓰는 방법이나 버릇도 이미 벗어날 수 없는 자신의 일부가 되어버리는 것이다. 깊은 애정으로 가득 찬 행복한 일뿐 아니라 단순히 좋다거나 싫다고 할 수 없는 생각이나 반감·증오까지 자신 안에 뿌리 내린 것이다. 현지의 친구나 자신을 기억하는(다른 사람과 혼동하고 있을지도 모르지만) 사람들의 존재, 새로 만나는 사람들 덕분에 국적은 고사하고 아무런 권리가 없어도 그 사회에 속한 일원이라는 행복한 착각에 빠질 수 있는 것이다.

한발 물러나 바라보면 우스꽝스러운 일이다. 예컨대 아랍어의 스쿤(자음)에 모음을 넣어 발음하는 중국인인지 일본인인지 모르는, 눈이 작은 사람이 스스로 완전히 아랍 사회의 일원이라고 생각하며 몸짓까지 흉내 내는 셈이다. 오랫동안 아랍 사회를 접해온 사람은 많든 적든 이런 우스꽝스러움을 몸에 지니고 있을 것이다. 그런 것이야 아무래도 상관없다. 길거리에서 호주머니에 넣어둔 해바라기 씨를 하나씩 물고 껍데기를 뱉어가면서 아랍어로 이야기를 나누는 동안 흙먼지 바람, 빵

냄새, 옥수수 굽는 연기, 누군가를 부르는 소리나 자동차 경적 소리를 듣다보면 자신이 일본인이라는 것 따위는 케밥 샌드위치를 싸고 있던 포장지처럼 구겨진 채 바람에 실려 날아가 버린다.

필자의 경우, 우스꽝스러움은 그것에 그치지 않았다. 이스라엘 사회에 들어가면 새삼 내 안의 '아랍'을 자각했다. 긴장감이나 적대의식, 냉소나 조롱 등 '아랍'이라는 말에 독특한 의미를 부여하는 이스라엘에서 자신이 아랍인인 듯 착각한 적이 얼마나 많았던가. 이러한 착각은 유대인과 어떻게든 좋은 관계를 유지하려는 데만 몰두하여 유대인과 교제하느라 바쁜 아랍인들이 자신을 상대하지 않는다는 것을 깨닫게 되면 간단히 느낄 수 있는 것이다. 그렇다. 아랍 사회에서 완전히 아랍인이 되어 정체성마저 잃어버릴 지경까지 이르지 않았던 것은, 호기심에 가득 찬 시선이 사방에서 날아들기 때문이었다. 각지에서 온 이민자나 외국인 노동자가 모이는 이스라엘에서는 일본인이라는 것 때문에 특별히 주목을 받는 경우가 훨씬 적고, 그 해방감과 함께 때로는 쓸쓸함을 느끼는 가운데 자신이 아랍인인 것 같은 착각은 커지게 된다. 그러나 그것에 부응해주는 곳은 좀처럼 없었다.

어쨌든 내가 중립적인 시각에서 이스라엘 사회를 관찰한다는 것은 처음부터 불가능한 일이었다. 나는 아랍 사회에 대한 애증을 안고 이스라엘로 들어가 주로 이스라엘 안의 아랍 사회에서 생활하고 친구를 사귀었다. 유대인들은 오히려 나를 그들의 일원으로 간주하곤 했지만, 일단 아랍어를 할 줄 안다는 것을 알자마자 경계나 반감, 조소의 대상이 되는 일도 있었다. 아무리 '좋은 사람'이라고 해도 아랍을 멸시하는 마음을 느끼게 되면 마음을 열 수 없었으며, 내가 아랍인이 아니기 때문에 그들을 믿지 못하는 이유가 제대로 전달되지 않아 거리를 두는 방식이 어려워지는 일도 있었다.

그렇다면 나는 이스라엘 아랍인의 좋은 친구일 수 있을까?

점령지 팔레스타인 사람이나 인접한 여러 나라에서 난민으로 살아가는 팔레스타인 사람과 사귀는 것과 달리 이스라엘의 아랍인과 사귄다는 것은 도전적인 경험이었다. 스스로 '민주주의 국가'에 살고 있다는 의식을 가지고 아랍의 여러 나라에 대한 경제적인 우월감을 풍기면서 다른 아랍인에 대해 말하는 그들의 이야기를 듣는 것은 괴로운 일이었다. 역으로 이스라엘 사회에서 자신들이 주변화된 채 차별당하고 있다고 강조하지만, 점령지의 상황에는 눈을 감고 있는 경우가 많아 속상한 일도 많았다.

이러한 분단을 초래하고 있는 것이 다름 아닌 이스라엘이라는 사실을 의식하면 할수록, 그렇다면 그 이스라엘 사회에서 어떻게든 살아남아보자는 아랍인들에게 무슨 말을 해야 좋을지 몰랐다. 이스라엘의 점령 정책이나 국내 아랍인의 융화책에 성공하고 있는 이스라엘의 모습을 비판적으로 파악하면서 이래서는 안 된다고 생각하는 것은 그 안에서 씩씩하게 살아가려는 아랍인을 부정하는 일일까? 어떤 태도에서 그런 것이 가능한 것일까? 이스라엘의 어떤 모습을 결코 긍정하지 않으면서, 다른 아랍인에 대한 우월감에 스스로 위로하며 이스라엘 안에서 자기 긍정감을 얻으려고 필사적으로 살아가는 아랍인 사회를 '이해'한다는 것은 대체 어떤 것일까? 솔직하게 말할 수밖에 없지만 나 자신이 아랍 여러 나라의 민중이 느끼는 이스라엘에 대한 감정을 몸으로 느끼고 있는 것, 이성적으로는 거리를 두면서도 이스라엘 안에 사는 아랍인에 대한 짜증이나 편견이 내 안에도 있다는 것을 자각하는 것은 괴로웠다.

한편 이스라엘로부터 경제적인 혜택은커녕 오히려 가혹한 처사를 당하고 있다고밖에 생각할 수 없는 점령지의 팔레스타인 사람들이나 이스라엘 국내의 무허가촌 사람들이 종종 보이는 유대인에 대한 호의나 어떻게든 그들을 이해하려고 하는 자세를 접하고 퍼뜩 정신을 차리게 되는 일도 있었다. 그들은 유대인을 미워하는 것이 아니라 이스라엘의 점령 정책, 또는 인종차별이나 시온주의를 문제 삼고 있을 뿐이다. 또한 아랍인 남성과 결혼한 점령지 출신의 팔레스타인 여성이나 아랍 사회에서 태어나 해외에서 이스라엘의 아랍인과 만나 결혼하고 현재 이스라엘의 대학을 다니는 아랍 여성을 만난 것도 큰 힘이 되었다. 그녀들은 어떤 생각으로 문화적·사회적 장벽을 넘어선 것일까? 그들은 나고 자란 사회와의 다양한 차이에 직면하면서, 게다가 유아의 자유로운 뇌가 아니라 굳어지기 시작한 어른의 뇌로 '적'의 말을 익히고 그들의 사회 규범에 적응하며 그 안에서 자립하려 하고 있는 것이다. 달리 선택지가 없다고 하더라도 그러한 상황을 받아들이며 살아갈 수 있는 능력은 어디서 나오는 것일까?

'공존'이라는 달콤한 말은 쉽게 사용하기가 힘들다. 어쨌든 팔레스타인 사람과 아랍 사람은 여전히 이스라엘의 유대인들과 함께 살아갈 뜻이 있다. 그 압도적인 사실의 중요성에 비해 트집만 잡고 있는 듯한 나의 짜증은 아무런 도움이 되지 않는다. 이러한 생각에 머리가 복잡해져 마음고생을 하며 시간을 허비하다가도 또 다른 상황에 처하면 같은 질문을 던지면서 이런저런 생각에 괴로워하는 것이다.

　이러한 나의 혼란이 개인적인 탓도 있지만 아랍 여러 나라에서 겪은 경험에서 온 것이라고 이해한다면, 이는 이스라엘이 만들어낸 아랍의 분열책과도 관련되어 있을 것이다. 그러나 문제는 이스라엘에만 있는 것이 아니다. 여전히 점령을 계속하며 이 지역의 불안 요인을 낳고 있는 이스라엘의 문제는 말할 것도 없고, 동시에 자신들의 사회도 변하지 않으면 안 된다고 생각하면서 이스라엘의 유대 사회로부터도 배워야 할 것은 배우려고 하는 아랍인들도 있다. 유대인들은 대체 팔레스타인, 아랍인들로부터 무엇을 배우는 것일까?

　이 책은 잡지《임팩션》에 비정기적으로 연재했던 글을 엮은 것이다. 주제를 정하지 않고 마구잡이로 쓰면 독자들이 혼란스러워할까 봐 주제를 정하고 그에 맞춰 글을 쓴 것은 산만한 나에게 좋은 훈련이 되었다. 나의 주된 관심사는 이스라엘의 아랍 사회였다. 그들의 처지를 규정할 뿐 아니라, 그들의 삶을 좌우하는 이스라엘이라는 나라와 사회에 대해 스스로 더 알고자 하는 마음에 그와 관련된 주제를 선택했다. 연재할 때는 이스라엘에 머물며 보고 들은 개인적인 체험에 바탕을 둔 것이기는 해도 가급적 이스라엘 사회·문화론도 될 수 있는 글을 쓸 작정이었다. 그래서 '점령 국가 이스라엘의 일상과 비일상'이라는 제목으로 2004년 7월부터 2006년 10월까지 연재한 것이다.

이 책을 쓸 때는 연재할 때 다 쓰지 못했던 내용을 보충하고 잘못된 점을 수정했다. 잡지에 실을 글을 쓸 때는 이스라엘에 머물고 있었기 때문에, 현지에서 인용할 수 없던 자료를 참고하면서 다소 보충했고, 흐릿한 기억에 의존해서 썼던 부분은 고쳤다. 당시에는 충분하다 생각했지만 뜻을 제대로 전달하지 못한 부분도 고쳐 썼다. 또한 이스라엘에 있을 때는 설명할 필요를 느끼지 않았던 것도 일반 독자가 다소 이해하기 어려울 수 있다는 걸 깨닫고 각주를 달았다.

한편 본문에 등장하는 아랍인이나 유대인의 이름은 유명인이거나 인터넷 검색으로 알 수 있는 사람을 제외하고 모두 가명을 썼다. 책에 실린 사진에 대해서는 모두 당사자의 승낙을 얻었다. 이 책에 사용하지 못해 안타까운 사진도 많다. 또한 연재를 시작할 때는 이스라엘에 있었기 때문에 가명을 썼지만 책으로 낼 때는 실명으로 바꾼 경우도 있다.

여러 사정이 있기도 했지만, 자신이 쓴 글을 읽는 것에 대한 부끄러움 때문에 출간이 많이 늦어졌다. 관계자들에게 폐를 끼치게 된 점에 대해 사과의 말씀을 드린다. 일본에 있으면 왠지 다른 사람과 관계를 맺는 일에 서툴다고 느낄 때가 많다. 하지만 타인과 접점을 만듦으로써 문제를 공유할 수 있는 영역을 넓히려는 노력을 멈춰서는 안 된다. 그것을 위한 하나의 통로가 이 책일 것이다.

2008년 5월
다나미 아오에

세상이 이러면 안 된다

이 책의 주요 관심사는 부재자로서 존재하는 이스라엘의 아랍 사회다. 저자는 이스라엘 안에서 아랍인으로 살아가는 그들의 처지를 규정하고 그들의 삶을 좌우하는 이스라엘이라는 나라와 사회에 대해 알고 싶다는 마음에서 시작했다. 이에 따라 시리아에서의 경험을 통해 아랍 사회에 대한 애증을 안고 이스라엘로 들어가 주로 이스라엘 안의 아랍 사회에서 생활하며 이스라엘을 관찰했다. 꼭 그래서는 아니겠지만 저자는 중립적인 시각에서 이스라엘 사회를 관찰한다는 것은 처음부터 불가능한 일이라고 밝힌다. 이스라엘을 서아시아에서 유일한 민주주의 국가라거나 유일하게 서구 사회와 가치를 공유하는 사회라고 말하는 시각의 허구성이 이스라엘이라는 나라의 존재 자체에서 극명하게 드러난다고 보기 때문이다. 그것은 이 시대에 어떻게 인종차별이 버젓이 통용되는지, 자유나 민주주의를 사랑한다는 시온주의자들이 왜 그것을 버리지 못하는지에 대한 물음으로 이어진다.

그런데 일본인인 저자는 이스라엘 사회를 비판적으로 이해하려고 하면 거기에 일본의 모습이 투영될 수밖에 없다고 말한다. 왜냐하면 주변 지역과의 관계나 미국과의 동맹을 생각할 때마다 일본이 이스라엘과 무척 비슷하다는 것을 깨닫게 되기 때문이다. 현재 점령지를 갖고 있는 것은 아니지만 예전에 식민지 지배를 했고 아시아에 근대화를 가져오겠다는 논리와 군사 지배를 양립시키려 한 것은 뒤처진 동방의 땅에 유대인 국가를 세움으로써 야만에 대한 문화 전초기지로서의 임무를 수행하려 한다는 이스라엘의 꿈과 겹쳐 보이기 때문이다. 일본 사회를 알고 있기 때문에 이스라엘의 모습이 뚜렷이 보이고, 또 일본을 더 잘 알기 위해 이스라엘로부터 역으로 일본을 조명해보려는 것이다.

우리에게는 이스라엘의 아랍 사회라는 내부 식민지의 이야기는 별로 들려오지 않는다. 이스라엘 혹은 팔레스타인이 화제가 될 때는 늘 외부의 감옥 가자지구에 대한 소식이 있을 때뿐이다. 그것도 서방을 통해. 바다까지 높은 콘크리트 벽으로 봉쇄된 가자지구에 갇혀 사는 180만 명의 사람들. 물리적·경제적으로 봉쇄된 이곳에서는 지난 두 달 사이 2,000명이 넘는 사람들이 이스라엘의 폭격으로 사망했다. 잘은 몰라도 경제 봉쇄의 유일한 숨통인 땅굴을 파괴함으로써 하마스 정파가 집권한 팔레스타인 정부를 무너뜨리겠다는 의도에서일 것이다. 쫓아낸 것도 모자라 끔찍한 살육까지 마다하지 않는다. 이스라엘 정부에 세금을 내며 살고 있는 이스라엘의 아랍 사회는 5백 명이 넘는 어린이까지 살육하는 정부를 어떤 심정으로 바라보고 있을까? 아랍 사회 내부에서는 또 생존을 위해 얼마나 많은 사람들이 자기 파괴적인 분열을 겪고 있을까? 가자지구의 무력한 저항에 폭력의 레테르를 붙이며 평화를 사랑하는 아랍을 보여주는 일에 내몰리기도 할 것이고, 때리는 시어머니보다 말리는 시누이가 더 밉다며 차라리 시어머니 편을 드는 며느리도 있을 것이다.

엊그제 신문에는 이스라엘의 텔아비브에서 무슬림 신랑과 유대인 신부가, 이스라엘 극우 세력이 "아랍인에게 죽음을"이라고 외치며 살해하겠다고 협박하는 가운데 결혼식을 올렸다는 기사와 함께 가족과 친구들의 축하를 받으며 춤을 추고 있는 사진이 실려 있었다. 그리고 몇 시간 지나지 않아 지난 며칠간의 휴전이 깨지고 다시 이스라엘이 공습을 재개하여 하마스 지도자가 사망하고 두 살짜리 여자아이를 포함한 10여 명이 사망했다는 기사가 올라왔다. 결코 익숙해져선 안 되는 일인데도 워낙 되풀이되는 광경이라 날짜를 지우고 보면 도대체 언제 기사인지조차 판별할 수 없다. 세상이 이러면 안 된다.

아마도 우리는 미국이 주도하는 평화 교섭으로는 이스라엘-팔레스타인 문제가 결코 해결될 수 없을 것이고 국제적인 압력을 중심으로 이스라엘이라는 나라가 변해야만 진정한 해결이 가능할 것이라는 저자의 주장에 동의하지 않을 수 없을 것이다. 하지만 갈등과 폭력은 분노만 남기며 악순환될 뿐이라는 말만 되풀이하는 것도 지금은 무책임하게 들린다. 오히려 제대로 된 분노만이 사태를 수습할 수 있는 길이라 믿는다. 그러니 무엇보다 이스라엘의 공습에 분노한다. 그러면 안 된다.

2014년 8월 21일

옮긴이

부재不在와 현존現存,
혹은 부재하는 것들의 현전現前 속에서

- 문부식(《말과활》 기획주간)

수난을 당한 사람들의 불완전한 후손들은 집에서 살지 않는다. 그들은 요새 안에서 산다.

　- 지그문트 바우만

어떤 민족에게는 무지가 적절한 정치적 전략이 될 수 없다, 그리고 그렇기 때문에 각자는 자신만의 방법으로 금지된 '타자'를 이해하고 알아야 한다.

　- 다니엘 바렌보임

1.

'부재'의 사전적 의미는 '그곳에 있지 아니함'이다. 모든 부재에는 마땅히 사연이 뒤따른다. 그곳에 있던 것이, 혹은 있어야 하는 것이 지금 존재하지 않는 데는 저마다 이유가 있을 것이다. 문제는 그 이유가, 모호한 것이든 분명한 것이든, 자발적인 것이 아니라 강요된 것일 경우다. 한걸음 더 나아가, 엄연히 '그곳에 있음'에도 존재하지 않는 것으로 간주되거나 그렇게 되도록 설정된 경우라면 어떡할 텐가. 존재하지만 '비존재'가 되어야 하는 존재라는 말을 어떻게 설명할 수 있을까. 다르게 말하여, 부재라는 방식으로만 이 세계에 존재할 수 있도록 강제된 존재가 있다면 우리는 그 존재(들)의 의미를 어떻게 이해해야 하는 것일까.

"이스라엘, 나는 지금도 어렴풋이 망설이지 않고 이 이름을 입에 담을 수 없다"라는 말로 시작하는 책, 다나미 아오에의 『이스라엘에는 누가 사는가』는 바로 위의 물음에 대한 이해를 찾아가는 도정의 기록이다. 고백하건대 지금도 나는 책의 첫 문장을 보았을 때 흔들리던 감정의 움직임을 희미하게나마 기억하고 있다. 누군가 입을 열어 이스라엘이라는 국가의 이름을 발음하려 하고 있다. 그런데 그녀는 왜 주저함을 감추지 못하는 걸까. 그것은 이 국가가 드러내 보여주는 압도적인 현존 때문만은 아닐 것이라 생각했다. 이 글을 시작한 지금, 지난 7월초 시작된 이스라엘의 가자 점령지구를 겨냥한 폭격이 한창이다. 그렇다면 나는 여기에다, 군사력은 궁극적으로 타자의 부재를 겨냥한다고 써넣으면 될 것인가.

이 책에는 로켓포의 폭발음도 피 냄새도 등장하지 않는다. 저자가 의도적으로 전쟁의 참혹이나 군사적 점령 같은 문제를 회피하고 있는 것은 아니다. 오히려 정반대다. 이스라엘과 팔레스타인 분쟁이 가져오는 파괴적 결과와 처참한 현실에 대해 우리는 초국적 미디어가 날라다주는 정보를 통해 어느 정도 알고 있다(고 생각한다). 나아가 그간 소개된 국제정치 관련 지식을 근거로 이 분쟁이 일방적인 이스라엘 건국에서 비롯되었고, 너무도 명백한 힘의 비대칭성을 보더라도 점령지 난민 캠프를 향해 퍼붓는 이스라엘의 가차 없는 군사 공격은 부당하다는 판단을 내리기도 한다.

여기까지다. 사람들은 흔히 광폭한 전장과 평화로운 일상을 분리해서 사고하거나 이 둘을 대비시키며 후자를 향수한다. 두 가지 대응 방식이 여기서 도출될 것이다. 전쟁 또는 전장은 그저 부조리한 것이거나 이해할 수 없는 것으로 생각되어 식상해지는 순간 가능한 멀어지려는 것이 하나이고, 다른 하나는 어떻게든 개입하여 부당함을 고발하고 약자와 '연대'하려는 것이다(이러한 윤리적 태도는 그 자체로 훌륭하지만, 전장을 비정상적이거나 예외적 상황으로 떼어놓을 때 거기에 개입하는 행위 역시 예외적인 것으로 한정되는 경우가 대부분이다). 그런데 전장과 일상을 분리시키는 그러한 인식이야말로 전장의 폭력을 저지시키지 못할뿐더러, 나아가 그것을 가능하게 하는 본질적인 부조리를 방치하는 결과를 가져온다면 어찌할 것인가.

이 빼어난 한 권의 르포르타주가 말하려는 것은, 다름 아닌 중근동의 작은 영토를 비극의 전장으로 만들어버린 군사적 폭력이 유대국가 이스라엘의 존재 양식, 그것이 만들어내는 일상세계와 결코 동떨어진 것이 아니라는 사실이다. 『전장의 기억』의 저자 도미야마 이치로의 말처럼, 전장으로 나아가는 과정은 지극히 당연하다고 간주되는 일상세계에서 시작된다. 그것은 일상생활과 동떨어진 광기가 아니며, 바로 나날의 진부한 삶 속에 준비되어 있던 것이다. 이것을 몰각한다면 우리는 어쩌면 이스라엘에 대해, 이 시오니즘 국가의 현존에 의해 부재하는 존재가 되어버린 존재(들)의 존재하려는 몸부림에 대해 아무것도 모르는 것이 될 수 있다면 지나친 말이 될까.

2.

내가 이 책을 일본의 지인을 통해 접한 것은 2003년 봄 짧은 이스라엘 여행을 한 뒤로부터도 한참이 지난 뒤였다. 2003년의 봄(3-4월)은 미국과 영국이 중심이 된 소위 연합군이 이라크에 무차별 공습을 퍼부을 때였다. 2001년 9·11 이후 즉시 대테러 전쟁을 선포하고 아프가니스탄을 공격한 데 이어서, 이듬해 북한·이라크·이란을 '악의 축'으로 규정하면서 연속적으로 감행한 전쟁이었다. 이라크로 들어갈 수 있는 타이밍을 놓친 나는 문득 이스라엘-팔레스타인부터 우선 가보자는 생각을 했다. 거기서부터 출발해야 하는 분명한 이유를 알고 있었던 것도 아닌, 막연한 생각에서 시작된 여행이었다.

당시 나의 머릿속은 조 사코의 만화 저널리즘(『팔레스타인』)이 재현해 낸 점령지 팔레스타인의 이미지들로 채워져 있었다. 텔아비브를 통해 들어가 요르단 국경을 통해 그곳을 빠져나왔던 길지 않은 여행에서 내가 무엇을 보고 듣고 경험하고 확인했던 것인지 지금의 나는 또렷이 기억해낼 수도, 설명할 능력도 없다. 그 나라(어떤 나라? 군사적 억압으로 현존을 유지하는 유대인들의 나라 이스라엘? 아니면 노여움이 깃든, 혹은 그것을 내면에 깊이 감춘 팔레스타인들의 산산조각 난 나라?)를 떠나면서 간직하고자 했던 한 가지 생각은 여전히 남아 있다. 내가 이곳을 다시 찾아야 하거나 사유해야 한다면, 그것은 점령이 가져온 비참과 전장의 참혹에서부터가 아니라 그것을 지속시키는 이스라엘이라는 국가의 존재 양식과 일상세계를 이해하는 것으로부터 재차 시도되어야 한다는 사실이었다. 시간의 두께가 느껴지는 『이스라엘에는 누가 사는가』는 그러한 희미한 문제의식을 재확인시켜 주는 책이었고, 이 실감나는 보고서를 통해 나는 실체를 얻지 못했던 의문들에 대한 답을 조금씩 구해갈 수 있는 이해의 실마리를 얻은 기분이었다.

　이 글은 그런 의미에서 일종의 추追체험이라고도 할 수 있다. 이를테면 이런 것이다. 그녀가 "이스라엘이라는 이름뿐 아니라 그 안에 있는 히브리어로 된 많은 지명도 추상적이고 딱딱한 느낌"이라고 말할 때 나는 그 느낌과 감각이 무엇인지 조금은 알 수 있을 것 같다고 생각했다. 멀리 떨어져 있지 않은 이라크가 온갖 첨단 살상무기들의 실험장이 되고 있던 정황 탓이었는지 모르지만, 텔아비브의 벤구리온 공항의 검색과 심문 과정을 거치면서부터 나는 나의 여행 경로가 애초의 상상과는 달라질 것이라 예감했다. 외부의 타자가 자신들의 영토로 들어서는 것에 대해 이토록 신경증적인 반응을 보이고 긴장과 불안을 노골적으로 드러내는 사회가 또 있을까. 9·11 이후의 미국이 비슷할 것이라고 말할 수 있겠다. 하지만 국민국가의 방어기제를 전시戰時화하는 것이 예외상황이 아니라 그 자체가 정상적 상황으로 간주되고 그것이 일상이 되어버린 경우라면 어떤가. 외부 세계에 대해 미국식 예외주의를 작동시키는 방식이나, 일반적 폐쇄 사회와 그것이 얼마나 어떻게 다른지 여기서 설명하지는 못하겠다. 군대의 규율이 체화된 여성 검색대원의 눈빛과 신문하는 말투. 예루살렘의 번화가 벤야후다 거리를 총을 든 채 활보하는 젊은이들. 스스로 무장할 권리를 과시할 뿐 아니라 초소 앞에 아침저녁으로 검열을 통과하기 위해 줄을 선 팔레스타인-아랍인들에게 매순간의 굴욕을 안겨주는 태연한 눈빛을 보면서 나의 관심은 점령당한 팔레스타인 쪽이 아니라 이스라엘이라는 '요새국가' 쪽으로 옮겨가고 있었다.

앞서 첫 절에서 전장과 일상을 분리해서는 안 되며 일상의 진부한 삶이 전장으로 나아가는 과정을 주목해야 한다고 썼지만, 이스라엘만큼 일상과 전장이 가까이 있고 근원적으로 상호보완적이고 연계되어 있는 경우는 없을 것이라 해도 좋을 것이다. 전쟁은 끔찍하다. 그러나 전장과 일상이 구분되지 않는, 다시 말하여 일상이 전장의 양식에 속박되어 있는 사회는 더 끔찍하다. 폭탄이 터지고 총알이 날아다니는 전장에서도 연민은 생겨나고 '적'을 동정할 수도 있다. 하지만 사람들의 의식과 무의식, 일상적 삶이 전장으로 무장된 공간에선 인간의 고통에 대한 공감의 풀 한 포기 돋아나지 않는다. 그런데 이렇게 말하는 것으론 충분치 않다. 중요한 것은 전장을 닮아가는 일상에 대한 서술이 아니라, 일상이 어떻게 전장을, 그것에 수반되는 군사적 폭력을 정당화하고 있는가 또는 내면화하고 있는가에 대한 접근이다. 그것은 저자가 이 책의 곳곳에서 던지는 질문, 유대인 혹은 아랍인이 아니면서도 이스라엘에서 정착이 가능하고 안락한 삶이 보장되는 사람들이 눈앞에 전개되는 비참과 모순을 보면서도 "어떻게 이 도시에서 태연한 얼굴로 살 수 있는 것일까"라는 물음과도 맞닿아 있다.

책은 「애국심 넘치는 이스라엘의 봄」이란 제목의 첫 장으로 시작한다. 1장의 '국기와 기념일의 정치'라는 부제처럼, 저자는 유대교의 축제인 페사하(유월절), 건국(독립)기념일 등의 풍경을 전한다. 그녀가 방문하는 곳은 자신이 유학하고 있는 하이파라는 도시에 살고 있는 '자유로운(교양 있는) 중류층' 가정이다. 거기서 그녀는 독립기념일에 약간은 들떠 있는 가족들이 한가하고 단란하게 환담을 나누는 모습을 보면서 그들이 기념하려는 그날이 바로 팔레스타인 사람들이 기약도 없이(에드워드 사이드의 표현에 따르면, 다시 찾을 수 있다는 일말의 희망도 없이) 고향을 상실하고 난민으로 시작하게 된 날이라는 '기억'이 완전히 지워져버리는 것을 실감하게 된다. 그러면 대체 이러한 망각과 삭제는 어떤 기제의 작동에 의해 이루어지게 되는 것일까.

저자처럼 이스라엘 유대인의 일상 속에 접근할 수 없었던 나는 여행 도중 예루살렘 도심 인근의 이쉬부 아담이란 지명의 유대인 정착촌을 들렀던 적이 있다. 바위산 허리에 세워진 외계인의 진지 같은 위용을 지닌 주택단지는 사방에 완강한 울타리가 쳐져 있고 감시탑이 세워져 있었다. 울타리 내부에 있다가 입구에서 사진을 찍으려는 나를 보자 달려 나온 한 중년의 여성은 막무가내로 소리를 지르며 내게 꺼지라고 외치는 것이었다. 그러한 그녀의 표정에는, 당연하다 하겠지만, 일말의 미안함 같은 것은 담겨 있지 않았다. 비록 언어로 이해하진 못했지만, 크고 당당하던 그 목소리 깊숙한 곳에는 자신의 일상이 위협받을지도 모른다는 피해의식이, 그러므로 자신의 행위는 정당한 자기 방어의 실천이라는 확신이 자리 잡고 있음이 분명했다. 돌아서 나오면서 나는 그곳을 뒤돌아보았다. 그러면서 생각했다. 그녀가 걸어 들어가고 있는 곳은 '집'이 아니라 '요새'라고. 그녀는 아마도 어떤 위협으로부터 자신들의 요새를 지켰음을 대견해 했으리라. 그렇다면 대체 무엇으로부터 포위된?

3.

좁은 국토에 그어진 수많은 경계와 장벽과 검문소에는 거의 어김없이 이스라엘 국기가 펄럭이고 있었다. 흰색 천에 푸른색 '다윗의 별'이 그 국기(저자가 '속악'하다고 표현하고, 또 일본 국기 히노마루와 비교하기도 했던)는 다름 아닌 나치의 유대인 말살 정책에 따라 게토나 '죽음의 수용소'로 들어갈 때 가슴이나 팔에 부착해야 했던 표식이었다. 그 모멸과 비극의 기호가 새겨진 국기 아래 이제는 젊은 이스라엘 군인들이 생계를 위해 매일같이 경계를 오가야 하는 팔레스타인 사람들을 한 줄로 세워놓고 검문하고 있었다. '단지 팔레스타인-아랍인이라는 이유로' 모욕을 참으며 순서를 기다리고 있는 사람들, 통행증이 없다는 이유로 거절당하여 길바닥에 주저앉아 울먹이는 젊은 여성. 절박한 인간의 발걸음을 돌려세우는 유대 청년들은 혹시라도 자신들이 게토와 수용소의 입구에서 그들의 부모를 모멸하던 독일 병사들과 닮아 있다는 생각은 하지 못하는 것일까.

예루살렘 남서쪽 헤르츨 산언덕에 있는 야드 바셈. 나치 독일에 의해 희생된 600만 유대인의 희생을 기리는 추모탑과 홀로코스트의 참상을 전시한 역사박물관이 있는 그곳을 돌아보면 방금 전의 의문은 그다지 어렵지 않게 답을 구할 수 있다. 그곳에 전시된, 나치즘에 의해 자행된 유대인 수난의 엄청난 증거물들은 한마디로 그들(유대인들)만이 역사의 희생자들이며, 그리하여 기억을 배타적으로 독점하는 것을 정당화하기 위해 그 자리에 놓여 있음이 분명했다. 전시관의 배치도는 수난사가 종국적으로는 건국사로 귀결되도록 정확하게 계산되어 있으며 그에 따라 이미지와 기록들 역시 '위생처리' 되어(유대인 '회색 지대'가 지워진) 선별된 것들이었다. 그곳은 개별적이고도(밝혀진 개인 신상과 기록에도 불구하고) 구체적인 인간의 비극에 공감하는 장소가 아니었다. 다른 말로 하면 그곳은 나치즘에 의한 홀로코스트의 비극적 경험을 근대 인간 조건의 보편적 문제로 사유하게 하는 곳이 아니었다. 만일 그랬다면 그곳을 관람하고 나온 이스라엘 젊은이들이 목전에서 자신들의 국가가 다른 인간 집단에게 가하는 폭력을 그렇게 쉽게 용인할 수 없게 될 것이다. 전시관을 한 바퀴 돌고나면 개인으로서 유대인은 유대국가의 일원으로 거듭나게 된다. 집단으로서 유대 민족은 인류의 비극과 고통을 짊어져야 했던 순결한 희생양이며, 자신은 한 사람의 유전적 '신성한 피해자'들의 공동체에 속해 있다는 의식을 가지게 됨으로써 비로소 온전한 이스라엘 국민(내셔널한 기억의 주체)으로 탄생하는 것이다.

이 책의 독자들은 말미에 자료로 실려 있는 '이스라엘 독립선언서'를 흥미롭게 들여다볼 필요가 있다고 생각한다. 여기에는 "유럽에서 벌어진 수백만 명의 유대인에 대한 학살은 이스라엘을 유대국가로 재정립해야 하는 것이 얼마나 긴급한 일인지를 보여준 또 다른 사건으로, 이는 모든 유대인들에게 고향을 제공하고 그들을 국가라는 공동체의 특권을 지닌 구성원으로 만들 수 있는 기회"라고 선언하면서 이를 위해 유엔총회(1947년)가 자신들(유대인들)에게 "필요한 모든 수단을 취하도록" 권리를 보장했다고 명기하고 있다. 홀로코스트가 유대인들만이 치른 비극이 아니었다는 역사적 사실은 여기서 하등의 중요성도 갖지 못한다. 그것은 집단으로서 유대인만이 가질 수 있는 고유한 소유물임과 동시에, '에레츠 이스라엘(이스라엘의 땅)'이라고 고대 문서(구약성서)에 명명된 곳에 실체로서 국민국가를 세울 수 있는 주권적 권력을 갖는 법적 근거로, 나아가서는 이 인위적 국가가 저지를지도 모르는 부당행위에 대한 선지급금으로 둔갑해 버린다.

폴란드 출신 유대계 사회학자 지그문트 바우만은 이러한 기억의 집단적 생산과 자기 등록과 자기동일시 행위를 통해 유대국가 국민으로서의 '유전적 피해자 집단(의식)'이 출현한다고 말했다. 바로 이것이 홀로코스트가 남긴 치명적 유산 중 하나다. 팔레스타인-아랍인들을 억압하는 오늘의 가해자들은 어제의 고통에 복수하면서 내일의 고통을 예방하고 있다는 확신 하에, 윤리가 자신들 편에 있다는 믿음 하에 행동하고 있는 것이다. 독립선언서에 나와 있는 "우리에게 행해지고 있는 학살의 한복판에서"라는 표현은 바로 자신들의 '피해'는 지금도 유전되는 것으로 이스라엘 국가가 아랍국가로부터 '포위된 요새'라는 설정을 위한 것이다. 그런데 이러한 유전적 희생자 의식은 상상에 근거한 것이다. 이 상상된 자식들, 자기 지명을 통해 구성된 후손들이 유대국가의 국민이라는 조작된 주체로 탄생한 것이다. 국가로서 이스라엘의 성립은 식민지로부터의 '독립'과 같은 사례와는 아무런 상관이 없으며, 오로지 이식移植으로만 가능한 인종주의 국가의 강제적 수립에 다름 아니다. 히틀러 나치의 유대인 학살이 저마다의 얼굴을 지닌 개개의 유대인들을 추상적인 유대인으로 범주화함으로써 가능했다면, 오늘날의 유대국가 국민들은 아랍인을 범주화함으로써 죄의식으로부터 벗어나려고 시도한다. 이제 '평범한 독일인'의 문제는 '평범한 유대인'의 문제가 되어버린다. 아니 그 이상이다. 자살테러가 발생했다는 소식을 듣자마자 팔레스타인 정원사를 쏜 사람도, 회교사원에 뛰어 들어가 기관총을 난사한 사람도 유대인 민간인이었다. 도덕적으로 타락하지도, 특별한 다른 편견도 없는 사람들도 목표가 된 범주의 인간 존재를 파괴하는데 얼마든지 정력적이고 헌신적으로 참여할 수 있다는 것을 보여주는 사례는 허다하다.

시온주의 세력은 배타적인 권리를 갖는 자신들의 국가 이스라엘을 팔레스타인 땅에 수립하기 위해 말 그대로 '필요한 모든 수단'을 다 사용했다. 1947년 유엔에서 팔레스타인 분할안이 채택되고 다음해 이스라엘 국가가 강행되지 않았다면 크게 네 차례에 걸친 중동전쟁이, 그리고 지금까지 이어지는 이 지역의 참화가 존재했을까. 이스라엘이 성립하기 위해서는 "팔레스타인 민족은 존재하지 않는다"는 골다 메이어의 발언이 실현되지 않으면 안 되었다. 존재하지 않았던 국가가 존재하기 위해서는 팔레스타인 땅에는 아무것도 없고, 또 없어야 했다. 군사적 점령과 분리장벽의 건설을 통해 팔레스타인은 추방되거나, 지워지는 존재가 되거나, 거대한 감옥에 갇혀야 했다. 하나의 상상된 국가가 조작되기 위해서는 게토나 아우슈비츠를 포함한 수용소들이, 그 이상의 무엇이 필요했던 것이다. 『이스라엘에는 누가 사는가』가 그간의 이스라엘-팔레스타인 보고서들과 확연히 구분되는 두드러진 장점은, 점령지의 비참이 아니라 유대인의 국가가 어떤 식으로 현존의 방식을 구축했는지, 존재하는 것들을 어떻게 비존재가 되게 하고 '공간의 유대(인)화'를 실현하는지, 그 속에서 어떤 문화적 폭력이 자행되는지를 생생하고 구체적으로 기술하고 있다는 점일 것이다.

　과거 한때 협동주의적 공동체의 모범적 모델(새마을운동이 극성을 부릴 무렵 그렇게 배웠던 것으로 기억한다)로, 심지어는 사회주의의 창조적 실험으로까지 여겨졌던 키부츠의 실상이 어떠한 것인지, 팔레스타인-아랍인이 살고 있던 땅에서 그들을 쫓아내고 그곳에 만든 키부츠에 쫓겨난 사람들을 다시 노동력으로 받아들여 유지한다는 기만적 실태뿐만 아니라, 이른바 입식지를 어떤 방식으로 만들어내고 그것을 확대해 가는지, 이와 동시에 팔레스타인 지명들이 지도 속에서 지워지고 무엇이 날조되고 있는지, 시온주의 계획들이 실현되는 과정이 세세히 그려진다. 그러한 국가 날조 과정의 모순이 집약적으로 드러나는 지점 가운데 하나가 '관광지화'다. 그것은 이스라엘다움의 역겨움과 천박함이 가장 잘 드러나는 지점이기도 하다. 저자의 지적처럼 관광화의 진행과 아랍의 부재화는 동시에 진행된다. 아랍인의 역사를 빼앗고, 그것을 관광지에서 오리엔탈 분위기를 제공해주는 안성맞춤의 타자로 둔갑시키고 종속시키는 힘. 그것은 팔레스타인 사람들의 신체에 일어났던 죽음의 기억을 박제화시켜 망각과의 싸움을 저지시키는 힘이기도 한 것이다. 이 모순과 기만의 땅 위에서 유대인 입식자들이 박자에 맞추어 춤(포크댄스!)을 춘다. 유대인 문화(그것이 얼마나 품위 없고 천박한 것이라 하더라도)를 생산하고 나날이 그것을 실천하고 문화의 족적(그것이 얼마나 허구적인 것이라 하더라도)을 계속해서 대지에 새겨 넣어야만 간신히 이 연극적 전시 공간이 유대적인 것으로 유지되는 것이다.

유대인 입식자들은 어떻게 그 땅에서 태연한 얼굴로 행복하게 살아 갈 수 있을까. 짧은 여행 동안 만난 이스라엘 평화운동가, 이 책에도 등장하는 '선택적 병역거부자' 등 현존하는 이스라엘과는 다른 존재 방식을 꿈꾸는 사람들도 물론 있다. 그 중에서도 생계를 위한 왕래조 차 거부하고 사막의 땅에서 물을 독점한 반인륜적적 조치에 대해 분 노하면서 어떻게든 비위생적인 물을 사용하는 팔레스타인 사람들을 돕기 위해 활동하는 한 연구자의 물기어린 눈은 '다른 이스라엘'이 불 가능하지만은 않다는 생각을 갖게 하기도 한다. 그럼에도 대부분의 이 스라엘-유대인들은 청결하고 근대적인 인공도시에서 '별일 없이' 살 아간다. '서구적' 민주주의 국가이고 동시에 유대국가라는 국시, 보편 주의적 가치와 민족(인종) 지상주의가 기묘하게 결합된 점령 국가의 거대한 무기의 숲 안에서 그들은 웃고 춤추고 때로는 불행한 이웃-아 랍인들을 동정하며 그럴듯하게 살아간다. 그들은 그들이며 우리-유대 인들은 그들과 다르다는 확신, 이것을 유지시켜주는 것이 일상세계와 문화의 힘이다. 일상의 안일함이 주는 부인의 힘은 대단히 완고하다. 어쩌면 그것이야말로 불공평한 평행이 지탱되고 그 속에서 사람들은 아무렇지도 않게 살아가는 법을 익힌다. 평화로운 일상은 경계 바깥에 만연한 폭력을 참조하면서 갱신되며 더욱 내부로 닫힌다. 눈앞에 존재 함에도 불구하고 사유 속에서 비가시화되는 존재들은 아무리 목소리 를 내더라도 존재 자체가 승인되지 않은 문맥에서 그들-아랍인들의 목소리는 노이즈(잡음)가 될 뿐이다. 여기까지 쓰다 보니 나 또한 그때 여행에서 들었던 소리덩어리 혹은 웅성거림 같은 것이 다시 떠오른다. 두터운 콘크리트 분리장벽 저쪽에 어린아이를 포함하여 팔레스타인 청년들이 노여운 표정으로 늘어서 있었다. 그러한 장면과 마주칠 때마다 야유하는 것 같은, 무언가를 향해 항의하는 것 같은 목소리들이 마치 스피커 안쪽에서 울리는 노이즈처럼 귀에 다가오는 것이었다. 그것은 다만 환청이었던 것일까.

4.

기도 시간을 알리는 회당과 사원의 종소리보다 앰뷸런스의 사이렌 소리가 더 익숙하다는 도시, 전방과 후방의 경계가 없이 하나로 통합된, 혹은 안과 바깥이 상호보완적으로 결합된 요새국가 이스라엘. 무장한 병사들 옆을 걸어가고, 길거리에서 가방을 열어 보이는 풍경이 반드시 낯설지만은 않은 나라에서 온 여행객이었지만, 내가 피자 조각을 입에 물고 있는 카페가 불과 얼마 전 '자살폭탄 테러'로 일가족 5명을 포함하여 29명이 사망했던 곳이라는 말을 들었을 때의 기분은 각별한 것이었다. 그 나라에 머물던 어느 날, 폭탄 테러가 발생했다는 소식을 듣고 네탄야라는 도시를 다녀온 적이 있다. 푸른 지중해 해안가의 인구 8만의 우아하고 호화스러운 해안 도시로 가는 길에는 예의 잿빛 풍경의 팔레스타인 난민 마을이 있었다. 다행히 표적이 된 '런런 카페' 안 사람들은 아무도 목숨을 잃지 않았다. 테러에 실패한 팔레스타인 청년 하나만 입구 길바닥에서 숨졌을 뿐.

누가 설명해주지 않아도 알 수 있을 것 같았다. 불결하고 비참한 팔레스타인-아랍인 지역과 부유한 정착촌, 모든 것을 가졌다고 믿는 사람들과 자신들은 아무것도 가진 것이 없다고 믿는 사람들 사이의 간극에서 절망적인 투신으로라도 현전하려는 몸부림은 비롯된다. 그리고 이 간극이 존재하는 한 '테러'는 끊이지 않고 일상 속으로 뛰어드는 현실이 될 것이다. 이것은 한마디로 존재를 부정당하는 존재들의 존재하려는 외침이자 치명적인 현전의 양식이다. 물론 부재를 강요당한 자들의 존재하려는 몸부림이 이처럼 극단적으로만 나타나지는 않는다. 저자는 이 책의 원제를 처음 '점령 국가 이스라엘의 일상과 비일상'에서 '부재자들의 이스라엘'로 바꿔달았다. 저자가 서두에서 소상히 설명하는 바대로, 부재자들이란 원래 그 자리에 있어야 하지만 실제로는 있지 않은 사람들을 가리킴과 동시에 그 자리에 있는데도 보이지 않는 존재가 된 사람들을 가리킨다. 전자는 원래 팔레스타인 땅에 살았지만 이스라엘이 건국함으로써 그곳에서 추방된 사람들이나 그 후손, 즉 난민이 된 사람들이고, 후자는 이스라엘이라는 나라로 변해버린 지역에 남아 다양한 사정을 거쳐 최종적으로 이스라엘 국적을 얻은 사람들이나 그 자손들이다. 후자인 이스라엘에 남은 아랍인의 절반 이상도 원래의 거주지를 잃은 '국내 난민'임은 물론이다.

『이스라엘에는 누가 사는가』가 주목하고 있는 것은 후자인 이스라엘 내부의 아랍인 사회다. 이들은 오히려 저항하는 점령지 팔레스타인 사람들보다 어떤 의미에선 더 비가시적인 존재들이라고도 할 수 있다. 유대국가 이스라엘 안에서 주변화됨으로써 주류 문화 안에서 보이지 않는 존재가 되어버린 이들은 어떻게든 생활의 상승을 꿈꾸며 인종적 멸시와 다양한 차별에도 불구하고 필사적으로 살아가는 사람들이다. 어쩌면 이것은 전형적인 식민지적 삶의 모습이다. 경제적 통합을 달성한 군사주의적 체제 하에서 자립 가능성이 봉쇄되어 있으므로 아랍어가 아닌 히브리어를 쓰며 유대인을 상대로 물건을 팔아야 하는 것처럼 유대인의 형편에 맞는 방식으로만 존재할 수밖에 없다. 이들은 이스라엘 유대인들과 함께 살아갈 용의가 있으며, 이스라엘로부터도 배울 것은 배우려는 사람들이다. 이들의 한쪽으로는 보수적인 아랍 사회(나 국가)가 있고, 다른 한쪽에는 자유로워 보이는 세속적인 유대인 사회가 있다. 이들이 아랍 사회에 대한 자기비판 의식을 가질 수 있는 것은 일정 부분 이스라엘 사회의 영향으로 다양한 시점이 도입됨으로써 그들에게 보이는 세계가 확대된 것과 관련이 있을 것이다. 저자는 점령지의 현실을 떠올리면서 이스라엘 사회에 적응하면서 씩씩하게 살아가는 사람들에 대해 짜증과 편견을 갖게 되는 자신을 회의하기도 한다. 이들 내부 아랍인들은 가자지구에 발이 묶인 채 오로지 기다리기만 하며 아무 할 일 없이 살아가는 희망 없는 인생들과도 다르며, 더럽고 추한 난민촌에 절망적일 정도로 밀집하여 거주하고 있으며 그날그날의 잿빛 삶 속에 갇혀 있지도 않다. 그들은 주로는 어쩔 수 없이 주어진 현실에서 공존의 알리바이를 찾고 이스라엘의 주류 문화 안으로 동화되기를 바라기도 하지만(실상은 불가능하다 할지라도), 혼미함 속에서도 때로는 길들여지지 않는 정신으로 점령지 팔레스타인 사람들과 공감하고 연대를 시도하기도 한다.

저자는 이스라엘 국가의 존재 방식을 바꿔나가는 것은 결국 "이스라엘 사회에 살고 있는 사람들, 특히 다수자인 유대인 자신일 수밖에 없다"고 쓰는가 하면(35쪽), 자신들도 변하지 않으면 안 된다고 생각하면서 이스라엘이라는 거울에 자신을 비추는 아랍인에 비해 도대체 유대인들은 팔레스타인-아랍인들로부터 무엇을 배우려 하며 그럴 생각이나 가질 수 있는지를 회의하기도 한다. 팽팽하고도 비극적인 평행선이 유지되고 있는 완강한 현실 속에서 희망을 잉태하는 역설은 어디에서 어떻게 생겨날 수 있을까. 이 책에 경솔한 낙관은 어디에도 눈에 띄지 않는다. "오로지 희망 없는 자들을 위해 우리에게 희망이 주어져 있다"는 벤야민의 역설을 상기시키듯, 저자는 이스라엘 국가의 주류 이데올로기를 의심하지 않는 사람들의 눈으로 보면 단지 부재자들에게 불과한 존재들일지 몰라도 "그 눈부신 빛과 적외선 안에서 나는 오히려 이스라엘 '부재자'들의 흘러넘칠 것만 같은 존재감에 압도되어 있었다"는 말을 남겨두고 있다. 세계 4위의 군사력으로 기껏해야 허리에 폭탄을 두르고 제 목숨을 무기 삼아 저항하는 팔레스타인을 시도 때도 없이 공격하는 맹목적 폭력이 난무하는 나라, 유대인 지역의 피자가게 하나가 부서지면 어김없이 그보다 많은 수의 팔레스타인 마을과 집들이 무너져 내려야 하는 땅에 살면서도 "우리는 여전히 희망이란 이름의 불치병을 앓고 있습니다"라는 마흐무드 다르위시[1]의 역설을 닮은.

이라크전의 영향 탓인지 평화주의자를 자처하는 사람들조차 말하기를 주저하는 모습을 보면서 암담해지는 중에도, 희망은 꾸밈 없는 말 속에 울려나던 떨림과 눈물을 닮은 것이라고 생각했던 나는 저자의 이 말과 만나면서 다시금 부재하는 존재들의 현전을 재사유하고 싶다는 의욕을 갖게 되었다. '다른 사회란 무엇인가. 왜, 어떻게 알려고 하는가?'라는 물음으로 되돌아갈 때 우리는 다시금 압도적인 이해 불가능성 앞에 놓이겠지만, 자신의 인식 기반을 근저에서부터 의심하는 자세를 포기하지 않는다면 우리에게도 나르시시즘을 넘어 절망의 땅에서 살아가고 있는 타자의 절망과 희망 앞에 제대로 설 수 있는 기회는 있을 것이다. 감히 말한다면, 다나미 아오에의 이 책은 그것을 확인시켜 주는 책이다.

---

1. Mahmoud Darwish(1941-2008). 팔레스타인의 저항 시인. 팔레스타인 최고의 시인이자 지성인으로 알려진 그의 시는 20여 개 언어로 번역되었다.

오늘날 우리는 근대성의 위기를 목격하고 있다. 근대성은 우리에게 계몽과 이성과 진보를 통한 인간 해방의 가능성을 제공하기도 했지만, 전 지구적 차원에서 볼 때 그 해방의 혜택은 특정 지역이나 소수의 엘리트들에게만 돌아갔다. 즉 그것은 인간의 해방을 선언하는 바로 그 와중에도 서양과 비서양, 제국과 식민, 문명과 자연, 이성과 비이성, 중심과 주변, 남성과 여성, 백인종과 비백인종, 지배계급과 서발턴 등 다양한 이분법적 구조를 형성함으로써 전 지구적인 차원에서 새로운 차별들의 체제를 구축해왔다. 이는 근대성이 그 기원에서부터 자신의 어두운 이면으로 이미 식민성을 갖고 있었음을 보여준다.

그동안 우리는 근대성과 식민성이 동전의 양면을 이루고 있음을 제대로 인식하지 못한 채 근대성을 '미완의 기획'으로 간주하였고, 그것을 더욱 밀어붙임으로써 근대성을 완성하고 근대성의 한계를 뛰어넘을 수 있으리라 꿈꾸어왔다. 하지만 이런 시도는 근본적으로 식민성에 대한 이해를 폐제廢除한, 근대성이라는 환상에 기초한 것이었음이 드러났다. 오히려 근대의 극복은 근대성의 완성이 아니라 바로 근대 이후 제도화된 식민성의 극복을 통해 가능할 수밖에 없다는 사실이 점차 입증되고 있는 것이다. 우리는 근대성의 완성과 식민성의 극복이 긴밀히 연결되어 있으면서도 서로 첨예한 긴장 관계를 형성하고 있음을 깨닫고 있다. 전자의 논리가 후자에 대한 인식에 근거하지 못할 때, 근대를 극복할 가능성을 계속해서 서양과 중심부에서만 찾게 되는 유럽중심주의적 논리에서 벗어나기 어렵다. 반면 식민성의 극복을 전제로 한 근대성의 극복은 전 지구적 차원에서 근대에 의해 억압되고 지워진 주변부의 다양한 가치들을 전면적으로 재평가하고, 그 주변적 가치들을 통해 서양의 단일한 보편성과 직선적 진보의 논리를 극복할 가능성을 제공할 수 있다. 이런 인식을 감안할 때, 새삼 주목받게 되는 것은 중심부가 아니라 주변부이고, 단일한 보편성이 아니라 복수의 보편성들이며, 근대성의 완성이 아니라 그 극복이다.

'우리시대의 주변/횡단 총서'는 이런 문제의식에서 기획되었다. 이 총서는 일차적으로 근대성 극복을 위한 계기나 발화의 위치를 서양과 그 중심부에서 찾기보다 서양이든 아니든 주변과 주변성에서 찾고자 한다. 그렇다고 주변성을 낭만화하거나 일방적으로 예찬하지는 않을 것이다. 주변은 한계와 가능성이 동시에 공존하는 장소이자 위치이다. 그곳은 근대의 지배적 힘들에 의해 억압된 부정적 가치들이 여전히 사람들의 삶에 질곡으로 기능하는 지점이며 중심부의 논리가 여과 없이 맹목적으로 횡행하는 장소이기도 하다. 하지만 이런 질곡의 이면을 들여다보면 이 장소는 근대에 의해 억압되었고 중심부의 논리에 종속되어야만 했던 잠재적 역량들이 집결되어 있는 곳이기도 하다. 그러므로 주변성은 새로운 해방과 가능성을 풍부한 잠재적 조건으로 가지고 있는 곳이기도 하다. '우리시대의 주변/횡단 총서'는 주변성의 이런 가능성과, 그것을 어떻게 키워나갈 것인가에 주목하고자 한다.

뿐만 아니라 '우리시대의 주변/횡단 총서'는 주변성이나 주변적 현실에 주목하되 그것을 고립해서 보거나 그것의 특수한 처지를 강조하지 않을 것이다. 오히려 주변은 스스로를 횡단하고 월경함으로써, 나아가서 비슷한 처지에 있는 다른 지역 및 위치들과의 연대를 통해 자신의 잠재성을 보다 키워나갈 수 있을 것이고, 종국적으로 특수와 보편의 근대적 이분법을 뛰어넘는 새로운 차원의 보편성을 실천적으로 사고해나갈 수 있을 것이다. 그동안 근대적 보편성은 주변이 자신의 특수한 위치를 버릴 때에만 초월적이고 보편적인 지점에 도달할 수 있는 것으로 주장돼 왔다. 그리고 그 보편적 지점을 일방적으로 차지했던 것은 항상 서양이었다. 그 결과 그 보편성은 주변에 동질성을 강제하는 억압적 기제로 작용했고, 주변의 삶이 스스로를 부정적으로 인식하도록 만든 결정적 계기가 되었던 것이다. 근대성과 식민성이 여전히 연동하고 있는 오늘날의 전 지구적 현실에서 서양적이고 초월적인 보편성은 더 이상 순조롭게 작동하기 어렵다. 이제 필요한 것은 주변들과 주변성의 역량이 서로 횡단하고 접속하고 연대함으로써 복수의 보편들을 추구하는 작업이다. '우리시대의 주변/횡단 총서'는 이런 과제에 기여하는 것을 꿈꾸고자 한다.

부산대학교 인문학연구소